江西省社会科学院学术文库

低碳经济与区域发展

以鄱阳湖生态经济区为例

■ 李志萌　等著

中国社会科学出版社

图书在版编目（CIP）数据

低碳经济与区域发展：以鄱阳湖生态经济区为例／李志萌等著.
—北京：中国社会科学出版社，2016.3
ISBN 978-7-5161-7830-0

Ⅰ.①低…　Ⅱ.①李…　Ⅲ.①鄱阳湖—生态经济—经济区—
节能—经济发展—研究②鄱阳湖—生态经济—经济区—区域
经济发展—研究　Ⅳ.①F127.56

中国版本图书馆 CIP 数据核字（2016）第 057565 号

出 版 人	赵剑英
责任编辑	冯春凤
责任校对	张爱华
责任印制	张雪娇

出　　版	中国社会科学出版社
社　　址	北京鼓楼西大街甲 158 号
邮　　编	100720
网　　址	http://www.csspw.cn
发 行 部	010-84083685
门 市 部	010-84029450
经　　销	新华书店及其他书店

印　　刷	北京君升印刷有限公司
装　　订	廊坊市广阳区广增装订厂
版　　次	2016 年 3 月第 1 版
印　　次	2016 年 3 月第 1 次印刷

开　　本	710×1000　1/16
印　　张	19.75
插　　页	2
字　　数	322 千字
定　　价	75.00 元

凡购买中国社会科学出版社图书,如有质量问题请与本社营销中心联系调换
电话:010-84083683

《江西省社会科学院学术文库》总序

汪玉奇

繁荣和发展社会科学事业，是社会主义文化建设重要的组成部分。如果说，科学技术代表着一个国家的综合国力，而科学技术中包括社会科学，那么繁荣和发展社会科学就是提升和壮大综合国力的必然要求。站在这样的高度审视我们所从事的事业，审视我们所获得的学术成果，我们充满民族的责任感和时代的使命感。

江西自古以来文风鼎盛，在这片土地上，产生了一大批光耀中华史册的文化名人。辉煌的历史必然给历史的传承者提出一个责无旁贷的问题：学术薪火能否在一代又一代的传承中熊熊燃烧下去？江西省社会科学院作为全省社会科学的研究中心和最高机构，必须响亮而坚定地回答这一问题。

——我们要与时俱进，追踪社会主义现代化建设的新情况、新问题，为发展马克思主义，丰富中国特色社会主义理论体系奉献更多的创新性成果。

——我们要紧贴江西科学发展、进位赶超、绿色崛起的发展大局，探寻欠发达地区加速推进现代化的规律与路径，为省委、省政府决策服务，成为真正意义上的智库。

——我们要精心整理和研究江西极为丰富的历史文化遗产，使其中的精华得以传承、弘扬和光大。

于是，我们勤奋，我们敬业，我们耕耘，我们收获。中华文明在很大程度上是文字铸造的文明，古往今来，中国的学者们都注重著书立说。在"十二五"开局之年，我们隆重地搭建"江西省社会科学院学术文库"，以此报效故园、报效国家、报效时代。

目　录

导　言

一　研究的目的和意义

发展低碳经济是一场涉及生产模式、生活方式、价值观念和国家权益的全球性革命。在全球应对气候变化形势的推动下，世界正在经历一场经济和社会发展方式的巨大变革：发展低碳能源技术、建立低碳经济发展模式和低碳社会消费模式，以及协调经济社会发展和气候环境保护之间的关系。

低碳经济是通过更少的自然资源消耗和更少的环境污染获得更多的经济产出，创造更高的生活标准和更好的生活质量的途径和机会，保证经济社会健康、快速和可持续发展的条件下最大限度减少温室气体的排放。低碳经济是一种经济发展理念；是一种经济发展模式；也是一个经济、社会、环境系统交织在一起的综合性问题。工业革命以来，世界各国经济社会发展形成了对化石能源技术的严重依赖，普遍走出了一条高增长、高能耗或先污染后治理的发展路子。在全球气候变化及资源环境约束严峻的背景下，发达国家在后工业化时期，纷纷出台绿色新政和低碳经济发展策略，把开发新能源、发展低碳产业作为重振经济的重要动力，力争低碳经济时代对国际经济秩序的主导权，并通过国际投资贸易渠道把一些重化工等高碳产业和技术不断向发展中国家转移，通过制定严格的强制性技术标准、环境规制，用以限制产品的进口，低碳经济已对世界贸易格局产生重大影响。"低碳化"正日益成为引领全球经济结构调整的重要驱动力。我国要在新一轮的国际竞争中取得有利的主动权，避免高碳产业和消费的锁定，产业的发展提升和整个社会的生产消费系统向低碳转型势在必行。

改革开放30多年，我国经济持续高速增长，经济地位不断提升。但是，作为发展中国家，我国面临着一系列挑战：已经超过美国成为世界碳排放第一大国，主要资源人均占有量远远低于国际平均水平，环境承载能力十分有限。当前又处在工业化、城镇化加快发展的历史阶段，面临着发展经济、改善民生、保护环境的多重挑战。先天不足再加上后天的粗放利用，我国资源环境压力加大，面临的国际压力也与日俱增。发展低碳经济、转变经济发展方式是我国解决上述问题，实现中长期持续发展的必由之路。党的十八大、十八届三中全会明确了以科技创新实现绿色、循环、低碳发展。低碳经济的核心理念契合了中国转型发展、节能减排及可持续发展战略所强调的内涵，是推进生态文明，建设美丽中国的重要内容。

区域低碳发展，是坚持创新驱动，美丽中国建设的具体实践。2010年，我国启动了5个低碳省和8个低碳城市试点工作。2012年，国家发改委又确立了北京、上海、海南和石家庄等29个城市和省区成为我国第二批低碳试点。低碳试点区域在自然资源、经济发展、能源消耗等方面的基础条件不尽相同，各地区先试先行的区域实践，因地制宜，根据各地特色发展理念，探索和创新发展方式，体现了资源节约、环境保护、绿色生态、家居和谐的思想。各地区实践探索中发挥了应对气候变化与节能环保、新能源发展、生态建设等方面的协同效应，积极探索有利于节能减排和低碳产业发展的体制机制，加快建立以低碳排放为特征的产业体系，积极倡导低碳绿色生活方式和消费模式，为全国低碳工作的开展奠定了良好的基础。

鄱阳湖生态经济区是2009年12月由国务院批复的国家区域发展战略地区，生态经济区以江西省30%的国土面积，承载了全省近50%的人口，创造了60%以上的经济总量，具有良好的发展基础。鄱阳湖生态经济区作为全国大湖流域综合开发示范区、长江中下游水生态安全保障区，在保障长江中下游水生态安全方面具有重要作用。鄱阳湖生态经济区建设已把低碳经济作为重要目标和任务，并努力建设成全国乃至世界低碳与生态经济的试验区，探索实现经济发展与生态保护双赢的路径。2014年11月，江西全境获批为全国生态文明先行示范区，绿色、低碳、循环发展已成为鄱阳湖全流域的共识和目标。早在2009年11月的首届世界低碳与生态经济大会在鄱阳湖生态经济区的先导区——江西省会城市南昌召开，大会的《南昌宣言》传达了为全球气候变化承担"共同但有区别的责任"的"中国信号"；国内首个《绿色崛起之路——江西省低碳经济社会发展纲要》

为名的白皮书明确了江西省单位 GDP 能耗等指标达到或超过国家同期标准。江西特色的低碳经济发展新模式的目标：在 2020 年鄱阳湖生态经济区产业、能源结构趋于合理，生产方式基本实现向低碳型转变；低碳技术的研发能力全面提升，若干技术和产业规模达到国内领先水平；温室气体排放得到有效控制，碳汇能力明显提高；建立与低碳经济社会发展相适应的法规、政策和管理体系；在低碳领域与国内外交流合作的平台全面建立，国际低碳经济交流合作中心的地位得到确立。近 5 年来，鄱阳湖全流域地区在全国率先推出省级低碳试点县，建立了环境能源交易所、排放权交易平台，积极推进清洁发展机制项目建设等，进行了低碳发展的创新探索。本书以鄱阳湖生态经济区为例，对探寻低碳经济促进区域发展的有效路径具有较好的理论价值和现实意义。

二 研究的主要观点和框架内容

低碳经济是推进生态文明，建设美丽中国的重要途径。低碳经济是生态文明时代的聚焦点、着力点和经济增长点。低碳经济发展的目标是通过提高能源效率，改善能源结构，优化经济结构，推动社会转型。以低碳产业为支撑，低碳城乡为承载空间，低碳技术为动力，低碳政策制度和公众的生态自觉为保障，实现经济发展方式、能源消费方式、人类生活方式的科学化。低碳经济具有经济性、技术性和目标性的特征，低碳经济应按照市场经济的原则和机制来发展；要通过技术进步，提高能源效率，降低二氧化碳等温室气体的排放强度。使低碳产业成为新兴经济发展产业，以低碳的生产生活方式，实现人与自然的和谐发展。

低碳能源是低碳经济发展的关键。通过高能效、低能耗、低污染、低碳排放的能源（如太阳能、风能、核能及可再生能源），改变现有的能源结构，使当前的"高碳"能源结构逐渐向"低碳"的能源结构转变。

低碳技术是低碳经济发展的动力和核心竞争力。低碳技术广泛涉及石油、化工、电力、交通、建筑、冶金等多个领域，包括煤的清洁高效利用、油气资源和煤层气的高附加值转化、可再生能源和新能源开发、传统技术的节能改造、二氧化碳的捕集和封存等。这些低碳技术一旦物化和作用于低碳经济的生产过程就成为直接生产力。

　　低碳产业是低碳经济发展的载体。低碳经济发展以低碳产业为载体，低碳经济发展的水平取决于低碳产业承载能力的大小。低碳产业的发展会促进现有高碳产业的转型发展，并催生新的产业发展。

　　低碳城市是低碳经济发展的空间。在城市发展低碳经济、创新低碳技术、改变生活方式，最大限度减少城市的温室气体排放，形成结构优化、循环利用、节能高效的经济体系，形成健康、节约、低碳的生活方式和消费模式，最终实现城市的可持续发展。

　　低碳政策是低碳经济发展的保障。低碳政策主要包括根据发展目标明确政策导向、健全的法制、创新的体制、先进的科技等诸多方面，保障低碳经济发展，促进发展方式的转变。

　　低碳消费是公众的生态自觉。一个社会要推动经济模式低碳转型发展，必须以大众的消费模式转变为根基。良好的社会大众消费模式要以良好的社会消费文化为基础，并引导市场的价值取向。消费者自觉地把低碳产品作为消费对象进行选择、购买，倒逼企业转型，生产更多的低碳产品，形成"消费—生产—消费"低碳化良性循环。

　　全书围绕低碳经济与区域发展，分理论篇和区域实践篇两部分，共计十二章：

　　第一章分析了全球气候变化与发展低碳经济的关系。分析了碳排放与气候变化，发展低碳经济与全球经济转型的关系。气候变化原因有两方面：一是本身的自然规律；二是人类活动的影响，人类活动中最主要的影响是二氧化碳等温室气体的累积排放。随着人口增长、经济社会的发展，未来几十年全球温室气体排放将持续增加，同时，随着科技的发展及人类生产生活方式的转变，人类减缓全球温室气体排放也有着相当大的潜力。碳循环是复杂而周密的过程，人类活动已使大自然受到重创，碳循环已经失衡。低碳经济作为一场新的革命，必将引发一次新的技术革命，这也是未来全球经济新的增长点。

　　第二章分析了国际社会和我国应对气候变化的基本方针和政策。温室气体的排放源于生产与消费的负外部性，市场失灵要求加强政府的宏观调控。由于这种负外部性的影响是全球性的，在责任、权力、利益的博弈中，国际协约已经并将继续发挥重要作用。本章系统地梳理了有关气候变化的国际协约及其效果评述，对于所有的国家来说，实现低碳经济转型的路径都需要协调和发挥各种政策措施的综合作用。这些政策手段大致可以分为四类：以法令和法规等形式通过的国家规划、国家发展目标、强制性标准等；以财税引导和激励手段，如财政补贴和税收优惠等；基于市场的灵活机制，如合同能源管理；信息支持及自愿性行动。国际社会应对气候变化存在共识与分歧。气候博弈的焦点，从技术上看集中在谈判机制、减排问题和资金供给三大方面，而实质上是发展权之争。

第三章分析了低碳发展与低碳技术创新，低碳技术的需求及其在各领域的运用及低碳技术创新体系建设。世界各国低碳经济发展的竞争，日益表现为各国对低碳技术的掌控与创新程度。发展低碳经济，需要有适应低碳要求的技术创新，控制温室气体在产前、产中及产后各环节的排放。低碳技术主要包括节能技术、能源替代技术和碳隔离技术三种类型。目前欧、美、日的低碳技术创新实力较强，在研究水平、技术开发能力、产业技术能力世界领先。从一定意义上讲，谁掌握了低碳核心技术，谁就将赢得商机和主动。为了获得低碳经济发展的话语权，许多发达国家纷纷采取各种政策工具促进低碳技术创新。我国现有的低碳技术与发达国家的技术差距显著，仍处在国际低碳技术转移的中低端。由此，必须完善低碳技术创新体系建设，制定符合国情、区域特点的低碳技术创新政策体制，保证低碳技术得以高效、有序、稳健发展。

第四章分析了国际碳金融与碳金融服务体系建设。碳金融及其市场的形成与全球环保意识的提升息息相关。本章分析了碳关税贸易壁垒对国际贸易的影响及其应对，区域性碳金融市场的建设及碳金融服务体系的构建和完善。碳金融服务于限制温室气体排放的金融活动，是推动传统经济向低碳经济转型的动力。当前，碳金融是发展低碳经济的关键，并成为各国金融机构竞争的新领域。各国把市场机制作为解决温室气体减排问题的新路径，把排放权作为商品进行交易，以获得减排额用于减缓温室效应，实现减排的目标。目前，欧美掌握了全球碳交易市场的定价权并以"碳关税"壁垒对我国国际贸易采取限制措施，我国必须实现生产方式的低碳化，尽快构建与低碳经济发展相适应的碳金融制度和服务体系。

第五章低碳发展与库兹涅茨环境曲线的理论与实证研究。环境库兹涅茨曲线是通过人均收入与环境污染指标之间的演变模拟，说明经济发展到一定的水平后，到达某个点后，随着人均收入的增长，环境的污染程度会由重变轻，即"脱钩"现象。这似乎暗示着"先污染，后治理"的发展模式的合理性，也使人对顺利渡过拐点抱有盲目乐观的情绪。事实上，库兹涅茨倒"U"型曲线本身只是一种特定的历史现象，库兹涅茨使用的是同时代的、不同收入水平国家的数据，而非所有国家的连续数据。一方面，倒"U"型曲线不是必然出现，即经济增长不一定导致环境污染程度增大；另一方面，倒"U"型曲线的拐点也不一定会自动出现，在环境污染程度加大后，需要政府、企业、社会采取相应的措施进行政策制度调整。所以，对库兹涅茨倒"U"型曲线有必要进行重新审视。中国目前的环境曲线，从总体上看正在逼近生态不可逆阈值水平线，局部地区已经越过，在经济发展的动力依然强劲的情况下，实现环境曲线逆转的任务已经迫在眉睫，必须加快转变发展方式、推动产业结构升级，实现"结构效应"尽快压倒"规模效应"、环境曲线迅速逆转的目标。

第六章分析了鄱阳湖流域生态与低碳经济发展现状评估。鄱阳湖流域占整个江西省面积的96%，鄱阳湖生态经济区是江西生态与低碳经济发展先行区，为了考虑数据的可获得性和可比较性，本章选用了江西省的数据为依据进行省份之间的横向比较。通过经济发展水平、资源消耗与利用水平、生态环境水平、碳产出和消费水平分析，得出鄱阳湖流域生态与低碳经济发展水平在中部地区位列前茅，高于西部省份和全国平均水平，但低于东部发达省份水平。鄱阳湖流域森林覆盖率高，主要河流断面水质、城市空气质量优良，使江西的生态与低碳水平的综合得分在东、中、西部比较样本中位居首位，最大的差距则在于经济发展水平方面，由于经济相对落后，碳排放总量相对较少，但资源消耗与利用水平处于劣势，这也说明鄱阳湖生态经济区加快科技进步创新、经济增长方式转变的任务还很重。

第七章分析了鄱阳湖流域（江西）产业低碳转型与发展。鄱阳湖流域低碳产业区域布局，是以鄱阳湖生态经济区的龙头带动作用，建设高产、优质、高效、生态、安全的低碳农业产业群，提升农业的减排和碳汇能力；形成科技含量高、经济效益好、资源消耗低、环境污染少的工业产业体系；突出江西"红色摇篮、绿色家园、古色文化"品牌和文化优势，打造国内外知名的旅游和休闲度假目的地。发展以新材料、绿色光源、生物和医药、航空制造等战略性新兴产业，推动钢铁产业、陶瓷产业等传统产业的低碳转型。通过低碳化技术的研发创新、生产经营及市场机制的建设等措施推动区域产业低碳化发展。

第八章分析了低碳经济与新能源产业发展。重点对我国和鄱阳湖生态经济区新能源产业发展的现状、趋势、重点及发展路径进行了分析。温室气体二氧化碳排放问题本质上是一个能源消耗问题。能源消耗量大、能源效率低、能源消耗中清洁能源的比重低，导致我国及江西二氧化碳排放量的不合理增长。发展低碳经济、节能减排、低碳能源的发展是关键。必须调整能源结构，大力发展碳排放量少的可再生能源和其他清洁能源，改变现有的能源结构，使当前的"高碳"能源结构逐渐向"低碳"的能源结构转变。

第九章分析了鄱阳湖生态经济区低碳城市建设。城市作为人类社会经济活动的中心和承载空间，目前已聚集了世界一半以上的人口。快速城市化带来的人口激增，能源的巨大消耗及碳覆盖领域的扩张已经远远超出其所能承载的界限，严重影响城市的可持续发展，实现城市的低碳转型正逐步成为世界各国应对气候变暖的重要选择。目前，一些发达国家和地区已经以城市为单元践行低碳经济理念，形成了各具特色的低碳城市发展模式，我国已开展了两批低碳城市试点工作，对低碳城市的发展进行了积极的探索。本章重点分析了全国第一批试点城市及鄱阳湖生态经济区低碳城市建设的现状与问题，提出了低碳城市发展路径。

第十章分析了对鄱阳湖流域森林、湿地等固碳资源的保护与利用。减少温室气体排放可以通过二氧化碳减排和固碳两种方式来实现，固碳分为物理固碳和生物固碳两种。研究表明：生物固碳是固定大气中二氧化碳最便宜且副作用最少的方法，生物固碳在减缓气候变化、实现人类可持续发展方面具有重要的意义。生物固碳资源中森林和湿地是国际上公认的重要的固碳资源。本章重点分析了鄱阳湖流域内森林和湿地等固碳资源的分布现状，开发与利用现状进行阐述，并对鄱阳湖流域森林、湿地等主要固碳资源的价值进行核算，提出了保护和利用固碳资源的对策建议。

第十一章分析了鄱阳湖生态经济区建设与消费低碳化。低碳消费模式是低碳经济的核心内容之一，低碳消费是公众的生态自觉。人们的衣食住行都与"碳"紧密相关。低碳消费是一种反映消费及人的本质和价值的消费方式，能够促进人与自然、人与人的和谐。由此，需要全社会的努力，加强政府对低碳消费的引导与规范；倡导低碳理念，引领低碳生活；构建低碳消费的激励约束机制；优化消费结构和过程，推进低碳消费方式；加强企业对低碳消费的推动作用。

第十二章分析了鄱阳湖生态经济区建设与趋势展望。鄱阳湖生态经济区上升为国家区域战略近5年来，坚持"特色是生态、核心是发展、关键是转变发展方式"，在发展中保护生态，在保护生态中加快发展，已在全省绿色崛起中起着龙头带动作用，但仍存在经济总量较小，资源能源消耗大，环境承载力较弱等问题。未来鄱阳湖生态经济区的发展，应进一步发挥其在生态文明建设中的先行示范作用，巩固提升生态经济发展能力，强化湖区综合开发和治理，融入并共同推进长江经济带及中游城市群的协调发展，使经济结构更加优化升级、产业集聚能力增强，国际合作能力上水平，实现区域绿色、低碳、循环发展。

三　本书的学术价值与实践价值

（一）学术价值

从全球的视角分析了气候变化与低碳经济发展的趋势，气候变化对环境、经济社会的影响，聚焦世界各国在碳排放中的责任、权力、利益，低碳经济实质是应对气候变化背景下一种发展权的争夺和博弈。随着我国资源环境约束趋紧、生态环境质量下降、生态系统破坏严重，由此，必须转变发展方式，对库兹涅茨倒"U"型曲线有必要进行重新审视，走出"先污染，后治理"的路子，低碳发展已成为我国区域发展的必然选择。本书围绕低碳发展的低碳技术、碳金融、碳交易、低碳产业、低碳城市、低碳消费、低碳政策等方面剖析低碳经济与区域发展之间的关系理论机理及其破解之策，为我国区域低碳发展提供了理论依据，具有较高的学术价值和参考意义。

（二）应用价值

区域低碳发展，是生态文明建设的具体实践，必须坚持创新驱动。近年来各地区在低碳发展中已进行了许多有益的探索实践，本书以鄱阳湖生态经济区为例，研究分析低碳经济与区域发展关系，对鄱阳湖生态经济区生态与低碳经济发展现状进行评估，分析区域自然资源、经济发展、能源消耗等方面的基础条件，区域产业转型、能源产业发展的重点难点，总结我国第一批及鄱阳湖生态经济区国家低碳城市试点建设情况及特点，区域先试先行的实践经验，探索建立有利于节能减排和低碳产业发展的体制机制，建立以低碳排放为特征的产业体系，积极倡导低碳绿色生活方式和消费模式等对策建议具有针对性和可操作性，为国家和区域制定低碳发展的相关政策具有决策参考意义，具有较高的应用价值。

四　创新和特色

第一，研究思路的创新。本书以国际的视野，从理论到实践，全面分析了全球气候变化背景下的低碳经济发展，国际社会和我国应对气候变化的方针政策，国际社会应对气候变化的共识、分歧及其实质。既立足现实，又着眼未来，抓住低碳经济发展的技术、碳金融、碳市场、低碳产业、低碳消费等核心问题，明确我国及区域低碳发展的方向、关键。

第二，研究逻辑的创新。本书以生态文明建设、经济的低碳转型为主线，推进区域低碳经济发展。分析自然界碳循环，人类活动对碳排放的影响，我国作为世界碳排放最大的国家，如何在国际碳排放权之争中赢得主动，发展和创新低碳技术，加强碳金融和碳金融市场建设，完善碳金融服务体系，发展低碳产业，在国际贸易中赢得国际市场。总结典型试点地区应对气候变化的实践探索，及其在节能环保、新能源发展、生态建设等方面的协同效应，减少碳源、增加碳汇。在低碳发展的时代特征、发展路径、目标模式、对策建议等方面研究具有突破和创新，研究结构上具有严密性、完整性。

第三，研究方法的创新。本书坚持理论研究和实证分析相结合，定性分析与定量分析相结合。辩证地分析低碳经济与区域发展的现实需要与主要矛盾，分析世界碳排放权之争、经济发展与污染之间关系等问题；采用比较分析方法，借鉴国内外区域低碳发展一些成功做法、经验和模式，推进区域低碳创新发展；运用实证研究方法构建低碳发展指标体系、计量模型等，评估分析区域低碳经济发展水平，衡量区域低碳城市、低碳消费发展的程度和重点，具有针对性和现实性。

第一章　全球气候变化与发展低碳经济

政府间气候变化专门委员会（IPCC）第四次评估报告指出，全球气候系统的变暖已是一个不争的事实。气候变化原因有两方面：一是本身的自然规律；二是人类活动的影响，人类活动中最主要的影响是二氧化碳等温室气体的累积排放。随着人口增长、经济社会的发展，未来几十年全球温室气体排放将持续增加；但同时，随着科技发展及人类生产生活方式的转变，人类减缓全球温室气体排放也有着相当大的潜力，这一潜力能够抵消预估的全球排放增长或将排放降至当前水平以下。遵循和运用自然界碳循环平衡原理，实现低碳发展，减少碳源、增加碳汇，是应对气候变化的最佳选择。

第一节　自然界碳循环平衡原理

碳是有机化合物的基础构成元素之一，所有的有机物都含有碳元素。碳以它独特的方式在它的生物库和非生物库中循环流动，构成了地球上的"碳循环"。在地球的大气圈（atmosphere）、水圈（hydrosphere）、岩石圈（geosphere）和生物圈（biosphere）中，碳元素以不同的形式广泛存在。这四者均为地球上碳的"贮存库"，存在于其中的碳一直处于相互转化的运动之中，在不同的"贮存库"中进行循环流动，在稳定的外界条件下，这种循环流动是相对平衡的，这就是自然界碳循环平衡原理。

一　自然界碳库

地球上碳库包括岩石圈库、化石燃料库、大气圈库、水圈库和生物库。岩石圈库和化石燃料库中的碳活动缓慢，实际上起着贮存库的作用。大气圈库、水圈库和生物库中的碳在生物和无机环境之间迅速交换，容量小而活跃，实际上起着交换库的作用。岩石圈中碳的含量大约为 75004130PgC/a，约占了地球碳含量的 99%，其大部分表现为碳酸盐形式，其余为油田岩质和化石燃料。在各种内外力作用过程当中[1]，如地球内部的喷发释放、地表的侵蚀、搬运和堆积过程当中，地球内部的二氧化碳通过地热区、活动断裂带和火山活动不断地释放出来，它直接进入大气圈，或存储在沉积地层中成为二氧化碳气田。我国四川黄龙、九寨沟和云南腾冲地区，土耳其 Pamukale 地区，意大利罗马附近的活动断裂和钙华堆积地区，浓度高达 23%—90% 的地幔源二氧化碳通过活动断裂带向大气层释放，从而形成了大量的钙华沉积物。根据对意大利罗马附近 1000 平方公里的范围内钙华堆积量及其年龄，估算其二氧化碳释放量为 12×10^4 吨/年。在西班牙南部的 Guadalantin 地区，由于对碳酸盐岩区域地下水的过量开采，引起深部浓度高达 85% 的二氧化碳侵入。美国西部的 Mammoth 休眠火山区，土壤空气中二氧化碳浓度高达 30%—96%，每天总的二氧化碳通量 ≥1200 吨，这种持续性地大量二氧化碳释放表明地球内部更大更深的高压二氧化碳气库被扰动[2]。海洋含碳量约为 39973PgC/a，由陆地水文系统输送到海洋的碳酸盐成分，主要在温热带海底沉积。但是随着水深和压力增加，碳酸盐的溶解度加大而沉积速度减小，达到一定深度则沉积速度等于溶解速度，该深度以下不会发生沉积。据测算，中新世以来海洋碳酸盐沉积量平均 19×10^9 吨/年，但是现代陆地水文系统供给的溶解态碳酸盐为 12×10^9 吨/年，因此海洋通过补偿深度的变浅调整，来增加深海海底碳酸盐溶蚀，达到海洋中"碳—水—钙"循环平衡。这样海洋就要从大气中吸收二氧化碳。

据估算，陆地生态系统储存的碳量约为 2477PgC/a，其中土壤中储存的碳又是植物体的两倍。世界上大多数陆生植物生长受到二氧化碳浓度制约。例如 C3 光合作用植物随着大气二氧化碳浓度增加，光合作用和发育也随之加快。然而，有些植物由于其特殊的光合代谢机理，对大气二氧化

---

① 黄萍、黄春长：《全球增温与碳循环》，《陕西师范大学学报》（自然科学版）2000 年第 6 期。

② Farrar C. D. Forest killing diffuse CO_2 emission at Mammoth mountain as a sign of magmatic unrest. *Nature*, 1995 (376): 675 – 678.

碳增加会作出不同的反应，它们是所谓 C4 植物（热带稀树草原上的草，以及像玉米、高粱之类的谷物），在目前的二氧化碳浓度条件下，这些植物的光合作用速率趋于饱和状态。根据 C3 植物的光合作用机理，就会导致人们简单地推测：人类活动造成大气二氧化碳浓度升高，会导致陆地植物更加繁茂。根据过去 16 万年以来气候——大气二氧化碳浓度——植被演变的关系，如果空气中二氧化碳倍增，陆地植被和土壤圈将成为大气二氧化碳的一个大的汇[①]。全球增温的情况下，植物和土壤的储碳容量可能会因为植物呼吸率的增加而减少。农业耕作扰动加速土壤碳呼吸，植物残体和有机质分解增强，土壤存贮的碳大幅度减少，土壤又成为大气二氧化碳的巨大的源。大气中的碳主要是以二氧化碳、甲烷和一氧化碳的形式存在，其中以二氧化碳为主要。大气二氧化碳浓度在全球分布不均匀，差值可达 $50\mu g/g$ 左右。观测表明：大气二氧化碳浓度还表现出一种纬度梯度，自北极向南极方向减小。这是因为化石燃料燃烧释放量在南北半球的不同，大气二氧化碳在各源和汇之间的自然传输交换有差异造成的。在整个地质历史时期，大气碳含量始终处于变化之中。利用极地冰芯对古大气成分的研究表明，过去 16 万年来大气二氧化碳和甲烷及氧同位素温度指标之间有显著的正相关关系，寒冷的末次冰期里大气二氧化碳和甲烷的浓度分别为 $200\mu g/g$ 和 $0.14\mu g/g$ 左右。随着温暖的冰后期的到来，大气二氧化碳和甲烷的浓度则迅速上升到 $280\mu g/g$ 和 $0.16\mu g/g$ 左右。[②]

二　碳的循环

在大气中，二氧化碳是含碳的主要气体，也是碳参与物质循环的主要形式。碳的地球化学循环控制了碳在地表或近地表的沉积物和大气、生物圈及海洋之间的迁移，也控制着碳在大气和海洋之间循环。岩石中的沉积物主要以干酪根和碳酸盐两种形式含碳。在风化过程中，干酪根与氧反应产生二氧化碳，而碳酸盐受到地下水的侵蚀，产生出可溶解于水的钙离

① Quay P. D, Tilbrook B, Wong C S. Oceanic uptake of fossil fuel CO₂: carbon – 13 evidence. *Science*, 1992 (256): 74 – 78.

② Caise P, Tans P. P, Trolier M. A large northern hemisphere terrestrial CO₂ sink indicated by the 13C/12C ratioof atmospheric CO₂. *Science*, 1995 (269): 1098 – 1101.

子、镁离子和重碳酸根离子。它们由地下水最终带入海洋。在海洋中，碳酸盐和重碳酸盐的含量是饱和的，接收了新的碳酸根和重碳酸根离子，便有等量的碳酸盐沉积下来，通过不同的成岩过程形成新的岩石，这些岩石在化学和物理作用下，又形成二氧化碳排放到大气中。

二氧化碳可由大气进入海水，也可由海水进入大气。这种交换发生在气和水的界面处，由于风和波浪的作用而加强。这两个方向流动的二氧化碳量大致相等，伴随着大气中二氧化碳量的增多或减少，海洋吸收的二氧化碳量也随之增多或减少。

在碳的生物循环中，绿色植物从空气中获得二氧化碳，经过光合作用转化为葡萄糖，再综合成为植物体的碳化合物，经过食物链的传递，成为动物体的碳化合物。植物和动物的呼吸作用把摄入体内的一部分碳转化为二氧化碳释放入大气，另一部分则构成生物的机体或在机体内贮存。动、植物死后，残体中的碳通过微生物的分解作用也会成为二氧化碳而最终排入大气。

一部分（约1‰）动、植物残体在被分解之前即被沉积物所掩埋而成为有机沉积物。这些沉积物经过悠长的年代，在热能和压力作用下转变成矿物燃料——煤、石油和天然气等。当它们在风化过程中或作为燃料燃烧时，其中的碳氧化成为二氧化碳排入大气。

地球上的矿物燃料（如煤炭，石油，天然气等）燃烧会产生二氧化碳，产生的二氧化碳会参与到自然界碳循环中。产生和消耗的二氧化碳量之间达到平衡，使大气层中二氧化碳浓度保持在一定的范围内。自然界中的碳便在循环中保持着相对的平衡。

第二节　碳排放与气候变化

碳循环是复杂而周密的过程，它保证了生物圈乃至整个地球的平衡发展。然而，随着人类的发展，特别是工业革命以来，大气中累积的二氧化碳使自然系统平衡发展的碳循环被打破。目前，大气中二氧化碳的水平已经比200多年前的工业革命时期高出30%。曾经带动世界经济飞速发展的煤、石油、天然气，这些化石燃料，因其燃烧后产生大量二氧化碳而成为全球变暖的"罪魁祸首"。就像对于一个已经达到平衡状态的天平，用手指一碰它便会失去平衡。人类活动已使大自然受到重创，碳循环已经失衡。

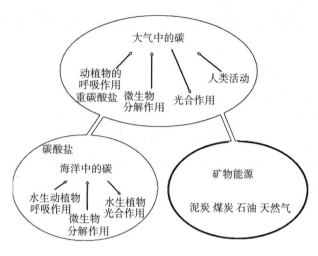

图 1.1　自然界碳循环示意图

一　温室气体与碳排放

大气中起温室作用的气体称为温室气体，温室气体占大气层不足1%。大气层中主要的温室气体有二氧化碳（CO_2）、甲烷（CH_4）、一氧化二氮（N_2O）、氯氟碳化合物（CFCs）及臭氧（O_3）。大气层中的水汽（H_2O）虽然是"天然温室效应"的主要原因，但普遍认为它的成分并不直接受人类活动所影响。

表 1.1　　　　　　　　　　　　温室气体种类和作用

种　　类	增温效应（%）	生命期（年）
二氧化碳（CO_2）	63	50—200
甲烷（CH_4）	15	12—17
一氧化亚氮（N_2O）	4	120
氢氟碳化物（HFCs） 全氟化碳（PFCs）	11	13.3 50000
六氟化硫（SF_6）及其他	7	—

注：全氟化碳（PFCs）是氢氟碳化物（HFCs）其中的一种，它的生命期为 5 万年；六氟化硫（SF_6）的生命期目前还没研究结果。

二氧化碳（CO_2）由于大量使用煤、石油、天然气等石化燃料，全球的二氧化碳正以每年约 60 亿吨的数量增加。氯氟碳化合物（CFCs）目前以 CFC211，CFC212，CFC213 为主，使用于冷气机、电冰箱的冷媒，电子零件清洁剂、发泡剂，是造成温室效应的气体。甲烷（CH_4）有机体发酵及物质不完全燃烧的过程会产生甲烷，主要来源于天然湿地（沼泽、苔原等）、水稻田、反刍动物、煤炭开采、海洋湖泊和其他生物活动场所、甲烷水合物的失稳分解等，产生二氧化碳。氮氧化合物（NOx）由燃烧石化燃料、微生物及化学肥料分解所排放。臭氧（O_3）来自汽机车等所排放的氮氧化物及碳氢化合物，经光化学作用而产生的气体。它们是造成温室效应的主要气体，吸收红外线辐射，影响大气平流层中臭氧的浓度。

碳排放是关于温室气体排放的一个总称或简称。温室气体中最主要的气体是二氧化碳。大气层中的二氧化碳和水蒸气等允许部分太阳辐射（短波辐射）透过并达到地面，使地球表面温度升高。同时，由于二氧化碳（CO_2）和水（H_2O）分子可以产生分子偶极矩改变的振动，故能吸收太阳和地球表面发出波长在 2000 纳米以上的长波辐射，仅让很少的一部分热辐射散失到宇宙空间[1]。由于大气吸收的辐射热量多于散失的，最终导致地球和外层空间保持某种热量平衡，使地球维持相对稳定的气温，这种现象称为温室效应。[2]

二氧化碳的排放源可分为自然排放源和人工排放源两类，自然源主要来自土壤和海洋释放，人工排放源指人类呼吸和人类活动所引起的二氧化碳排放，自 1750 年以来，大气中的二氧化碳浓度增加率为 31%，过去 20 年的二氧化碳浓度的增加率保持在每年 1.5ppm（0.4%），到了 20 世纪 90 年代，年增加率在 0.9—2.8ppm 之间（IPCC，2001）。在工业化开始后的 150 年内，二氧化碳的浓度已经由 280ppm 上升到 379ppm，使得过去一个世纪内地表平均温度上升了约 0.6℃。目前，全球每年约排放 65 亿吨碳（相当于 250 亿吨二氧化碳），如果不采取有效的控制措施，21 世纪内空气中二氧化碳浓度将超过 550ppm，会导致严重的环境和社会灾难。因此，二氧化碳等温室气体的排放是与整个工业化过程中人类生产活动紧密相关的。

---

[1]　Houghton R. A，E. A. Davidson and G. M. Wood well. Missing sinks, feedbacks, and understanding the role of terrestrial ecosystems in theglobal carbon balance. Global Biogeochem. Cycles，1998（12）：25 – 34.

[2]　王明星：《大气化学》，气象出版社 1999 年版，第 5 – 30 页。

二　碳排放与人类活动

人类社会经济活动导致大气中温室气体浓度上升是诱发全球变暖的主要因素之一，而经济发展，特别是工业发展是碳排放的主要来源。

碳源总量变化与经济发展密切相关。生态经济系统中碳排放的主要来源是化石能源的燃烧和消费，而化石能源的消费量与经济发展，特别是工业化城市化发展密切相关，关于碳源总量变化的历史描述，莱斯特·R.布朗指出："1760 年工业革命开始时，来自燃烧化石燃料的碳排放微不足道，到 1950 年时，一年的碳排放量就达 16 亿吨，到 2000 年时达到 63 亿吨，1950 年以来的碳排放总量增加了 3 倍，是使地球变暖的温室效应的实质。"[①] 1950—2000 年的 50 年间，正是世界经济总量快速增长的时期，特别是发展中国家的工业化、城市化进程达到前所未有的速度。关于二氧化碳排放总量的测算，2010 年英国风险评估公司的资料显示：世界二氧化碳 2007 年排放总量达到 335 亿吨，其中关于中国的数字与我国专家测算的 2007 年达到 67.5 亿吨的数字比较接近。我国二氧化碳的排放量可以追踪到新中国成立以来的变化，大体是改革开放前 30 年由 1 亿吨增加到 1978 年的 14 亿吨，改革开放后 30 年由 14 亿吨增加到 2007 年的 67 亿吨，前 30 年增加 13 亿吨，后 30 年增加 53 亿吨，这与我国经济总量的变化趋势基本一致。据美国《时代》杂志 2010 年 11 月报道，近 10 多年来有两年的全球温室气体排放量是下降的，一年是 1999 年，另一年是 2009 年，其主要原因是世界金融危机的影响导致这两年经济增长下降，说明世界温室气体排放量的年际波动与经济增长的年际波动变化基本同步。世界经济每增长或下降一个百分点，都会影响二氧化碳排放量的相应增加或减少。

碳排放结构和经济结构密切相关。碳排放结构能基本反映一个国家或地区的经济结构、发达程度和人民生活水平，例如中美两国目前碳排放总量基本处于同一个水平，但中国碳源结构是以工业排放的碳为主，而美国碳源结构以第三产业和人民生活消费排放的碳为主，这与中美两国经济结构和消费水平的差异是一致的。1995—2007 年，中国终端能源消费所产

---

① 莱斯特·R. 布朗：《生态经济》，东方出版社 2002 年，第 28 页。

生的二氧化碳排放量分为 6 个部门，结果显示[①]：工业中二氧化碳的排放比重一直稳定在 68% 左右，反映了我国工业结构以重化工业为主的格局一直没有大的变化；交通运输的二氧化碳排放比例由 6% 上升到 14%，是上升最快的产业部门，说明交通运输特别是汽车产业发展迅速；农业、建筑业和商业碳排放比重变化不大，而生活消费的碳排放比重由 18% 下降到 10%，说明这段时间居民消费占 GDP 比重下降。因此我国碳排放结构也基本反映了我国经济结构的格局和存在问题。

碳排放分布反映了国家和区域的经济总量、结构、效率和人口等社会经济因素。从全球看，碳排放最多的国家也是经济总量或人口最多的国家，据 2010 年英国风险公司评估的资料，2008 年全球二氧化碳排放量前 10 名的国家是中国 64 亿吨、美国 59 亿吨、俄罗斯 17 亿吨、印度 12.9 亿吨、日本 12.5 亿吨、德国 8.6 亿吨、加拿大 6.1 亿吨、英国 5.9 亿吨、韩国 5.4 亿吨、伊朗 4.7 亿吨，占全球排放总量的 57.3%，与经济总量和人口有一定的对应关系。各国的碳排放结构与该国的经济结构和工业化发展的阶段有密切关系。发展中国家和发达国家的碳排放结构有明显的差别。

我国二氧化碳排放的省域分布根据 1995—2007 年中国二氧化碳排放量的省级面板数据分析[②]，全国二氧化碳排放总量 2007 年为 67.5 亿吨，东部大于中西部，经济大省一般也是二氧化碳排放大省，经济结构、能源结构、人口规模、人均 GDP、城市化水平和土地利用结构等，是影响碳排放量的主要因素。例如，2007 年我国二氧化碳排放量最多的前 5 省是山东、河北、江苏、河南、广东。其中山东、河北经济总量虽然少于江苏、广东，但重化工业比重大，煤炭生产和消费总量大、比重高，使其成为全国二氧化碳排放量最大的省。海南省是二氧化碳排放量最小的省份，人口少、工业比重低，第三产业比重高。

三　温室效应的正负相关性

温室效应是地球上生命赖以生存的必要条件。大气中温室效应气体二

---

① 陈诗一等：《资本深化、生产率提高与中国二氧化碳排放变化》，《财贸经济》2010 年第 12 期，第 111－112 页。

② 杜立民：《我国二氧化碳排放的影响因素：基于省级面板数据研究》，《南方经济》2010 年第 11 期，第 33 页。

氧化碳所引起的温室效应早已存在。如果不存在温室效应，据科学家计算，地球表面的温度在 - 18℃ 左右，而地球表面的实际年平均温度为15℃。但自工业革命以来，人类活动通过大量矿物燃料的燃烧以及将森林、草原转换成农业或其他低生物量的生态系统，将岩石、有机体以及土壤中的有机碳以二氧化碳的形式不断释放到大气中，从而增加大气中二氧化碳的含量，使得产生的二氧化碳的量比自然界消耗的二氧化碳的量要多，使得自然界碳循环平衡失调。现在全球每年排入大气中的二氧化碳总量估计为 100 亿—200 亿吨，几乎全部来自矿物燃料的燃烧，天然来源和CO 的光化学氧化产生的二氧化碳所占比例很少。大气中二氧化碳浓度不断上升，1896 年约为 296ppm，1960 年约为 320ppm，而到了 2008 年二氧化碳浓度达到了 385.2ppm。[①] 由于二氧化碳温室效应增强，已经产生全球气候变暖的趋势。由联合国政府间气候变化研究组织（IPCC）指出，如果矿物燃料的使用继续稳定增加，那么，到 2050 年全球年平均温度将达到 16℃ —19℃，超过以往的变暖速度进而加速全球的变暖。当前人们议论的"温室效应"，实际上是温室效应的增强后引起地球升温的环境问题。

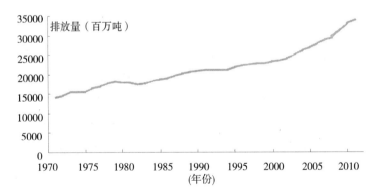

图 1.2　1979—2010 年全球二氧化碳排放量

数据来源：OECD/IEA. Emissions from Fuel Combustion, 2009；Jos G. J. Olivier, Greet Jans-sens Maenhout, Jeroen A. H. W. Peters. 全球二氧化碳排放趋势报告 2012.

---

① V. itousek P . M, Mooney H. A , Jane Lubchenco, Mellillo J. M. Human Domination of Earth's Eco systems . *Science*，1997，277（25）：494 –499.

如此大量的人类活动排放的温室气体对气候变化带来的影响是明显的。到 2030 年，据计算机模型计算表明气温将上升 3.5℃—4.2℃。气温变暖在北半球的高纬度地区的冬天最为明显，南半球气温变暖主要发生在南极洲。最近科学研究表明，气温升高后，会引起降水量与土壤温度的变化，会导致海平面升高，以及极端天气事件状况增多等许多问题；更会破坏生态平衡，促发各种疾病的蔓延。总之温室效应对于人类生存的环境、人类自身、人类社会以及社会经济的发展产生着重大的影响，需要我们引起足够的重视。

温室效应破坏性不仅局限于上述负面影响，更严重的是温室气体不按线性规律递增，而呈现指数加速增长的趋势。随着世界经济的快速发展，人口的增加和人民生活水平的提高，对能源需求将不断增大，会产生更多的温室气体，并造成以下次生影响：一是需要更多的电力用于空调制冷，而电厂将放出更多的二氧化碳。二是地表温度上升引起干旱，导致森林大火频发，产生更多二氧化碳，并且由于森林破坏使吸纳二氧化碳能力下降，间接增加了二氧化碳的产生。为了抗旱而抽取地下水后，不仅使地面下沉，还会使地表更干旱，有机质储碳量等进一步减少。三是环境温度上升使卡诺循环低温热源温度上升，使热机效率下降，为达到原先的正常效率，同一车间、同一设备、同一工厂和同一产品将会花费更多燃料，放出更多二氧化碳。四是海洋升温有可能减少吸纳二氧化碳能力，北半球永久冻土层融化过程中又会放出数十亿吨的二氧化碳和甲烷。五是化石燃料燃烧放出二氧化碳同时又会产生碳黑气溶胶，它们覆盖在南极冰盖上，使太阳光吸收增加，进一步加剧冰川融化。六是在排放二氧化碳过程中（化石燃料燃烧、生物体的燃烧和无机氮肥使用）会产生另一温室气体 N_2O；在地表升温中，一些水稻田、沼泽地均将释放出更多甲烷，而甲烷对温室效应贡献率为 15%。[①]

第三节　气候变化对环境、经济和社会的影响

全球气候变化的主要特征是气温升高、极端天气气候事件增强增多，

---

① 邝生鲁：《全球变暖与二氧化碳减排》，《现代化工》2007 年第 8 期。

导致极地和高原冰川被融化，海平面上升，引起高温、低温、旱涝等灾害频发，导致农业生产不稳定性增加，农业生产成本和投资增加；森林系统不稳定性增加，植被带北移，森林火灾发生更加频繁；极端降水事件增多，水资源时空分布不均，旱涝灾害增加；湿地功能退化，可能导致多种生物发生变异，威胁到生物多样性的安全；导致传染病病变，威胁人类健康；导致供电、供水、供气系统受损，交通运营受阻；极端高温天气导致电力负荷剧增，影响电网正常运行；由强降水引发的滑坡、泥石流等地质灾害导致公路、铁路、桥梁等设施受损；等等。

一　气候变化对全球的影响

科学家过去预测的全球气候变化可能产生的影响正在成为现实，例如海冰数量减少，海平面上升速度加快，热浪持续时间更长同时强度更大。近年来，世界各国出现了历史上几百年来最热的天气，如厄尔尼诺等异常天气现象也频繁发生，给各国造成了巨大经济损失。发展中国家抗灾能力弱，受害最为严重；发达国家也未能幸免，1995年芝加哥的热浪导致500多人死亡，1993年美国一场飓风就造成400亿美元的损失。1980年代，保险业同气候有关的索赔是140亿美元，1990—1995年间几乎达到500亿美元。这些情况显示出人类对气候变化，特别是面对气候变暖所导致的气象灾害的适应能力是相当弱的，需要采取行动防范。

科学家普遍认为全球气温将在未来几十年内持续升高，按现在的一些发展趋势，科学家预测有可能出现的影响和危害有：

1. 海平面上升。全世界大约有1/3的人口生活在沿海岸线60公里的范围内，经济发达，城市密集。全球气候变暖导致的海洋水体膨胀和两极冰雪融化，喜马拉雅等高山的冰川消融，对淡水资源形成长期隐患，可能在2100年使海平面上升50厘米，危及全球沿海地区，特别是那些人口稠密、经济发达的河口和沿海低地。这些地区可能会遭受淹没或海水入侵，海滩和海岸遭受侵蚀，土地恶化，海水倒灌和洪水加剧，面临咸潮破坏，甚至淹没之灾，港口受损，并影响沿海养殖业，破坏给排水系统，许多岛国将面临灭顶之灾。

2. 影响农业和自然生态系统。随着二氧化碳浓度增加和气候变暖，可能会增加植物的光合作用，延长生长季节，使世界一些地区更加适合农业耕作。但全球气温和降雨形态的迅速变化，也可能使世界许多地区的农业和自然生态系统无法适应或不能很快适应这种变化，使其遭受很大的破坏性影响，造成大范围的森林植被破坏和农业灾害①。珊瑚礁、红树林、极地、高山生态系统、热带雨林、草原、湿地等自然生态系统将受到严重的威胁，生物多样性受损。

3. 洪涝、干旱及其他气象灾害加剧。气候变暖导致的气候灾害增多可能是一个更为突出的问题。全球平均气温略有上升，就可能带来频繁的气候灾害——过多的降雨、大范围的干旱和持续的高温，造成大规模的灾害损失。有的科学家根据气候变化的历史数据，推测气候变暖可能破坏海洋环流，引发新的冰河期，给高纬度地区造成可怕的气候灾难；冻土融化，日益威胁当地居民生计和道路工程设施；热浪、干旱、暴雨、台风等极端天气、气候灾害等越来越频繁，导致当地居民生命财产损失加剧；粮食减产，千百万人面临饥饿威胁。

4. 影响人类健康。气候变暖有可能加大疾病危险和死亡率，增加传染病。高温会给人类的循环系统增加负担，热浪会引起死亡率的增加。由昆虫传播的疟疾及其他传染病与温度有很大的关系，随着温度升高，可能使许多国家疟疾、淋巴腺丝虫病、血吸虫病、黑热病、登革热、脑炎等增加或再次发生。在高纬度地区，这些疾病传播的危险性可能会更大。每年全球因气候变化导致腹泻、疟疾、营养不良多发而死亡的人数高达 15 万，主要发生在非洲及其他发展中国家。2020 年，这个数字预期会增加一倍。

全球气候系统非常复杂，影响气候变化因素非常多，涉及太阳辐射、大气构成、海洋、陆地和人类活动等诸多方面。对气候变化趋势，在科学认识上还存在不确定性，特别是对不同区域气候的变化趋势及其具体影响和危害，还无法作出比较准确的判断。但从风险评价角度而言，大多数科学家断言气候变化是人类面临的一种巨大环境风险。

二　气候变化对中国的影响

中国近百年的气候也发生了明显变化。有关中国气候变化的主要观测事实包括：一是近百年来，中国年平均气温升高了 0.5℃—0.8℃，略高

①　赵英奎：《对发展经济与减少排放问题的理性思考》，《理论学刊》2010 – 02 – 15。

于同期全球增温平均值，近50年变暖尤其明显。从地域分布看，西北、华北和东北地区气候变暖明显，长江以南地区变暖趋势不显著；从季节分布看，冬季增温最明显，从1986年到2005年，中国连续出现了20个全国性暖冬。二是近百年来，中国年均降水量变化趋势不显著，但区域降水变化波动较大。中国年平均降水量自20世纪50年代以后开始逐渐减少，平均每10年减少2.9毫米，但1991年到2000年略有增加。从地域分布看，华北大部分地区、西北东部和东北地区降水量明显减少，平均每10年减少20—40毫米，其中华北地区最为明显；华南与西南地区降水明显增加，平均每10年增加20—60毫米。三是近50年来，中国主要极端天气与气候事件的发生频率和强度出现了明显变化。华北和东北地区干旱趋重，长江中下游地区和东南地区洪涝加重。自1990年以来，多数年份全国年降水量高于常年，出现南涝北旱的雨型，干旱和洪水灾害频繁发生。四是海平面上升、冰川退缩。近50年来，中国沿海海平面年平均上升速率为2.5毫米，略高于全球平均水平。目前，我国山地冰川快速退缩，并有加速趋势。

中国科学家的预测结果表明，中国未来的气候变暖趋势将进一步加剧。一是与2000年相比，2020年中国年平均气温将升高1.3℃—2.1℃，2050年将升高2.3℃—3.3℃。全国温度升高的幅度由南向北递增，西北和东北地区温度上升明显。预测到2030年，西北地区气温可能上升1.9℃—2.3℃，西南可能上升1.6℃—2.0℃，青藏高原可能上升2.2℃—2.6℃。二是未来50年中国年平均降水量将呈增加趋势，预计到2020年，全国年平均降水量将增加2%—3%，到2050年可能增加5%—7%。其中东南沿海增幅最大。三是未来100年中国境内的极端天气与气候事件发生的频率可能性增大，将对经济社会发展和人们的生活产生很大影响。四是中国干旱区范围可能扩大，荒漠化可能性加重。五是中国沿海海平面仍将继续上升。六是青藏高原和天山冰川将加速退缩，一些小型冰川将消失。①

从中外专家的一些研究结果来看，总体上我国的变暖趋势冬季将强于夏季；在北方和西部的温暖地区以及沿海地区降雨量将会增加，长江、黄

---

① 国家发展和改革委员会：《中国应对气候变化国家方案》，2007－06－04.

河等流域的洪水暴发频率会更高；东南沿海地区台风和暴雨也将更为频繁；春季和初夏许多地区干旱加剧，干热风频繁，土壤蒸发量上升。农业是受影响最严重的部门。温度升高将延长生长期，减少霜冻，二氧化碳的"肥料效应"会增强光合作用，对农业产生有利影响；但土壤蒸发量上升，洪涝灾害增多和海水侵蚀等也将造成农业减产。对草原畜牧业和渔业的影响总体上是不利的。海平面上升最严重的影响是增加了风暴潮和台风发生的频率和强度，海水入侵和沿海侵蚀也将引起经济和社会的巨大损失。

三　气候变化对鄱阳湖流域的影响

鄱阳湖流域面积占江西省总面积的97%，汇入鄱阳湖的赣江、修水、饶河、信江、抚河五河水系各控制站数据显示：1955—2008年鄱阳湖径流在起初的很长一段时间均呈现上升趋势，直至1997年后期和1998年，开始出现转折，呈现下降趋势。

未来三种气候变化情景下，1951—2000年间50年一遇旱涝事件强度在鄱阳湖五河呈现不同的变化趋势。低排放情景下，鄱阳湖50年一遇干旱事件强度会有所缓解，表现为汛期30日径流最低值在五河水系均有不同程度的增加；除了赣江以外的地区洪涝强度将有所加剧。中排放情景，除修水以外的地区，干旱事件强度也有所缓解，但修水控制站30日径流值由1.33亿立方米降低至1.12亿立方米；除了饶河水系以外地区，洪涝灾害可能会有所缓解。高排放情景，位于鄱阳湖流域东南部的信江和抚河干旱强度有所缓解，但修水、饶河和赣江控制站的30日径流值分别由1.33亿立方米，0.3亿立方米与56.2亿立方米降低至1.21亿立方米，0.27亿立方米与53.5亿立方米；与低排放接近，干旱强度在修水、饶河、信江和抚河出现加剧现象，在赣江有所缓解，但高排放情景下洪涝灾害强度变化比低排放情景更为剧烈。

气候变化影响鄱阳湖流域农业生产。二氧化碳浓度增加及气候变暖对鄱阳湖流域农业生产产生非常大的影响。一方面，改善热量资源，提高流域复种指数，减少水稻春季低温连阴雨以及柑橘冬季低温冻害；另一方面，气候变暖同样会导致高温逼熟、伏旱及各种越冬虫害、杂草蔓延等系列问题，粮食产量的不确定性增加。1961—2007年大于10℃积温变化，变化范围在 5201℃—6060℃之间，1960 年代至 1970 年代中期，积温略有下降，1970 年代中期至 1990 年代中期基本不变，1990 年代中期以后明显上升。晚熟早稻与晚熟晚稻品种搭配的种植制度不断向北、向高海拔地区推进，且面积不断增多。

气候变化对鄱阳湖湿地生态系统的影响主要表现为：近 10 年旱涝灾害日益频繁，土地沙化日趋严重，三角洲前沿的淤积作用明显，洲滩面积扩大，水域面积减少，湿地植被退化严重，湿生、挺水植物快速向湖心推进，浮叶、沉水植物大幅缩减，并出现了外围原湿生植物向沙生植物转化的趋势。鄱阳湖水体富营养化问题日益严重，生物多样性破坏十分显著，天然鱼类资源枯竭，冬候鸟栖息、觅食、繁殖过程受到严重影响。外来物种入侵增加，珍稀濒危动植物资源面临更大的威胁。

气候变化对鄱阳湖森林生态系统的影响主要表现为：气温上升，植被带北移，森林系统不稳定性增加，打破原有的森林格局，破坏森林生物群落，进而威胁到生物多样性的安全，导致野生动植物种类多样性逐步降低。同时由于害虫的越冬死亡率的降低，将加剧有害生物对森林生态系统的危害与威胁；高温干旱和强雷电天气增多，可能使森林火灾发生更加频繁，火灾损失增大。鄱阳湖流域气候暖湿化发展对植被改善具有一定的促进作用，森林生产力将有所增加，整个流域的储碳总量有增加的趋势。

全球变暖的背景下，鄱阳湖流域平均气温逐年上升将导致湖区钉螺分布面积的增加，降雨量增加，水域面积增多和地面积水面积增加，可促使血吸虫感染钉螺的机会增多，原血吸虫病流行区的流行范围扩大和流行程度加重。此外洪涝灾害不仅造成钉螺扩散，而且对受淹区域的螺情影响较大，短期内可促使钉螺蔓延扩散，表现为钉螺面积大幅度增加；后期则以钉螺密度增长为特征，血吸虫病将出现感染期延长、感染强度增大和传播范围扩大的可能。

气候变化导致鄱阳湖流域强降水、大雾等极端气候事件发生强度增强，频率增加，使得交通事故次数、死亡人数和经济损失都呈现逐年上升的趋势。随着鄱阳湖流域地区经济的快速增长，公路、铁路里程逐年增加，航班数量逐年增多，尤其是高速公路得到快速发展，汽车数量增势迅猛，交通运输业对气候变化的敏感性越来越大。气候变化对鄱阳湖流域旅游产业发展，对城市给排水系统管理，正常的生产、生活用水供应都会产生极大的影响①。

第四节　低碳背景下我国面临的挑战与机遇

全球气候变化问题已经不仅仅是环境问题，也成了重要的经济问题和政治问题。我国正处在快速工业化和城市化的中期阶段，在传统经济增长方式的影响下，已经成为全球第一大的碳排放国，面临着越来越大的国际压力。在国际上，面临着来自于环境外交关系、传统的国家利益观、传统的国家安全概念以及负责任大国形象的挑战。在国内面临着资源能源短缺和浪费很大的挑战。低碳经济作为一场新的工业革命，必将引发的是一次新的技术革命，也是未来全球新经济新的增长点。因此，低碳发展在我国面临众多挑战和压力的同时，也将面临新的发展机遇。

一　我国面临的压力和挑战

资源相对不足与能源使用效率低的矛盾。随着经济的快速发展，我国资源能源的巨大缺口也开始显现，石油消费量一半靠进口；煤炭从净出口国变为进口的第一大国。与此同时，我国能源利用效率仅为33%，比发达国家低10个百分点；单位能耗是世界平均水平的2倍多，其中比美国、欧盟、日本，分别高2.5倍、4.9倍、8.7倍。据《世界经济论坛》与埃森哲咨询管理公司共同推出的《2013—全球能源工业效率研究》报告，世界能源使用效率排名中，我国排名第74位，北欧的挪威在此次评估中居世界能源使用效率第一位。该国将严格的能源政策与丰富的能源资源相结合，使其可得到许多便宜和生态洁净的能源。同时，为国家预算也带来了巨大收益。其余排名前10的国家有，瑞典、法国、瑞士、拉脱维亚等8个欧盟国家。与发达国家相比，我国发展"绿色经济"面临诸多挑战。发展低碳经济，走可持续发展道路已成为我国经济发展的内在要求。

经济增长与能源结构的矛盾。中国正处在经济发展快速增长阶段，经

---

①　殷剑敏等：《鄱阳湖流域气候变化评估报告》，气象出版社2011年。

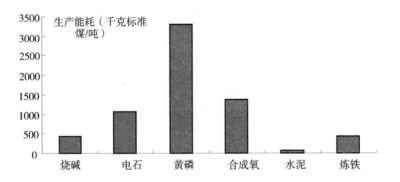

图 1.3　中国 2011 年主要耗能产品单耗水平

济增长必定带动能源需求快速增长，"富煤、少气、缺油"的资源条件，决定了中国能源结构以煤为主，我国煤炭消费占能源消费总量的比重高于发达国家和世界平均水平，石油和天然气的比重较低，特别是天然气的消费比例远低于世界平均水平。我国目前的一次能源消费仍以煤炭为主，在一次性能源中占 65% 以上，这一比例比世界平均水平高 40% 左右，而清洁能源（水电、核电等）所占的比例远低于世界平均水平。由于煤炭是一种二氧化碳排放量高的燃料，其燃烧对温室气体贡献率最大。燃烧每吨煤炭、石油和天然气的二氧化碳排放量分别为 0.7 吨、0.54 吨和 0.39 吨。单位热量燃煤引起的二氧化碳排放比使用石油和天然气分别高出 36% 和 61%，水电和核电基本无二氧化碳排放，因而导致我国二氧化碳排放量居高不下。

表 1.2　　2009—2010 年中国一次性能源消费结构与美国的比较　　　　　单位:%

年份	国家	原油	天然气	原煤	核能	水力发电	再生能源
2009	美　国	38.63	26.98	22.82	8.71	2.85	—
	中　国	18.58	3.67	70.62	0.73	6.4	—
2010	美　国	37.19	27.17	22.95	8.4	2.57	1.71
	中　国	17.62	4.03	70.45	0.69	6.71	0.5

数据来源：BP 公司．Statistical Review of World Energy，2010、2011.

高碳产业锁定与经济结构转型的矛盾。我国经济的主体是工业，工业生产技术水平落后。目前，工业消耗了全国 70% 的能源资源，而重化工又消耗了这 70% 中的 70%。加上一些地方和行业"三高一低"的粗放式生产方式，加重了中国经济的高碳特征。目前，我国单位 GDP 的二氧化硫、二氧化碳和化学需氧量的排放量也成了世界第一。我国被称为"世界加工厂"，也成为国外污染高碳产业转移目的地，越来越多"中国制造"的能源密集型产品不断出口到发达国家，这些能源密集型产品在生产过程中不但消耗大量能源，而且排放大量温室气体及其他污染物，中国国际贸易中的内涵碳排放凸显"国外消费，国内污染"的典型特征。而近年来发达国家策划的贸易"碳关税"绿色规则，设置绿色壁垒给中国对外贸易产生极大的压力。转变经济发展方式，调整经济结构成为我国必须的选择。

人口众多与温室气体排放总量大的矛盾。我国也是世界上人口最多的国家，人口增长是影响温室气体排放的重要因素。首先，巨大的人口数量对能源的需求量越来越大，因此能源消费所产生的温室气体排放也会越来越多；其次，快速增长的人口会改变土地等自然资源的利用方式，从而导致温室气体排放量的增加。

二 转型发展的机遇和对策

发展低碳经济为我国实现经济方式的根本转变提供了难得的机遇。走低碳发展道路，既是应对全球气候变化的根本途径，也是国内可持续发展的内在需求。党的十八大报告已明确提出，促进生态文明，建设美丽中国，着力推进绿色发展、循环发展、低碳发展。发展低碳经济已成为转变经济发展方式的重要途径，我国在应对气候变化方面做了很多努力，并有着巨大的潜力。我国已经宣布，到 2020 年单位 GDP 二氧化碳排放在 2005 年的基础上降低 40%—45%，非化石能源占一次能源比重达到 15% 左右。作为应对气候变化的重点与任务，我国政府已将节能减排放在"十二五"经济社会发展的优先位置，建立低碳能源系统、低碳产业结构和低碳技术体系，将有利突破我国经济发展过程中资源和环境瓶颈性约束，走新型工业化道路。有利于顺应世界经济社会变革的潮流，形成完善的促进可持续发展的政策机制和制度保障体系；在世界绿色经济发展大潮中，赢得发展的主动权，打造我国未来的国际核心竞争力。

加大传统产业的低碳化改造。减排是应对气候变化的最经济途径，

"十二五"我国应实施重点节能工程，推广先进节能技术和产品，加快推行合同能源管理，抓好工业、建筑、交通运输等重点领域节能。工业能耗占全社会能耗的 70%，在我国工业化历史任务完成前，工业节能必然是重点。要充分做好电力部门和工业部门中的钢铁、有色金属、石化、化工、建筑材料等高耗能传统行业低碳化转型。建筑部门和交通运输部门是中国目前和未来减缓碳排放增长的主要部门，也是环保产业发展的潜力所在和新的利润增长点。未来 20 年内，这些部门和行业减缓碳排放的技术潜力可占全国技术减排潜力的 70% 以上。[①]

创新驱动提高低碳排放技术。低碳经济的发展，一定程度上讲就是清洁能源技术和高效能源技术的竞争，谁在这个领域的技术创新中取得突破，谁就能够在低碳竞争中占得先机，谁就能在激烈的国际竞争中占据优势。相比欧美等发达国家，我国在能源生产利用、工业生产等领域的技术水平总体比较落后，技术开发能力和关键设备制造能力差，产业体系薄弱，由此必须通过创新驱动，采用先进技术和低碳排放技术，加大技术减缓二氧化碳排放的潜力，加大科技投入，促进低碳技术创新。加快低碳技术成果的产业化，支持低碳技术的试验示范。把煤的清洁高效利用、可再生能源、油气资源和煤气层的勘探开发、先进核能、碳捕集和封存等先进低碳技术作为提升国家技术竞争力的核心内容，列入国家和地区科技发展规划，同时，建立和完善市场机制手段，激励低碳技术的研发和应用，推动我国产业升级和企业技术创新。

促使能源结构低碳化，发展清洁能源。降低煤炭在能源消费结构中的比重，努力提高能源清洁利用的程度。从根本上改变能源利用方式，构建低碳能源供应体系。应对气候变化的重中之重是合理控制能源消费总量，抑制高耗能产业过快增长，发展和使用清洁能源。尽管世界上还没有一个国家依靠新能源和可再生能源完成工业化，但面对气候变化的现实，各国已将可再生能源作为投资和扩大就业的重要领域，并可能成为国际竞争的焦点。我国也应加大投资和政策扶持力度，开发利用太阳能、风能、地热能、生物质能等新能源和可再生能源，使之成为满足未来能源需求的重要

---

① 何建坤等：《气候变化国家评估报告（Ⅲ）：中国应对气候变化对策的综合评价》，《气候变化研究进展》2006 年第 4 期。

补充，并成为温室气体减排、保障能源安全的重要措施。我国具有丰富的可再生能源资源。水能资源的理论贮藏量为 $7 \times 10^8 kW$，技术可开发容量 $5.42 \times 10^8 kW$，经济可开发容量 $4.02 \times 10^8 kW$；我国的风能资源为 $10 \times 10^8 kW$，其中陆地为 $2.5 \times 10^8 kW$，近海为 $7.5 \times 10^8 kW$。特别是我国天山—阴山—大兴安岭一线以北地区风能资源尤为丰富，风能功率密度一般在 $200—300W/m^2$ 以上，有的地方可达 $500W/m^2$，但至今被开发利用的不到 1%。[①]

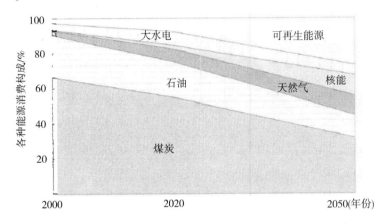

图 1.4　我国未来一次能源构成变化趋势

到 2020 年，包括大水电在内的可再生能源和核能在一次能源构成中的比重，可比 2001 年提高 1 倍以上，达 19%，能源消费的二氧化碳排放强度可比 2001 年下降 10%。到 2020 年，可再生能源和核能的供应量可达到能源总消费量的 30% 以上，能源消费的二氧化碳排放强度也将下降 30% 以上。

提高森林、草原、湿地、农田等生态系统的碳汇能力。它们对吸收二氧化碳，减轻温室气体效应起重要作用。由于绿色植物主要分布在森林生态系统，因而森林是维护陆地生态系统平衡的主体。2010 年由国家林业局主持进行的《中国森林生态系统服务功能及其价值评估》[②]，

---

　　① 张国宝：《用好水能资源为人类提供可持续利用的清洁能源》，《水力发电》2004 年 30 (12)。

　　② 国家林业局课题组：《中国森林生态系统服务功能及其价值评估》，《林业科技》2011，47 (2)。

该成果依据我国第七次森林资源的普查资料，研究结果认为中国森林生态系统的年固碳能力为 3.59 亿吨，释放氧气量为 12.24 亿吨，若 3.59 亿吨纯炭除以 0.273 的系数为 13.15 亿吨二氧化碳。此外森林植物的储碳量达到 78.11 亿吨，相当于燃烧 109 亿吨标煤二氧化碳的排放量。国家实施了"三北"防护林、长江中上游防护林、沿海防护林等一系列林业生态工程，进行了黄河、长江等 7 大流域水土流失综合治理，开展了荒漠化治理，促进坡地退耕还林，建立林网化农田和坡耕地治理等活动，并且加强了天然草场保护和农田管理，取得了显著成效。到 2020 年，森林覆盖率将达 23%，到 2050 年将达到 26% 以上。应通过重点生态修复工程和措施，提高森林覆盖率，增加蓄积量，增强固碳能力等。

同时，加强湿地保护，增加和丰富生态系统的生物多样性。全国湿地面积 3848 万公顷，上述典型分析面积占全国湿地面积 0.55%，估算中国湿地面积固定二氧化碳的能力为 1 亿多吨；加强农田和草场的保护与管理。全国天然草原的鲜草产量约 9.52 亿吨，折合干草近 3 亿吨，按 1 克干草吸收二氧化碳 1.6 克的比例计算，3 亿吨干草可吸收 4.86 亿吨二氧化碳。中国农田生态系统既是碳汇，也是碳源，但源汇相抵后是碳汇。碳源来源于农业机械、化肥、农药等化学品的使用过程中排放二氧化碳，碳汇来源于农作物对二氧化碳的吸收，农作物产量高，吸收二氧化碳越多，实施生态农业、循环农业有利于增加碳汇能力。

实施"减排""增汇"双重约束，并作为国家层面纳入经济社会发展的综合评价指标和干部政绩考核体系[1]。我国虽然向世界作出了减排承诺的目标，但在国内尚未对地方碳减排作为约束性指标下达，更没有增汇指标的硬约束，地方政府之间的过度竞争，仍然是拼投入以片面追求 GDP 增长和创汇为目标，经济发展方式转变成效甚微。经济发展质量和资源环境绩效仍令人担忧。在工业化、城镇化快速推进的今天，我国必须实施减排增汇的双重约束，并作为国家和地方政府纳入经济社会发展的综合评价指标和干部政绩考核体系，实行"减排""增汇"的奖惩制度和问责制

---

① 　杨志诚：《碳循环与经济发展》，《科技广场》2012 年第 6 期。

度。要建立一套影响"减排""增汇"目标的科学的且便于操作的指标体系，主要涉及经济结构、能源结构调整，贸易转型、土地利用变化和生态建设，资源环境绩效水平，每个方面都影响到二氧化碳的排放总量和强度。要直接将二氧化碳的排放总量、强度、效率纳入政府统计指标体系，逐步建立较完善的温室气体排放和碳汇数据信息系统，更重要的是运用这些数据信息系统来评价国家和地方经济社会发展的质量，提出更长远的发展目标和战略性举措。

第二章　国际社会和我国应对气候
变化的基本方针和政策

　　温室气体的排放源于生产与消费的负外部性，一般来说，我们要求加强政府的宏观调控以应对市场失灵。但是，由于排放温室气体这种负外部性的影响是全球性的，在责任、权力、利益的博弈中，国际协约已经并将继续发挥重要作用，但又不得不在困难中前行。

第一节　有关气候变化的国际协约及其效果评述[①]

　　1992 年联合国环境与发展大会首次把环境管理提升到全球发展战略的高度，按照"可持续发展"（Sustainable Development）的理念，通过了《联合国气候变化框架公约》（UNFCCC），明确提出了控制大气中温室气体浓度上升，特别是减少二氧化碳排放，是国际社会共同的责任和义务。随后的 20 多年中，联合国主导着国际社会，都在为协商和制定二氧化碳减排的国际协议而努力，这些努力对孕育低碳经济和低碳社会发挥了显著的作用。[②]

一　联合国气候变化框架公约

　　《联合国气候变化框架公约》[③]（以下简称《公约》）是世界上第一个为全面控制二氧化碳等温室气体排放，以应对全球气候变暖给人类经济和

---

　　①　本节内容主要来源于联合国气候变化框架公约组织的官方网站及相关资料。
　　②　陈柳钦：《新世纪低碳经济发展的国际动向》，《郑州航空工业管理学院学报》2010 年第 6 期。
　　③　搜狗百科：联合国气候变化框架公约。

社会带来不利影响的国际公约，奠定了应对气候变化国际合作的法律基础，是具有权威性、普遍性、全面性的国际框架，也是国际社会在对付全球气候变化问题上进行国际合作的一个基本框架。《公约》将参加国分为三类：（1）工业化国家。这些国家承诺要以1990年的排放量为基础进行削减。承担削减排放温室气体的义务。如果不能完成削减任务，可以从其他国家购买排放指标。（2）发达国家。这些国家不承担具体削减义务，但承担为发展中国家进行资金、技术援助的义务。（3）发展中国家。不承担削减义务，以免影响经济发展，可以接受发达国家的资金、技术援助，但不得出卖排放指标。《联合国气候变化框架公约》确立了5个基本原则：（1）"共同但有区别的责任"原则，要求发达国家应率先采取措施，应对气候变化；（2）要考虑发展中国家的具体需要和国情；（3）各缔约方应当采取必要措施，预测、防止和减少引起气候变化的因素；（4）尊重各缔约方的可持续发展权；（5）加强国际合作，应对气候变化的措施不能成为国际贸易的壁垒。

　　《联合国气候变化框架公约》的关键性成果就是明确了发展中国家与发达国家在处理气候变化问题上的合作基础。它要求发达国家向发展中国家提供资金和技术援助，而后者只需表达良好的合作意愿即可，这就是如今我们耳熟能详的"共同但有区别的责任"。换句话说，这就是在全球对二氧化碳减排问题上实现双轨制。但这个基础并不是牢不可破的，后来的多次国际会议，为了实行双轨制还是实行各国都参与减排的单轨制争论不休，博弈越来越激烈。尽管《联合国气候变化框架公约》在敦促各国减排方面，从国际法律上不具有强制性，但是公约的签署还是具有积极的价值的，它在人类环境保护与可持续发展进程上迈出了历史性的一步。

二　《京都议定书》[①]

　　1997年12月11日，第3次公约缔约方大会在日本京都召开。149个国家和地区的代表通过了《京都议定书》，它把温室气体减排形式化地归结为二氧化碳减排问题，让温室气体排放权形式化地归结为二氧化碳排放权问题，让"碳排放"有了可测算、可折算、可视化的标准，让二氧化

　　① 搜狗百科：联合国气候变化框架公约。

碳减排配额交易（简称"碳交易"）变成了现实的国际"碳交易市场"。它规定从 2008—2012 年期间（第一个承诺期），主要工业发达国家的温室气体排放量要在 1990 年的基础上平均减少 5.2%，其中欧盟将 6 种温室气体的排放削减 8%，美国削减 7%，日本削减 6%。同时确立了联合履行（Joint Implemented，JI）机制、清洁发展机制（Clean Development Mechanism，CDM）及"碳减排"贸易（Emission Trade，ET）三个实现减排的灵活机制，要求发达国家通过提供资金和技术的方式，与发展中国家开展项目级的合作，发达国家向发展中国家提供技术转让和资金，通过项目提高发展中国家的能源利用率，减少排放，或通过造林增加二氧化碳吸收，排放的减少和增加的二氧化碳吸收计入发达国家的减排量。

《京都议定书》生效后，三个灵活机制正式启动，清洁发展机制下的造林和更新造林项目正式运行，林业碳汇市场不断发展，林业碳汇国家贸易也不断增加。《京都议定书》是人类历史上首次以法规的形式限制温室气体排放，标志着各国政府对气候变化的重视和关心，但是作为减排手段，却是失败的。《公约》组织 2008 年 11 月 17 日公布的数据显示，全球性减排形势仍不容乐观。至 2006 年，虽然 41 个缔约国总体温室气体排放比 1990 年下降了 4.7%，但其中大部分均为中东欧等转型经济体的贡献。从 1990 年到 2006 年，中东欧等转型国家的温室气体排放量下降了 37%；在这期间，发达经济体的温室气体排放量却增长了 9.9%。可见，《京都议定书》并没有使排放量明显减少，甚至也没有达到预期减缓排放增长速度的效果，它只不过象征性地提请社会各界注意目前存在的气候变化情况。

三　巴厘路线图[①]

2007 年 12 月，第 13 次框架公约缔约方大会在印度尼西亚巴厘岛举行，会议着重讨论"后京都"问题，即《京都议定书》第一承诺期在 2012 年到期后如何进一步降低温室气体的排放。15 日，联合国气候变化大会通过了"巴厘路线图"，启动了加强《公约》和《京都议定书》全面实施的谈判进程，致力于在 2009 年年底前完成《京都议定书》第一承

---

① 搜狗百科：联合国气候变化框架公约。

诺期 2012 年到期后全球应对气候变化新安排的谈判并签署有关协议。"巴厘路线图"确定了未来强化落实《联合国气候变化框架公约》的领域，并为其进一步实施指明了方向。

"巴厘路线图"（Bali Roadmap）共有 13 项内容和 1 个附录，要点如下：（1）确认为阻止人类活动加剧气候变化必须"大幅度减少"温室气体排放。文件援引科学研究建议，2020 年前将温室气体排放量相对于 1990 年排放量减少 25%—40%。但文件本身没有量化减排目标。（2）为应对气候变化新安排举行谈判，谈判期为 2 年，应于 2009 年前达成新协议，以便为新协议定在 2012 年年底前生效预留足够时间。2008 年计划举行 4 次有关气候变化的大型会议。（3）谈判应考虑为工业化国家制定温室气体减排目标，发展中国家应采取措施控制温室气体排放增长。比较发达的国家向比较落后的国家转让环境保护技术。（4）谈判方应考虑向比较穷的国家提供紧急支持，帮助他们应对气候变化带来的不可避免的后果，比如帮助他们修建防坡堤等。（5）谈判应考虑采取"正面激励"措施，鼓励发展中国家保护环境，减少森林砍伐等。

"巴厘路线图"的重要意义①体现在：（1）强调了国际合作。"巴厘路线图"在第一项的第一款指出，依照《公约》原则，特别是"共同但有区别的责任"原则，考虑社会、经济条件以及其他相关因素，与会各方同意长期合作共同行动，行动包括一个关于减排温室气体的全球长期目标，以实现《公约》的最终目标。（2）把美国纳入进来。由于拒绝签署《京都议定书》，美国如何履行发达国家应尽义务一直存在疑问。"巴厘路线图"明确规定，《公约》的所有发达国家缔约方要履行可测量、可报告、可核实的温室气体减排责任，这把美国纳入其中。（3）除减缓气候变化问题外，还强调了另外三个在以前国际谈判中曾不同程度受到忽视的问题：适应气候变化问题、技术开发和转让问题以及资金问题。这三个问题是广大发展中国家在应对气候变化过程中极为关心的问题。（4）为下一步落实《公约》设定了时间表。"巴厘路线图"要求有关的特别工作组在 2009 年完成工作，并向《公约》第 15 次缔约方会议递交工作报告，这与《京都议定书》第二承诺期的完成谈判时间一致，实现了"双轨"并进。

---

① 搜狗百科：巴厘岛路线图。

四　《哥本哈根协议》

《联合国气候变化框架公约》第 15 次缔约方会议暨《京都议定书》第 5 次缔约方会议，也被称为哥本哈根联合国气候变化大会，于 2009 年 12 月 7—19 日在丹麦首都哥本哈根召开，会议达成不具法律约束力的《哥本哈根协议》。

《哥本哈根协议》有以下几个特点：维护了《公约》和《京都议定书》确立的"共同但有区别的责任"原则；在"共同但有区别的责任"原则下，最大范围地将各国纳入了应对气候变化的合作行动，在发达国家实行强制减排和发展中国家采取自主减缓行动方面迈出了新的步伐；在发达国家提供应对气候变化的资金和技术支持方面取得了积极的进展。在采取实质性减缓行动和保证实施透明度的情况下，发达国家承诺到 2020 年每年向发展中国家提供 1000 亿美元，以满足发展中国家应对气候变化的需要。同时，将建立具有发达国家和发展中国家公平代表性管理机构的多边基金；在减缓行动的测量、报告和核实方面，维护了发展中国家的权益；根据政府间气候变化专门委员会第 4 次评估报告的观点，提出了将全球平均温升控制在工业革命以前 2℃的长期行动目标。为了确保长期目标和相应的应对行动得到最新气候变化相关科学研究成果的支持，对《哥本哈根协议》执行情况以及对包括长期目标在内的共同愿景的综合评估，将与 IPCC 已正式启动的第 5 次评估报告的出台时间相衔接。

五　坎昆会议决议①

《联合国气候变化框架公约》第 16 次缔约方大会和第 6 次《京都议定书》成员国大会于 2010 年 11 月 29 日—议定书 12 月 10 日在墨西哥坎昆召开。通过的两份决议坚持了《公约》、《京都议定书》和"巴厘路线图"，坚持了"共同但有区别的责任"原则，坚持了"双轨制"原则，涉及了谈判的所有重要方面。但对于本次谈判最艰难的部分——《京都议定书》的延续问题，则采用了较为模糊的言辞：《京都议定书》特设工作

---

① 搜狗百科：坎昆会议。

组应"及时确保第一承诺期与第二承诺期之间不会出现空当"。这一说法原则上认可存在第二承诺期，但并未给出落实第二承诺期的时间表。由此绕开了日本坚决反对《京都议定书》第二承诺期的立场。决议还敦促《京都议定书》"附件一国家"（包括大部分发达国家）提高减排决心。

在应对气候变化方面，决议认为"适应"和"减缓"同处于优先解决地位，《联合国气候变化框架公约》各缔约方应该合作，促使全球和各自的温室气体排放尽快达到峰值。决议认可发展中国家达到峰值的时间稍长，经济和社会发展以及减贫是发展中国家最重要的优先事务。决议还认为，发达国家根据自己的历史责任必须带头应对气候变化及其负面影响，并向发展中国家提供长期、可预测的资金、技术以及能力建设支持。决议还决定设立绿色气候基金，帮助发展中国家适应气候变化。

六　德班增强行动平台①

《公约》第17次缔约方会议暨《京都议定书》第7次缔约方会议于2011年11月在南非德班举行，宣布继续《京都议定书》第二承诺期，并于2013年开始实施，避免了《京都议定书》第一承诺期结束后出现空档。会议还决定正式启动绿色气候基金，并成立了绿色气候基金管理框架，还对适应、减缓、技术转移等问题作了安排。大会通过了《京都议定书》工作组和《公约》之下的"长期合作行动特设工作组"的决议，建立德班增强行动平台特设工作组，主要负责制定一个适用于所有《公约》缔约方的法律工具或者法律成果，提交第21届联合国气候变化缔约方大会（2015年）审议签署，并于2020年开始实施。各缔约方要在工作组工作的基础上，从2020年开始根据该法律工具或者法律成果探讨如何减排，降低温室气体排放。

2012年上半年，德班增强行动平台特设工作组在减缓和适应气候变化、融资、技术开发与转让、透明度、支持和能力建设措施等领域开展了工作，其第一次会议成为2012年联合国气候变化波恩会议的重要组成部分。

七　近年的进展

2012年11月26日，《联合国气候变化框架公约》第18次缔约方会

---

① 搜狗百科：德班会议。

议暨《京都议定书》第 8 次缔约方会议（简称多哈气候大会）在多哈开幕。会议通过了《京都议定书》第二承诺期修正案，为相关发达国家设定了 2013—2020 年的温室气体量化减排指标。会议上，欧盟、澳大利亚等宣布加入第二承诺期，日本、加拿大等宣布不加入第二承诺期。

　　2013 年 11 月 11—22 日，《联合国气候变化框架公约》第 19 次缔约方会议暨《京都议定书》第 9 次缔约方会议（简称华沙气候大会）在波兰首都华沙举行。会议决定：在 2020 年《京都议定书》第二承诺期结束后，全球气候新协议将继续确定全球各方如何分担应对气候变化的责任，预计 2014 年在秘鲁利马举行的《公约》缔约方第 20 次大会上进入实质性谈判，并于 2015 年在法国巴黎举行的《公约》缔约方第 21 次大会上达成新协议。

　　2014 年 11 月 12 日，中美两国在北京共同发表《中美气候变化联合声明》，受到国际社会和舆论的广泛关注与积极评价。此次《中美气候变化联合声明》的意义主要体现在四个“第一次”上：中美两国元首“第一次”宣布了两国各自 2020 年后应对气候变化的行动目标：美国计划于 2025 年实现在 2005 年基础上减排 26%—28% 的全经济范围减排目标并将努力减排 28%，中国计划 2030 年左右二氧化碳排放达到峰值且将努力早日达峰，并计划到 2030 年非化石能源占一次能源消费比重提高到 20% 左右；中美两国“第一次”将气候变化视为“人类面临的最大威胁”，将气候变化问题的重要性和紧迫性提升到最高层面；中美两国“第一次”将气候变化与国家安全和国际安全紧密联系在一起，对气候变化问题的性质有了更具体更全面的认识；中美两国“第一次”就“共同但有区别的责任”原则达成了政治层面的共识。此外，这次联合声明还新增了能源与水的关联性研究和启动气候智慧型/低碳城市倡议等合作议题，进一步扩大了中美气候变化合作的领域和范围。这次联合声明将大力推动中美两国国内向绿色经济和低碳发展转型的进程；有助于将应对气候变化打造成中美新型大国关系的新亮点；有利于全球气候治理的良性发展；有利于展现中美两国的大国责任和担当以及全球领导力。必须指出的是，此次联合声明是重要的，但更重要的是落实。对这份联合声明，中美两国人民当然抱以期待和厚望，但也不能盲目乐观。①

---

① http://news.xinhuanet.com/world/.

2014 年 12 月 1—12 日，《联合国气候变化框架公约》缔约方第 20 次会议（COP20）在秘鲁首都利马召开。利马会议根据华沙会议的授权，围绕"细化协议要素""明确贡献信息""加强行动实施"三个核心议题展开磋商。尽管利马会议取得了一些进展，但围绕气候谈判主要议题的实质性争议并未得到解决：首先，最终决议文本一再被弱化。决议中关于巴黎协议的核心议题——国家自主决定贡献的表述比较模糊。在发展中国家诉求最强烈的资金问题上，发达国家的表现依然令人失望。包括中国在内的发展中国家主张，按 2011 年德班大会的要求，巴黎协议应包括减缓、适应、资金、技术、能力建设等多个要素，而发达国家始终侧重减缓，并试图弱化其他要素。其次，各方对共同但有区别的责任原则、公平原则和各自能力原则如何体现在巴黎协议中还存在较大争议。在减排问题上，发展中国家所坚持的这三项原则继续受到发达国家挑战。一些发达国家企图曲解这些原则的含义，为了推诿自己的历史责任而宣扬无差别责任，试图让发展中国家承担超出自身能力和发展阶段的责任。①

第二节　主要国家和地区应对气候变化的政策及效果评述

积极应对气候变化是道德的制高点，积极发展低碳经济是未来经济竞争的制高点。世界各国为了抢占这两个制高点，都已经制订并出台了一系列详细而富有操作性的低碳发展计划。主要表现在通过立法和资金投入促进传统高碳产业改造和低碳技术创新，推动可再生能源与新型清洁能源的发展，广泛应用市场机制与经济杠杆，加强国际范围内的减碳协作等方面。②

一　国际主要国家和地区应对气候变化的低碳政策与行动

总的来看，世界各国应对气候变化、发展低碳经济存在一定差异，英国侧重于低碳发展理念和制度的创新；美国和欧盟注重能源效率的提高和可再生能源的研发示范；日本注重低碳发展在社会经济各领域的均衡推进

---

① http://mp.weixin.qq.com/s.
② 陈柳钦：《新世纪低碳经济发展的国际动向》，《郑州航空工业管理学院学报》2010 年第 6 期。

（详见表 2.1）。

表 2.1　　　主要国家应对气候变化采取的低碳政策与行动一览表

国家 （或地区）	政策文件	目标	主要措施
英国	2003 年发布英国能源白皮书《我们能源的未来：创建低碳经济》；2007 年 3 月，英国通过《气候变化法案》，这是世界上第一个关于气候变化的立法；2009 年 7 月 15 日，英国发布了《英国低碳转换计划》、《英国可再生能源战略》，标志着英国成为世界上第一个在政府预算框架内特别设立碳排放管理规划的国家。	到 2020 年英国 CO_2 排放量削减 26%—32%，到 2050 年削减 60%。	实施气候变化税制度、创新碳基金、推出气候变化协议、启动温室气体排放贸易机制、使用可再生能源配额等。
欧盟	2007 年年底，欧盟委员会通过了《欧盟能源技术战略计划》，明确提出鼓励推广"低碳能源"技术，促进欧盟未来能源可持续利用机制的建立和发展；2008 年 12 月，最终就欧盟能源气候"一揽子"计划达成一致，形成了欧盟低碳经济政策框架，已经成为具有法律约束力的法规，是世界上第一个在法律上承诺大幅度强制减排的地区，在应对气候变化方面发挥了模范带头作用；2009 年，欧盟委员会支持各国推行"绿色经济计划"，实施"绿色知识经济体"战略构想。	欧盟将实现"3个 20%"的承诺：到 2020 年将温室气体排放量在 1990 年基础上减少至少 20%，将可再生清洁能源占总能源消耗的比例提高到 20%；将煤、石油、天然气等化石能源消费量减少 20%。	欧盟排放权交易机制修正案、欧盟成员国配套措施任务分配的决定、碳捕获和储存的法律框架、可再生能源指令、汽车 CO_2 排放法规和燃料质量指令、改善建筑能效及发展汽车和建筑清洁技术等。

国家 （或地区）	政策文件	目标	主要措施
美国	2006 年 9 月，美国公布了《新的气候变化技术计划》；2007 年 7 月 11 日，美国参议院提出了《低碳经济法案》；奥巴马政府上台不久也推出新能源战略；2009 年 1 月，奥巴马宣布了"美国复兴和再投资计划"；2009 年 6 月，美国颁布了《美国清洁能源与安全法案》。	至 2020 年，CO_2 排放量比 2005 年减少 17%，至 2050 年减少 83%。	推动在新一代清洁能源技术方面的研发与创新；将发展新能源作为投资重点；建立美国温室气体排放权（碳排放权）限额—交易体系；增加环保署经费；宣布到 2016 年汽车油耗标准是 6.5/100 百公里，并启动智能电网的建设。
日本	2006 年，日本编制出台了《新国家能源战略》；2008 年，日本以政府的名义提出了新的防止全球气候变暖的对策——"福田蓝图"，同年 7 月，日本内阁会议通过了"实现低碳社会行动计划"；2009 年 4 月，日本公布了名为《绿色经济与社会变革》的政策草案。	将温室气体减排中期目标定为 2020 年与 2005 年相比减少 15%，长期目标定为 2050 年比现阶段减少 60%—80%。	建立了以首相、经济产业省及地方经济产业局、节能专业机构为主体的多层次的节能监督管理体系；出台了特别折旧制度、补助金制度、特别会计制度等多项财税优惠措施，以落实节能减排政策，鼓励企业开发节能技术、使用节能设备；选定横滨、九州、带广市、富山市、熊本县水俣、北海道下川町作为推动向"低碳社会"转型试点，大力发展风能、太阳能，推广环境可持续的交通体系。

　　总体来看，世界各国应对气候变化、推进低碳经济发展的政策侧重点和态度存在一定差异，英国侧重于低碳发展理念和制度的创新，美国和欧盟注重能源效率的提高和可再生能源的研发示范，日本注重低碳发展在社会经济各领域的均衡推进。然而，这些国家实现低碳经济转型的路径都需要协调和发挥各种政策措施的综合作用，这些政策手段大致可以分为四类：第一类是以法令和法规等形式通过的国家规划、国家发展目标、强制性标准等；第二类是财税引导和激励手段，如财政补贴和税收优惠等；第三类是基于市场的灵活机制，如合同能源管理；第四类则是信息支持及自愿性行动。一般来说，法律法规类和财政引导类政策的减排有效性和成本有效性都比较高，市场机制类政策的减排有效性较高而成本有效性方面略差，自愿性行动成本有效性较高而减排有效性略差。

二　中国低碳政策与行动[①]

　　作为世界上最大的发展中国家，中国已成为发展低碳经济的主要践行者之一，确立了发展"低碳经济"的道路，并为应对全球气候变化作出了一系列努力。近年来，中国政府提出了加快建设资源节约型、环境友好型社会的重大战略构想，不断强化应对气候变化的措施，先后制定了一系列促进节能减排的政策，在客观上为低碳经济的发展起到了推进作用。2006年《国家中长期科学和技术发展规划纲要》明确提出把解决能源、水资源和环境保护技术放在科学技术发展的优先位置，把"全球环境变化监测与对策研究"作为科技工作的重点任务，列入国家科技计划予以重点支持，并加强节能技术、可再生能源技术以及煤炭清洁高效利用技术等减缓温室气体排放技术的研发。《国家环境保护"十一五"规划》新增了应对气候变化的内容，指出要强化能源节约和高效利用的政策导向，加大依法实施节能管理的力度，努力减缓温室气体排放；大力发展可再生能源以及控制工业生产过程中的温室气体排放等。《中华人民共和国国民经济和社会发展第十一个五年规划纲要》提出了"十一五"期间单位国内生产总值能耗降低20%左右，主要污染物排放总量减少10%的约束性指标，并已经实现。

---

① 　资料来源：国家发展与改革委员会《中国应对气候变化的政策与行动》。

2006 年年底，我国发布了第一部《气候变化国家评估报告》。根据《联合国气候变化框架公约》和《京都议定书》的规定，中国在编制完成《中国应对气候变化国家战略》的基础上，制订了《中国应对气候变化国家方案》，并于 2007 年正式颁布实施，成为第一个制订应对气候变化国家方案的发展中国家，明确了到 2010 年应对气候变化的具体的目标、基本的原则、重点领域和政策措施。2007 年 12 月 26 日发表的《中国的能源状况与政策》白皮书，着重提出了能源多元化发展，并将可再生能源发展正式列为国家能源发展战略的重要组成部分，不再提以煤炭为主。

2008 年 10 月 29 日发表的《中国应对气候变化的政策与行动》白皮书，详细阐明了气候变化与中国国情、气候变化对中国的影响、应对气候变化的战略和目标、减缓气候变化的政策与行动、适应气候变化的政策与行动、提高全社会应对气候变化意识、加强气候变化领域国际合作、应对气候变化的体制机制建设等重大问题的原则立场和各种积极措施。

2009 年 8 月 27 日，全国人大常委会表决通过《关于积极应对气候变化的决议》，这是中国最高国家权力机关首次专门就应对气候变化这一全球性重大问题作出决议。决议指出，必须以对中华民族和全人类长远发展高度负责精神，进一步增强应对气候变化意识，从中国基本国情和发展的阶段性特征出发，积极应对气候变化；提出了积极应对气候变化包括控制温室气体排放，增强适应气候变化能力、充分发挥科学技术的支撑和引领作用、发展绿色经济、低碳经济等一系列具体措施，并要求把积极应对气候变化作为实现可持续发展的长期任务纳入国民经济和社会发展规划。

在 2009 年 12 月 7—18 日召开的哥本哈根联合国气候变化大会上，作为发展中国家，虽然中国没有被纳入强制减排计划中，但中国政府仍然对外宣布 2020 年单位 GDP 碳排放（即碳排放强度）比 2005 年减少 40%—45% 的目标，并将该目标作为约束性指标纳入中长期国民经济和社会发展计划，同时建立统一的统计、监测和考核体系，规划非化石能源占一次能源消费的比重达到 15% 左右，表明配合国际社会承担大国社会责任的决心。[①]

从 2010 年开始，中国确定了广东、辽宁、湖北、陕西、云南五省，

---

① 陈柳钦：《低碳经济演进：国际动向与中国行动》，《科学决策》2010 年第 4 期。

以及天津、重庆、深圳、厦门、杭州、南昌、贵阳、保定等 8 个市为低碳试点地区。这些地区在制定支持低碳绿色发展的配套政策、建立以低碳排放为特征的产业体系、建立温室气体排放数据统计和管理体系，倡导低碳绿色生活方式和消费模式等方面作出了努力，推动了地区经济社会的低碳转型发展。

2011 年《中华人民共和国国民经济和社会发展第"十二个"五年规划纲要》提出，中国单位国内生产总值能耗和二氧化碳排放要分别下降 16% 和 17%。化学需氧量、二氧化硫排放分别减少 8%，氨氮、氮氧化物排放分别减少 10% 的目标。①

2011 年，国家发改委下发了《关于开展碳排放权交易试点工作的通知》，批准北京、天津、上海、重庆、湖北、广东和深圳等 7 省市开展碳排放权交易试点工作，探索利用市场化手段，以较低成本完成排放控制目标。国家计划 2013 年开始在试点地区启动碳交易机制，到 2015 年建立全国范围的排放权交易体系。实际情况是：到 2014 年 6 月，7 个试点省市全部相继启动交易，共纳入排放企业和单位 1919 家，配额总量合计约 12 亿吨；截至 2014 年 10 月底，7 个试点碳市场累计成交约 1375 万吨二氧化碳，累计成交金额 5.2 亿元；试点省市 2013 年度碳排放配额清缴工作顺利完成，配额清缴率均在 96% 以上，碳排放权交易市场运行总体平稳。②

2012 年中国共产党十八大、十八届三中全会，把生态文明建设放在突出地位，融入经济建设、政治建设、文化建设、社会建设各方面和全过程，努力建设美丽中国，实现中华民族永续发展。中国要"推动能源生产和消费革命，支持节能低碳产业和新能源、可再生能源发展，确保国家能源安全"。"发展循环经济，促进生产、流通、消费过程的减量化、再利用、资源化。"③ 必须建立系统完整的生态文明制度体系，用制度保护生态环境。

---

① 详见《中华人民共和国国民经济和社会发展第"十二个"五年规划纲要》第一篇，第三章"主要目标"。

② 国家发展改革委气候司：《关于推动建立全国碳排放权交易市场的基本情况和工作思路》，《中国经贸导刊》2015 年第 1 期。

③ 胡锦涛：《坚定不移沿着中国特色社会主义道路前进 为全面建成小康社会而奋斗》，人民日报，2012 – 11 – 09.

2013 年全国环境保护工作会议提出由环保部牵头、相关部门与区域内各省级政府参加的大气污染联防联控工作领导小组,以解决跨省区域空气污染问题。2014 年 4 月新修订的《环境保护法》用最严厉的法律保护生态环境,之后的环境监管执法通知中,明确要求严惩环境违法行为,对各类环境违法行为"零容忍",这些措施都将促进低碳、环保的立法以及各项制度、法律的落实。

第三节 国际社会应对气候变化的共识、分歧与前景[①]

虽然低碳经济理念已经得到多数国家的认可并付之于行动,但对于发达国家和发展中国家来说低碳经济有着不同的内涵。发达国家着眼于低碳化,其低碳经济目标是与控制温室气体排放的国际义务联系在一起的。发展中国家更关注发展,强调在实现发展目标的同时,控制温室气体的排放,实现减排与发展的双赢。实际减排上,发展中国家更关注的是"适应"气候变化的直接影响,而对于发达国家来说,通过使用新能源等长线手段"减缓"气温升高和气候变化的影响。发展不平衡问题是困扰国际合作的症结所在。

各个国家都在用外交手段争取最大的国家利益,在有限的全球资源中获得尽可能有利的份额和地位。从《联合国气候变化框架公约》的签订,到《京都议定书》的签署,都印证了这一点。各个国家的出发点不同,制定的减排标准也会有差异,势必会引发系列争端。发达国家和发展中国家两大阵营、欧盟、伞形集团、77 国集团加中国三股势力间错综复杂的利益,根深蒂固的矛盾,让气候谈判变得异常艰难。哥本哈根气候变化大会的真相其实很简单:拯救地球变暖的全球行动,在一定程度上就是各个国家、各个阵营间基于环境外交的博弈。

《联合国气候变化框架公约》、《京都议定书》和"巴厘路线图"等共识的形成,是基于当时国际经济和碳排放格局;哥本哈根、坎昆会议的分歧,同样基于变化了的国际经济和碳排放状况,即发展中大国经济实力

---

① 王伟光,郑国光:《应对气候变化报告 2009》,社会科学文献出版社 2010 年;王芳等:《气候变化谈判的共识与分歧初析》,《地球科学进展》2008 年第 2 期。

明显增强和碳排放总量迅速增加。气候博弈的焦点，从技术上看集中在谈判机制、减排问题和资金供给三大方面，而实质上是发展权之争。[①]

（一）谈判机制[②]

根据"巴厘路线图"安排，哥本哈根谈判是一种"双轨"谈判机制，即《公约》框架下的长期合作谈判与《京都议定书》框架下的后期承诺谈判。这种机制安排的好处是，既能将美国纳入谈判进程，又可以维持各阶段承诺的连续性与可比性。但发达国家主张将谈判并轨，仅保留《公约》框架下的谈判，企图扼杀《京都议定书》，以否认其在京都第一承诺期所作的减排承诺。由美国、英国和东道主丹麦等国草拟的谈判文本"丹麦草案"，摒弃《京都议定书》内容而只强调在《公约》下进行谈判，验证了发达国家扼杀《京都议定书》的企图。发展中国家表示，如果取消《京都议定书》进行并轨，"共同但有区别的责任"原则就没有什么实质性的内容；双轨制是发展中国家的根本要求，坚决反对再搞一个具有法律约定的文书，将发达国家的义务和发展中国家的义务捆绑到一起。关于是否"并轨"的博弈以发展中国家的胜利而告一段落，哥本哈根及之后的谈判继续按照双轨制进行。

（二）减排问题[③]

首先，全球和发达国家长期减排目标。IPCC报告主张将气温上升限制在比前工业化时期高2℃的水平之内，全球排放量到2050年至少应比2000年水平减少50%，其中发达国家到2050年比1990年水平减少80%，温室气体浓度维持在450ppm。小岛国联盟和最不发达国家对长期减排目标的主张最为积极，图瓦卢代表小岛国联盟提出了"图瓦卢协议"，要求将全球温度增加上限设定为1.5℃。但发达国家和其他发展中国家大都反对这一方案。最不发达国家则主张发达国家到2050年比1990年至少减排95%。

在发达国家炮制的"丹麦草案"中，发达国家虽为自身设定到2050年减排80%的目标，却没有提及到2050年的全球长期减排总目标，反而

①　庄贵阳，张磊：《气候博弈与低碳发展》，《时事报告》（大学生版）2009年第2期。

②　百度文库：《南京师范大学形势与政策：从气候变化到低碳经济》（经济形势组）。

③　同上。

为发达国家与发展中国家分别制定了 2050 年人均排放目标。其中，发达国家人均碳排放量为 2.67 吨，而发展中国家则为 1.44 吨以下。这种毫无公平基础，无视发展中国家发展需求的行为，剥夺了发展中国家对大气层的平等使用权。

其次，发达国家中期减排目标是博弈的主要焦点。发展中国家主张发达国家中期应减排 40%，非洲国家和最不发达国家则要求发达国家到 2020 年至少比 1990 年水平减排 45%，然而，根据各工业化国家所作出的减排承诺，到 2020 年工业化国家整体相对于 1990 年排放水平将减排 5%—17%，距离 IPCC 报告要求到 2020 年在 1990 年水平至少减排 25%—40% 的目标有相当大差距，不足以保证把全球温升控制在工业革命前 2℃ 以内的目标实现。最大排放国美国只承诺到 2020 年比 2005 年水平减少 17%。这仅相当于比 1990 年水平减少 4%，连《京都议定书》要求的 2008—2012 年间比 1990 年水平减少 7% 的目标都差得很远，更不要说 IPCC 报告的要求。发达国家的减排承诺表现出以下特征：（1）远期目标明确，中期目标模糊，意在要求发展中国家作出远期减排承诺；（2）中期目标与其长远目标并不匹配，并不能满足其长远目标要求；（3）承诺不仅留有余地，而且以他国尤其是新兴经济体国家的减排承诺为条件。

最后，发展中国家行动。发展中国家减缓气候变化的行动是《巴厘行动计划》的一个重要安排，是哥本哈根谈判的重要内容。但是，包括《公约》、《京都议定书》和"巴厘路线图"在内的所有政治协议都没有要求发展中国家作出有约束性的量化减排承诺。这是分阶段性谈判的一种制度安排。

哥本哈根会议前夕，巴西、中国、印度和南非等主要发展中国家相继提出了到 2020 年的各自自主减排目标。巴西提出至 2020 年减排 42% 的计划。1990—2005 年，中国单位国内生产总值二氧化碳排放强度下降了 46%。在此基础上，中国又提出，到 2020 年单位国内生产总值二氧化碳排放比 2005 年下降 40%—45%。印度宣布到 2020 年单位国内生产总值二氧化碳排放将比 2005 年下降 20%—25%。与中国类似，印度也公布了一个范围，并且同样采用碳强度标准。然而，一些发达国家在承认发展中国家减排承诺力度很大的同时，在自身没有任何新的积极承诺或让步的前提下又要求主要发展中国家作出进一步的减排承诺，还提出发展中国家所承诺的减排目标要接受"三可"（可衡量、可报告和可核实）的国际监督。

对于发达国家这种采取双重标准和违反"巴厘路线图"授权的做法，发展中国家表示只有那些在获得的技术和资金支持情况下采取的行动，才应接受"三可"监督。

（三）资金供给①

资金无论是对发展中国家还是对发达国家而言，都是个重要问题。对发展中国家，尤其是最不发达国家和非洲国家来说，发达国家的资金援助能够直接缓解它们广泛面临的迫切问题——贫困。发达国家的资金支持还可以提高发展中国家对减缓和适应气候变化项目的投入，带来经济效益的同时也增加了就业岗位，在一定程度上促进了发展中国家的经济发展。而对发达国家而言，提供资金的作用则是相反的，增加了财政负担，减少了国家投资。金融危机和欧债危机爆发后，一些发达国家进一步降低捐资承诺，就连在供资问题上一向相对"慷慨"的欧盟也不得不考虑自身的发展需求而变得吝啬起来。

对发展中国家提供资金支持以帮助发展中国家实现减缓和适应气候变化，是《公约》对发达国家的要求，但在具体金额上难以达成共识。发展中国家在多大程度上采取减缓行动也取决于发达国家对发展中国家的资金和技术援助。自气候谈判以来，缔约方已在《公约》框架下设立了多个基金，如"最不发达国家基金""适应基金"等。但总体而言，发达国家对发展中国家的资金援助还不够。在"丹麦草案"中，发达国家仅提出 2010—2012 年间每年向发展中国家提供 100 亿美元的应对气候变化基金，且这笔资金只向草案所列附件 C 中的发展中国家供应；草案还主张将应对气候变化的融资拨款大权交给世界银行管理，增加了资金问题乃至整个气候变化问题的复杂性。发展中国家则认为，对发展中国家应对气候变化的供资不应与官方发展援助资金混为一谈，因为这不是"施舍"，而是义务。

发展中国家各国在发展水平、应对气候变化的能力建设和具体行动需

---

① 百度文库：《南京师范大学形势与政策：从气候变化到低碳经济》（经济形势组）。

要、国家大小等方面存在差异，利用气候变化国际合作资金机制、开发相关项目的能力也存在差异，造成 GEF（全球环境基金）的资金主要流向发展中大国。目前，在《京都议定书》下开展的清洁发展机制项目存在地理分配不平衡现象，主要集中在中国、印度、巴西等主要发展中国家，贫穷的非洲国家没能从碳市场中获益。哥本哈根会议上，非洲国家和小岛国对资金问题表现出强烈的不满。

（四）发展权之争①

国际气候谈判已变成了"零和博弈"，其实质是发展权之争。

1. 碳排放权直接影响一国的发展空间

从经济学角度看，大气以其消费的非排他性和非竞争性而具有全球公共物品的属性。在当前技术条件下，大幅度地降低能源消费所排放的二氧化碳是很困难的，在碳预算总量不变的情况下，一国多排放一些，其他国家就得少排放一些。换而言之，就是一国获得的发展空间多了，其他国家的发展空间就相对少了。因此，以实现《公约》最终目标所需排放为总量，各国温室气体排放的容量就成为一种经济上的稀缺资源。国际社会当然必须通过谈判达成国际气候制度，对稀缺的碳排放权资源合理使用，使全球福利最大化。而谈判无果而终，也说明以碳排放权为核心的气候博弈实际上已转化成了发展空间的争夺，即最大限度地争取本国发展所需的碳排放权和发展空间。

2. 技术开发与转让可推动国家的发展

国际气候谈判已经达成共识：促进低碳技术国际合作是减缓和适应气候变化的关键要素。IPCC 第 4 次评估报告指出，稳定大气温室气体浓度水平需要通过启用"一揽子"技术组合而实现，若没有持续的投资流量和有效的技术转让，很难实现大规模减排。无论是从应对全球气候变化出发，还是出于自身可持续发展需要，各国都已加强了对清洁技术的研发力度。然而，就能力而言，发达国家的技术开发能力更强，而发展中国家则比较落后。因此，共享先进技术即技术转让问题，也就成了气候谈判的重要内容。

技术转让可以节约发展中国家的研发成本，缩短技术发展周期，实现

———————

① 百度文库：《南京师范大学形势与政策：从气候变化到低碳经济》（经济形势组）。

技术的跨越性发展，从而缩小与发达国家的差距。但发达国家多年来在技术转让问题上一直停滞不前。① 主要原因如下：

第一，发达国家政府缺乏推动技术转让的政治意愿。发达国家政府认为，转让、出口技术将会削弱其技术垄断地位和市场竞争优势，因而常常将技术转让视为其对他国施加影响的筹码。因此，发达国家往往通过国家法令和行政措施，对技术出口实施管控，设置技术贸易壁垒，如技术贸易许可证，或制定禁止、限制技术贸易的管理办法和目录。

第二，发达国家企业缺乏加快技术转让的经济意愿。高新低碳技术通常由发达国家的跨国公司所拥有，是跨国公司维持国际竞争力的核心要素，是跨国公司获取垄断利润的主要源泉。因此，跨国公司转让技术的意愿很低，即使转让，大多也是过了成熟期的技术，或是将被新技术所淘汰和替代的技术。

第三，发达国家知识产权保护体系不利于技术转移。发达国家的先进技术往往受到严格的知识产权保护，一方面，转让费用较高，很多发展中国家经常由于资金不足而难以承受；另一方面，即使技术转让到发展中国家，也仅有购买技术的少数企业可以享用这项技术，而不能在全国其他企业和部门中推广，应用范围很受局限。

第四，发展中国家自身的不足影响对技术吸收和应用。这些不足主要包括：一是资金不足，技术转让通常需要支付很高的转让费用以及人员培训费用，且前期投资较大，投资回报周期较长；二是人力资源储备不足，接收和应用国外转让技术还需要与之相匹配的人才队伍；三是观念落后，信息不畅，许多企业缺乏引进先进技术的意识，也缺乏与技术转让相关的技术和市场信息，资讯获取能力和渠道不足；四是制度不完善，缺乏适宜的经济激励制度。

3. 减排措施的成效决定着可持续发展

各国虽然在减排问题上都不愿多做让步，却都希望能够在不影响经济发展的情况下降低自己的碳排放。但是，仅仅有意愿是远远不够的，无论是发达国家的约束性减排目标，还是发展中国家的自主性减

---

① 百度文库：《南京师范大学形势与政策：从气候变化到低碳经济》（经济形势组）。

排目标，都需要有具体的措施去实现，而这些措施的成效决定了国家可持续发展的前途。有效的减排措施可以优化国家的能源消费结构，从而实现经济结构和经济发展模式的转变，使国家走向可持续发展之路。

这正是中国、印度、巴西、南非等主要发展中国家率先提出自主性减排目标，却不接受将这些目标写进气候协议的重要原因。自主性减排目标提出是自身可持续发展的需要，而不接受将这些目标变成约束则是谈判的原则问题，发展中国家认为发达国家缺乏谈判诚意，在减排目标、资金供给和技术转让方面都承诺较少。

国际社会巨大的利益分歧、气候理论的不确定性、人类对化石能源的依赖和新能源的巨大成本等，都使得全球应对气候变化、发展低碳经济困难重重。但各国都发现发展低碳经济是大家都能接受的载体，都认识到低碳对于环境保护、科技进步、人类经济发展方式的转变有巨大的推动作用，所以说面对低碳，人类唯有迎难而上，别无选择。

美国、加拿大在签署《京都议定书》后又退出，反映了目前国际气候谈判的多边机制的脆弱性。《哥本哈根协议》也只是因为 5 个国家（委内瑞拉、苏丹、尼加拉瓜、玻利维亚和古巴）的反对而不能获得法律效力，反映了目前国际气候谈判的全体性和透明性的基本原则严重缺乏效率，并且可能使得之后的每次气候谈判都无果而终。有专家建议参照《哥本哈根协议》的出台方式，建立双重谈判步骤，通过主要代表国家的谈判拟定议案，交由全体表决，同时改变协议必须全体通过才能获得法律效力的投票制度，施行绝大多数原则。美国进步中心（Center for American Progress）国际气候政策协调人莱特更建议，各大国可考虑通过 G20 峰会等机制达成气候协议。还有专家建议在《京都议定书》的基础上建立全球性低碳减排合作组织——世界环境组织，其作用、组织架构和谈判进程类似于世界贸易组织（WTO），以此规范和协调各国之间的减排以及因减排而导致的贸易争端问题。

尽管目前还不能肯定这类全球性、带有强制约束性组织一定会在哪个时间建立，但从国家层面而言，积极建立和参与多边框架合作是对这一问题的最好应对，以防止被边缘化。而且，在国际上对待低碳经济问题的矛盾冲突出现的同时，区域合作的机会与可能也在增强。碳收集领导人论坛、甲烷市场化伙伴计划、亚太清洁发展和气候伙伴计划、八国集团和 5 个主要发展中国家气候变化对话以及主要经济体能源安全和气候变化会议等多边合作，以及双边气候变化对话与合作机制，都可能发挥越来越积极的作用。①

---

① 　联合国全球契约最新动态：http：//wenku. baidu. com/view/46b2b7e19e314332396893de. html.

第三章 低碳发展与低碳技术创新

发展低碳经济的核心是低碳技术创新，低碳技术创新是低碳经济发展的根基。低碳技术创新能有效促进节能减排、优化能源结构、调整产业结构，是促进低碳经济增长的原动力，直接影响低碳经济发展水平，低碳经济的发展模式则对低碳技术创新具有导向作用。区域经济要从传统的粗放型经济发展模式，向集约型低碳经济发展模式转换，必须建立较为完善的低碳技术创新体系。

第一节　低碳技术创新的背景、内涵和特征

一　低碳技术创新的背景

低碳经济（Low – Carbo Economy）概念首先提出，见于 2003 年英国政府发布的能源白皮书《我们能源的未来：创建低碳经济》，即在可持续发展理念指导下，通过技术创新、制度创新、产业转型、新能源开发等多种手段，尽可能地减少煤炭、石油等高碳能源消耗，减少温室气体排放，达到经济社会发展与生态环境保护双赢的一种经济发展形态。低碳经济实质是提高能源利用效率和清洁能源结构问题，核心是能源技术创新、制度创新和人类生存发展观念的根本性转变，目标是减缓气候变化与可持续性发展。低碳技术创新是多种因素共同促成的：首先，应对全球气候变化。控制温室气体排放，保护生态系统，实现经济社会与环境可持续发展，必须发展低碳经济，促进低碳技术创新。其次，保证能源安全。随着人类对能源的需求快速增长，能源资源危机的日益凸显，能源安全已经被提到了国家议程的首位。实现能源安全，提高能源利用效率是关键，必须进行低碳技术创新，开发可再生能源与新能源产业，提高能源利用效率。最后，

遵守国际社会环境保护立法。环境保护意识逐渐增强，世界各国纷纷制定和实施环境保护的法律与政策，促进低碳技术创新。

二　低碳技术内涵、类型及关键技术

发展低碳经济，关键在于低碳技术创新，发展低碳技术，调整能源结构，创新能源利用方式革命。

（一）低碳技术及其类型

低碳技术指涉及电力、交通、建筑、冶金、化工、石化等部门以及可再生能源及新能源、煤的清洁高效利用、油气资源和煤层气的勘探开发、二氧化碳捕获与埋存等领域有效控制温室气体排放的新技术。主要类型如下：

1. 节能技术。主要指涉及油气资源与煤层气的勘探开发、煤的清洁高效利用技术等高能耗、高排放领域的节能减排技术等。

2. 能源替代技术。主要指涉及新能源的可再生能源技术。

3. 碳隔离技术。未来低碳技术发展的前沿领域，目前最典型的是二氧化碳捕集和封存（CCS）。

（二）低碳技术创新

根据传统创新理论，根据创新的强度，创新分成渐进性创新和突破性创新两种。国外学者主流的观点认为低碳技术创新，相对于传统化石能源技术而言，以可再生能源技术为主体的低碳技术是一种突破性创新，有一些观点认为低碳技术创新是一种技术范式的转变，是要对传统能源技术以及建立在传统能源技术之上的社会、经济系统进行一种根本性的改变。

国内多数学者基本认同低碳经济技术创新属于突破性创新，是对基于传统能源技术范式的转变的观点。国内学者立论的基础与技术范式转变的观点在本质上是相同的。

本文倾向于将低碳技术创新看作是包含渐进性的突破性创新，是通过技术创新实现能源资源节约、生态环境保护与节能减排的技术创新模式。既有渐进性创新，又有突破性创新，其本质特征是突破性创新，创新过程则呈现了技术范式的变迁。[1]

---

[1]　兆卫：《基于低碳技术创新的高校、企业、政府合作机制研究》，《华北电力大学》2012年第6期。

　　低碳技术创新是发展低碳经济的核心，联合国政府间气候变化专门委员会（IPCC）的评估报告指出，技术进步是减缓温室气体减排的重要因素，技术进步的作用超过其他驱动因素之和。关键技术领域主要涉及工业节能、交通节能、建筑节能以及能源供应（见表3.1）。

表3.1　　　　　　　　不同类型低碳技术创新的内涵与关键领域

低碳技术类型	低碳技术创新内涵	关键技术领域
能源替代技术	可再生能源技术，例如风能、生物质能、太阳能、核能等可再生能源技术。	大型风力发电技术、替代燃料汽车技术、高效光伏发电技术、生物燃料与氢燃料技术、先进核能技术、地热供暖与发电技术。[①]
节能技术	高能耗、高排放领域的节能减排技术，煤的清洁高效利用、油气资源和煤层气的勘探开发技术等。	高效火力发电技术、高效发电技术、超时空能源利用技术、建筑节能技术、智能电网技术、垃圾填埋发电技术、先进能源管理技术等。
碳隔离技术	碳捕集和封存技术（CCS），包括物理固碳与生物固碳技术。	燃煤电站CCS技术改造、整体煤气化联合循环发电技术、CCS生物质发电、生物固碳技术。

（三）低碳技术的基本特征

　　低碳技术创新目标是减少温室气体排放，为低碳的经济发展提供技术保障，低碳经济发展的关键是低碳技术创新，低碳技术创新是促进经济发展模式向低碳化转型的前提与保障。低碳技术出现，将带动该技术相关的上下游产业，并以低碳技术的应用为载体，提升产业部门的技术水平，直接拉动经济的高速增长。低碳技术具有战略性、增长性、带动性的特征：战略性是指低碳经济发展对一个国家和地区经济发展具有战略性的影响，而低碳技术正是促进经济发展模式向低碳化转型的前提和保障；增长性体现为低碳技术出现，必将会催生一系列新的技术和产业部门，直接拉动经济的高速增长，其对产业结构的影响表现为孕育新的产业部门与改造提升传统产业效率两个方

---

① 陈文婕：《低碳汽车技术创新网络演化研究》，武汉：华中科技大学博士学位论文，2013。

面；带动性表现为以低碳技术为代表的高新技术会带动该技术相关的上下游产业，并以低碳技术的应用为载体，提升产业部门的技术水平。

三　国内学者低碳技术创新研究综述

（一）关于国内碳技术内涵定义

低碳技术是随着构建低碳经济、绿色革命的兴起提出的技术新概念，属于环境友好型技术，低碳技术目前还没有权威的定义：黄栋（2010）认为低碳技术是指可再生能源技术，提高能效的技术、碳捕获与存储技术；徐大丰（2010）认为低碳技术是节能技术、清洁能源技术、低排放技术；邢继俊（2009）认为低碳技术主要是指提高能源效率减少能源需求，和减少对化石燃料依赖的主导技术；蔡林海（2009）认为在能源消费和供给领域能够抑制地球变暖的技术就是低碳技术。①

（二）关于低碳技术对未来发展的意义

何建坤（2009）认为我国未来经济社会的必然选择是发展低碳经济，低碳技术是未来世界各国低碳经济发展的核心竞争力；刘丹鹤、彭博、黄海思（2010）、孙滔（2010）等分析认为在未来经济社会发展过程中起关键作用的是低碳技术，同时低碳技术也是国家核心竞争力的关键；黄栋（2010），邓线平（2010），赵卓、肖利平（2010）等认为低碳技术创新是包含渐进性创新的突破性创新，其创新过程体现了技术范式的变迁。②

（三）关于实现低碳技术创新的路径

吴昌华（2010）全面阐述了我国技术发展路线图，指出应根据不同产业的技术特征，以及存在的障碍采取不同的对策。王岑（2010）认为我国正处于工业化与城市化快速发展的加速期，能源需求迅速增长，认为应全面综合考虑各方面因素制定我国低碳技术路线，提出了促进我国低碳技术发展的政策建议。③赵广华（2010）从产业集群角度出发，认为低碳

①　赖小东，施鸯：《低碳技术创新管理研究回顾及展望》，《科技进步与对策》2012年第9期。

②　陈文剑：《我国低碳技术创新的动力机制研究》，武汉：华中科技大学硕士学位论文，2011。

③　赖小东，施鸯：《低碳技术创新管理研究回顾及展望》，《科技进步与对策》2012年第9期。

产业集群的目标就是区域优化能源结构、实现节能减排，应通过技术创新、制度创新以及整合产业集群产品供应链，构建低能耗、低污染、低排放的低碳产业体系。潘家华、庄贵阳、马建平（2010）、吴国华、吴琳、张春玲（2010）、贾晶晶（2010）等学者重点分析研究了低碳技术转让，认为发达国家在低碳技术转让过程中，面临许多挑战与障碍，应积极加强国际合作，促进低碳技术转移。蔡林海（2009）参照日本与美国科研主管机构相关信息，把低碳技术划分为九大类，并且从研究水准、技术开发能力、产业技术能力三个方面对欧、美、日的低碳技术竞争能力进行比较分析与评价，认为我国应采取多种措施，例如实施低碳发展战略、建立碳交易市场、加强低碳技术创新与制度创新、调整产业与能源结构、促使企业承担发展低碳经济的社会责任等。

（四）低碳技术具体应用领域创新的研究

新能源技术领域和碳捕获及存储技术（CCS）是低碳技术创新主要的具体应用领域。韩永嘉等（2009）对目前二氧化碳分离捕获技术应用与发展状况进行了分析，指出 CCS 技术面临许多挑战与障碍，并进一步分析 CCS 未来的发展趋势。李青、余云松和姜钧等（2010）研究采用化学吸收法的新型供热技术减少二氧化碳捕集能耗。张淑谦、韩伯棠（2010）对我国目前风电产业产生的原因以及存在的问题进行分析研究，分析提出了适合我国的风电产业创新模式，并提出了我国风电有序发展的对策建议。王多云、张秀英（2010）认为新能源是低碳经济发展的关键，新能源即能促进经济增长，又能应对目前气候变化的问题。

（五）低碳技术创新机制研究

刘立、陆小成、李兴川（2009）分析了低碳技术创新与科学发展观之间的关系，指出低碳技术创新的动力、特征和功能、价值取向等层面具有内在的社会建构性。陆小成（2009）分析了技术预见对区域低碳创新系统建设的作用，探讨了构建区域低碳创新系统的关键技术战略、创新机制与和支撑体系。杜明军（2009）认为应充分利用碳排放与经济发展的耦合特征，构建多元化、多层次的低碳经济发展耦合机制体系，以保障低碳经济转型。纪玉山等（2010）从制度设计的视角，认为新型工业化道路应以环保型科学技术为推动力，以环境友好化为主要目标，遵循可持续发展模式，而建立市场交易机制、合作机制以及科技创新机制则为低碳经济的发展提供制度上的保证。①

第二节　低碳技术的需求及其在各领域的运用

提高能源利用效率、清洁能源开发的核心就是能源技术和低碳化技术的创新。而低碳技术的创新与广泛应用，是低碳经济发展和建设生态文明的路径。

一　国际低碳技术及低碳产业的发展现状

欧、美、日是"重视环境型国家"的代表。据欧盟的研究局报告，欧、美、日发达国家2007年低碳技术研发政府总投资额是85.1亿美元。政府总投资额处于第一位是日本39.1亿美元，政府总投资额处于第二位是美国30.2亿美元，欧洲主要国家政府总投资额是15.8亿美元，政府总投资额处于第一位是法国5.7亿美元，政府总投资额处于第二位的是德国5.6亿美元，政府总投资额处于第三位的是意大利3.2亿美元，政府总投资额处于第四位的是英国1.3亿美元等。

（一）国际低碳技术发展现状

世界各国低碳技术发展水平参差不齐。参照日本与美国科研主管机构信息以及相关资料，根据"三大项目""五个等级""九个技术领域"的分类，对于欧、美、日的低碳技术创新实力进行综合比较。"三大项目"：一是指"研究水平"，主要是指一个国家或地区的大学、国家科研机构的研究水准；二是指"技术开发能力"，主要是指一个国家或地区企业层次的研发能力；三是指"产业技术能力"，主要是指产业或企业研发成果转化为生产和实际应用的能力。"五个等级"是按"5：世界领先"；"4：非常先进"；"3：先进"；"2：落后"；"1：十分落后"；将评级的综合指数相加，得到各国在各领域的综合评价。"九个技术领域"分别是指：能源集约型产业领域的抑制气候变暖技术；交通领域（汽车）的抑制气候变暖技术；建筑与家庭领域的抑制气候变暖技术；化石燃料能源领域的抑制气候变暖技术；可再生能源技术；二氧化碳回收与储藏技术；气候变暖预

---

① 赖小东，施骞：《低碳技术创新管理研究回顾及展望》，《科技进步与对策》2012年第9期。

测与评估技术；大气污染物质对策技术；化学物质的风险评估技术等（见表3.2）。①

表3.2　　　　　　　　美、欧、日的低碳技术创新实力综合比较②

指　　标	美国	欧洲	日本
能源集约型产业	6	10	13
交通领域（汽车）	11	10	14
建筑与家庭	12	12	14
石化燃料能源	10	9	13
可再生能源技术	10	15	11
二氧化碳回收与储藏	13	11	11
气候变暖预测与评估	14	12	11
大气污染物质对策技术	10	11	13
化学物质的风险评估技术	13	14	10

注：数据是根据各技术领域的研究水平、技术开发能力、产业技术能力，综合指数相加得分。

资料来源：蔡林海：《低碳经济大格局》，北京：经济科学出版社2009年。

综上所述，掌握低碳核心技术，将赢得商机和主动。近年来，发达国家为了掌握发展低碳经济话语权，应用各种政策工具来促进低碳技术创新。

（二）全球低碳技术发展计划和重点

在全球低碳技术发展热潮中，国际能源署（IEA）建立了一个系统完整的低碳技术协作发展网络计划（简称《IEA2010计划》），以协调全球能源技术专家开发低碳技术研发项目。《IEA2010计划》探讨了发电和工业、建筑、交通运输等关键终端用能行业未来燃料和技术的可选方案，并且涵盖了欧盟能源技术计划、亚太地区合作伙伴计划、碳收集领导人论坛、氢气经济国际合作伙伴计划、第四代核能系统国家论坛、全球核能源合计发展计划等，同时对经合组织欧洲、美国、中国、印度低碳技术发展

① 蔡林海：《低碳经济大格局》，经济科学出版社2009年，第91—98页。
② 苏小惠：《基于低碳技术视角探究中国低碳经济发展》，《山西师范大学学报》（社会科学版）2011年第11期。

领域进行了分析,目前这四个区域合计占全球一次能源需求总量的56%。该网络计划最后提出要实现能源可持续发展所需的技术转变计划,并提出了技术路线图描绘发展路径(见表3.3)。[①]

表3.3　　　　　　　　世界低碳技术发展计划和重点项目

序号	应 用 侧	需 求 侧
1	CCS 化石燃料发电	建筑物和电器能效
2	核电	地源热
3	向岸风能及离岸风能利用	太阳能室内和热水
4	生物质高度气化发电(BIGCC)和共同燃烧	运输中的能效
5	光伏系统	电动汽车和插电汽车
6	太阳能热发电厂	氢(H_2)燃料电动汽车
7	煤炭:IGCC(整体煤气化联合循环发电)系统	CCS:工业、氢(H_2)与燃料转化
8	煤炭:USCSC	工业马达系统
9	第二代生物燃烧	

资料来源:国际能源署:《2010 年能源技术展望(执行摘要)》,http://www.iea.org,2011-4-14.

面对种类繁多的低碳技术发达国家或区域选择的重点各不相同,主要发达国家或区域低碳技术路线图已制定,欧盟重点走清洁能源技术优先发展的低碳技术路线,日本侧重于节能技术,美国则选择了全面发展的低碳技术发展路线。

(三)日本:以节能技术为重点的低碳技术路线

超燃烧系统技术、超时空能源利用技术、信息生活空间创新技术、交通技术、半导体元器件技术是日本低碳技术发展的主要方向。超燃烧系统技术能实现热能利用效率提高。超时空能源利用技术能减少因时空的局限造成的能源浪费。信息生活空间创新技术主要包括高效发光的 LED 新光源技术、节能型显示屏技术。通过汽车电动化等交通技术降低交通运输部门的能源消费。由于半导体的广泛应用需要消耗的电力较大,因此,节能

---

① 国际能源署:《能源技术展望》,《财经界》2010 年第 8 期。

型半导体技术是日本低碳技术的主攻方向。综上所述，日本走的是以节能技术为重点的低碳技术路线。[1]

（四）欧盟：优先发展清洁能源技术的低碳技术路线

欧盟低碳技术重点是清洁能源技术。欧盟成立了"欧洲能源研究联盟"和"联合欧洲能源研究院"，执行清洁能源技术的六项计划："欧洲风力计划"、"欧洲太阳能计划"、"欧洲生物质能计划"、"可持续核裂变计划"、"欧洲电网计划"和"欧洲二氧化碳回收与储藏计划"。[2]从投入来看，法国、德国、意大利与英国是低碳投入的主要成员国，2007年法国、德国、意大利与英国低碳技术总投入为15.8亿美元，总投入主要用于发展清洁能源技术。欧盟国家对清洁能源的巨大投入，使得欧盟可再生能源技术、技术开发水准和产业技术能力水平远超日本与美国，处于国际领先地位。[3]

（五）美国：全面发展的低碳技术路线

清洁能源技术、节能技术与碳排放处理技术是美国低碳技术发展的方向，美国凭借其雄厚的综合国力，发展低碳经济，走全面发展的低碳技术路线，2010年，基础研究投入占总投入的23%，清洁能源研发投入占总投入的30%，节能技术研发投入占总投入的17%，碳回收技术研发投入占总投入的30%左右，与欧盟、日本等国展开全面的低碳技术竞争，以巩固其全球范围的主导地位。[4]此外，美国奥巴马政府把清洁能源能作为源安全的主要切入点，促进低碳技术创新。太阳能、生物燃料和先进照明发展技术等是美国科研机构的重点，并且已取得了快速发展，尤其是在开发太阳能方面。由此可见，美国走的是全面发展的低碳技术发展路线。

二　我国低碳技术及低碳产业发展现状

目前我国低碳技术有些处于产品推广阶段，产业已经初具规模；有些

---

[1]　徐大丰：《低碳技术选择的国际经验对我国低碳技术路线的启示》，《科技与经济》2010年第2期。

[2]　同上。

[3]　刘胜：《我国低碳技术研发和应用中的困境及对策》，《财经科学》2012年第10期。

[4]　徐大丰：《低碳技术选择的国际经验对我国低碳技术路线的启示》，《科技与经济》2010年第2期。

还处于技术研发阶段，需要资金与政策支持；有些技术处于国际领先地位，正进入示范阶段；有些已经具备一定的技术基础，但是还没有掌握核心技术，处在国际低碳技术转移的中低端。

（一）我国低碳技术发展的路线图

低碳技术是一个国家或地区未来核心竞争力的重要标志。我国发展低碳技术主要目标是：形成节能减排、清洁能源、自然碳汇等关键低碳技术研发、推广与应用体系，建立低碳技术研发基地，提高低碳技术自主创新能力，实现关键技术领域的创新突破，提高低碳产业比重。另外，先进技术研发存在延迟的风险，先进技术应用存在失败的风险，低碳技术战略选择主要应面向关键技术的组合，从而确保能源安全与减排目标实现有可选择弹性。表3.4给出了我国低碳发展关键技术与大规模应用时序。

表3.4　　　　　　　　　　我国低碳技术应用路线图

时间	第一阶段	第二阶段	第三阶段	远　期
	2010—2020 年	2021—2035 年	2036—2050 年	2050 年后
能源供应	水力发电；第一代生物质利用技术；超临界发电；IGCC；单/多/非晶硅光伏电池；第二代和第三代核电	风力发电；薄膜光伏电池；太阳能热发电电厂；CCS；分布式电网耦合技术；第四代核电	氢能规模利用；高效储能技术；超导电力技术；新概念光伏电池；深层地热工程化	核聚变；海洋能发电；天然气水合物
交通节能	燃油汽车节能技术；混合动力汽车；新型轨道交通	高能量密度动力电池；电动汽车生物质液体燃料	燃料电池汽车、第二代生物燃料	第三代生物燃料
建筑和电器	热泵技术；围护结构保温；太阳能热利用；区域热电联供；LED照明技术采暖空调；采光通风系统节能	新概念低碳建筑		

续表

时间	第一阶段 2010—2020 年	第二阶段 2021—2035 年	第三阶段 2036—2050 年	远期 2050 年后
工业	工业热电联产；重点生产工艺节能技术；工业余热、余压、余能利用	工业 CCS 先进材料		

资料来源：中科院能源领域战略研究组，2009；中国发展低碳经济途径研究课题组，2009；国家前瞻课题组，2008。

（二）我国关键核心技术存在显著差距

近几年来，我国低碳技术在一些方面取得显著进步，例如太阳能光伏发电、风电技术等，国产化率比较高。但是我国生产设备技术含量比较低，仍然没有掌握核心技术，与发达国家比较技术差距较大，核心技术与零部件还主要依靠进口。中国人民大学能源与气候经济学项目（PECE）课题组针对能源行业等国民经济重要行业，识别了高效燃煤发电技术、可再生能源技术、高效混合动力和纯电动汽车技术等 10 余项重要低碳技术，与国内外技术发展状况相比较（见表 3.5），由此可见，目前我国低碳核心技术仍然落后于发达国家。

表 3.5 　　　　　　关键核心技术的中外差距对比[①]

部门	技术名称	国内外发展状况
电力部门	超超临界发电技术	目前超超临界技术在我国快速发展，国产化率在 80% 以上，但效率有待提高。新一代大功率超超临界组还处于在研发阶段，效率将达 55%；此外高温材料与铸锻件是超超临界技术的核心，我国目前仍然受制于世界发达国家。
	IGCC 发电技术	新一代 IGCC 技术发电效率能在 50% 以上，污染物排放低是新一代洁净煤技术。我国缺乏工程经验，在整体设计控制、大型煤气化与燃气轮机技术等方面仍然处于落后地位。

---

① 陈文剑：《我国低碳技术创新的动力机制研究》，武汉：华中科技大学硕士学位论文，2011 年。

续表

部门	技术名称	国内外发展状况
电力部门	大规模陆上风力发电技术和海上风力发电技术	我国已经有兆瓦级整机与部分零部件生产能力，但控制系统、整机及叶片设计、新型叶片材料（碳纤维）、叶片检测和轴承技术等方面还是主要依靠进口。
	高效薄膜太阳能电池	我国缺乏薄膜电池制造技术，在商业化技术工艺（柔性太阳能制造工艺）与整套生产设备及关键设备如真空泵技术方面还处于空白状态；主要技术拥有国是瑞士、英国、意大利、德国等。电力部门
	太阳能光伏发电技术	我国太阳能电池 90% 以上的高纯材料依靠进口，价格昂贵，缺乏关键材料与制造设备的生产能力。
	第二代生物能源技术	作为第二代液体燃料的纤维素乙醇应用前景广泛。经过多年研发，国外已有多家企业拟建、在建示范工厂，但是仍然没有实现商业化。我国还没有掌握纤维素酶技术等最为关键的技术。
	智能电网	我国目前缺乏大型间歇能源并网电站经验，运营模式和技术水平还处于落后的地位，我国缺少逆变器等关键设备生产能力；主要技术拥有国是美国、德国、日本。
	CCS 技术	目前技术还处于前期研究阶段，必须进行深入的研究，争取早日实现大规模实际应用，应采取联合研发的方式，对技术进行长期跟踪。此外，在碳捕获方面，需要同理研究燃烧前碳捕获和燃烧后碳捕获技术。

三　低碳技术发展的重点和方向

（一）主要传统行业低碳技术[①]

1. 煤炭行业。洁净煤高效洁净燃烧与先进发电技术，煤炭高效洁净

---

① 纵瑞收，李峰，孙红旗等：《我国低碳技术发展的现状对策与建议》，《经济发展方式转变与自主创新——第十二届中国科学技术协会年会》（第一卷）。

转化技术，煤炭加工领域技术，促进煤的清洁高效开发与利用。

2. 冶金行业。新一代可循环钢铁流程，推广炼铁新技术，电炉炼钢节能技术；铜熔炼新工艺与废水闭环处理循环使用新技术；系统节能降耗装备技术与余热余压利用技术。

3. 建材行业。新型水泥窑外分解技术与余热利用技术，玻璃浮法工艺，促进玻璃行业的节能；研发秸秆成型建材开发利用新技术。

4. 建筑行业。节能门窗、新型墙体材料、太阳能及浅层地能等可再生能源与建筑一体化应用等领域技术研发，开展建筑能耗监测评价，发展绿色建筑。

5. 化工行业。开展化肥、石油化工以及煤化工等生产过程相关节能、减排技术研究。

（二）新兴产业低碳技术

1. 电力与半导体照明材料领域。智能电网技术与火电厂循环冷却水余热利用技术、LED（发光二极管）产业技术和OLED（有机发光二极管）产业技术。

2. 汽车行业。新能源汽车技术，混合动力汽车与纯电动汽车技术，创新高效节能电机及控制的技术。

3. 环保领域。污泥处理技术、生活垃圾处理技术，引进与消化国外先进环保设备制造技术。

4. 城市与民用节能领域。制冷技术、城市供热、绿色照明技术，高效节能办公、家用电器技术。

（三）清洁能源开发利用低碳技术①

1. 太阳能光伏开发利用技术。高纯度多晶硅提纯、切片技术以及晶体硅太阳能电池技术，薄膜电池与光伏发电系统的关键技术研究。

2. 生物质能开发利用技术。秸秆固化、气化技术，发展秸秆直燃发电技术，开展秸秆热解液化与秸秆发酵生产燃料乙醇关键技术研究与应用。

3. 碳汇技术。加强关键技术研发，开展高效碳汇林（草）定向培育

---

① 纵瑞收，李峰，孙红旗等：《我国低碳技术发展的现状对策与建议》，《经济发展方式转变与自主创新——第十二届中国科学技术协会年会》（第一卷）。

技术，进行森林碳汇的计量监测等技术研究。

四 低碳技术在各领域的运用

（一）工业生产节能

工业节能范围广泛，技术分散，关键技术也存在差异。但总体来说，钢铁、水泥、化工等是高耗能产业，必须进行低碳生产。我国钢铁和水泥工业节能的关键技术，以及可以在多个行业领域使用的通用技术（见表3.6）。

表3.6　　　　　　　　　钢铁和水泥行业关键节能技术

行业	关键技术
钢铁	干熄焦技术（CDQ），煤调湿技术（CMC），余热余压回收技术、燃气—蒸汽联合循环发电技术（CCPP），新一代炼焦技术、高炉喷吹废塑料技术，熔融还原技术，采用微波，电弧和放热加热直接炼钢技术，先进电炉，第三代炼钢技术，薄钢带连铸等
水泥	新型干法水泥生产工艺关键技术、废弃物替代原料和燃料、新型干法纯低温余热发电、高效磨粉设备及技术等
通用技术	高效的电动机系统，二氧化碳捕集与封存等

（二）清洁煤转化

煤炭转化技术是把煤炭转化为清洁燃料或化工产品的技术，主要有煤炭气化、煤炭液化、燃料电池和多联产系统等，是清洁煤技术的核心，以及未来发展趋势。煤炭转化技术的应用，能够减少因煤炭燃烧而导致的环境污染，有利于改变能源消费结构。

煤炭气化是指煤在特定的设备内，在适宜的温度与压力下，煤中有机质与汽化剂（如水蒸气或氧气等）发生一系列的化学反应，将固体煤转化为以二氧化碳、H_2和CH_4等可燃气体为主要成分的生产过程。整体煤气化联合循环发电系统（IGCC）是目前煤炭气化较高效的应用领域之一。煤炭液化是把固体煤炭通过化学加工过程，使其转化成为液体燃料、化工原料和产品的先进洁净煤技术。它能有效地提高能源利用率，减轻环境污染。燃料电池是直接将资源的化学能转化为电能的技术，它是指在一定的条件下氢气、天然气和煤气与空气中的氧气发生化学反应,将化学能转化为电能的过程。只要有燃料与氧化剂供给,就会有持续不断的电力输出,能量转换效率高达40%—50%,目前已经应用在航天、军事等领域。

(三)建筑节能

建筑节能有三层含义:一是建筑节能涉及建筑物的整个生命周期过程,包含建筑的设计、建造、使用等过程;二是建筑节能的前提条件是在满足同等需要及达到相同目的的情况下,达到能耗的减少,也就是说,不能通过降低建筑的舒适性来节能,如减少照明强度、缩短空调使用时间,这些都不是积极意义上的节能;三是建筑节能不能简单地认为是少用能,其核心是提高能源使用效率。在城镇化快速发展过程中,应将绿色建筑技术体系作为关注点,按照节能标准化流程进行规划与设计。同时城市基础设施建设、运行与维护将消耗大量能源,应发展城镇建设全寿命期的综合能源效率管理技术。

(四)节能电力:智能电网

全球二氧化碳的排放量中45%左右是由电力生产造成的,所以使用低碳电力是低碳经济发展最关键的组成部分。低碳经济、低碳能源、低碳电力是一个逻辑链条,现在应当对"发—输—配—用"的整个电力链条进行重新思考,实现过程的低碳化、高效化与安全化,从而促进低碳电力经济的可持续性发展。

实现电力利用需要载体,这个载体就是电网,为实现低碳电力,智能电网就应运而生。智能电网就是电网的智能化,即在发电、输电、配电、用电等环节应用新技术,构建一个将能源开发、输送、库存、转换与终端用户的各种电气设备,通过数字化信息网络系统连接在一起,并通过智能化控制使整个系统得以最终优化。清洁、高效和安全稳定是智能电网的原则,将现代先进的测量技术、通信技术、计算控制技术与物理网络紧密结合的新型电力系统网络,它能够实时整合整个网络覆盖区域内的发、输、配、用各端之能量和信息资源,也能够及时处理网络中出现的各种干扰,满足环保、优质、稳定的电力服务要求。建立在集成、高速双向通信网络基础上的智能电网,是通过先进传感与测量技术、先进设备技术、先进控制方法,以及先进决策支持系统技术应用,实现电网可靠、安全、经济、高效、环境友好与使用安全的目标。

（五）低碳交通

低碳交通是根据各种运输方式的现代技术经济特征，采取系统调节与创新应用绿色技术等手段，提升单种运输方式效率、交通需求有效的调控、优化交通运输结构、管理创新交通运输组织等目标，实现交通领域的低碳发展，促进经济社会发展低碳转型。构成城市低碳交通体系包括：城市低碳交通发展战略，城市低碳交通法规体系，城市低碳交通政策支持体系与监督管理体系，低碳排放的交通工具（如轨道交通、新能源汽车）；公共交通取代私人交通，发展智能交通等。

五　鄱阳湖生态经济区产业低碳技术创新的需求

要实现低碳核心技术的创新，必须明确鄱阳湖生态经济区产业低碳技术创新的重点发展方向。必须加大对产业的技术创新与改造，提高产业技术含量与知识含量，提高产品质量和服务效益，优化产业链，提高产业产品的市场竞争力，特别是国际竞争力。

（一）农业产业的技术需求

鄱阳湖生态经济区农业人口众多、土地资源有限，应推进农业低碳技术革命和创新，为农业发展提供技术支撑。

低碳技术创新重点领域应为复合农林业技术、有机农业技术、生物农业技术等，主要包括：加强对设施工程技术、节水工程技术、农业生产的污染消纳及治理工程技术、生态工程技术、农副产品保鲜及深加工技术等的研究；规范化、定量化种养技术的研究；无公害种养（包括植保）技术的研究等。联合国环境规划署表示，农业生产、森林砍伐和其他改变土地用途的做法都可导致温室气体的排放，约占全球排放总量的1/3。复合农林业是新型的土地利用方式，是在考虑经济、社会和生态因素的前提下，将乔木与灌木有机地结合于农牧业生产系统中，具有为社会提供粮食、饲料和其他林副产品的功能，提高土地肥力，控制土壤侵蚀，改善农田与牧场的小气候，提升提高光线、水分和肥料等农业资源的利用率等手段，可保障自然资源的可持续生产力，能够使土地的利用获得最大的效益。[①]

---

① 朱有志，罗波阳：《低碳崛起——湖南科学跨越的新路径》，湖南人民出版社 2010 年第 146 页。

（二）工业产业发展的技术需求

目前鄱阳湖生态经济区工业结构仍然是以传统制造业为主，应充分利用高新技术改造高污染、高能耗、低产出的传统产业，发展低碳技术创新，提高鄱阳湖生态经济区产业技术水平与市场竞争力。根据已有的科技实力和研究基础，鄱阳湖生态经济区低碳技术创新重点领域：生物质能技术、风力发电技术、水电技术、太阳能应用技术及环保技术、清洁能源技术；绿色装备制造技术，电动汽车技术、零部件翻新和再制造技术等；大力发展清洁生产、循环经济、低碳环保产业、光伏产业。[①]

（三）现代服务业的技术需求

鄱阳湖生态经济区服务业整体水平不高，在三次产业中所占比重偏低，生产性服务所占比重还更低。随着低碳技术创新，最终会带动鄱阳湖生态经济区低碳经济的崛起。鄱阳湖生态经济区应把握发展低碳经济的契机，大力发展与低碳技术创新相配套的服务产业，具体说来，低碳技术创新的重点领域应是发展现代服务业、低碳服务业，尤其是低碳物流、低碳金融、低碳科技咨询、科技信息和低碳技术服务等。加速建立适应低碳经济的发展要求，高效、便利、安全和可持续发展的低碳服务业体系意义重大，当前迫切需要加快鄱阳湖生态经济区第三产业的技术进步，为城乡居民创造新的就业机会，特别是以新的电子、互联网和信息技术为手段的低碳服务业的增长将成为鄱阳湖生态经济区经济发展的新增长点。

第三节　二氧化碳捕集、利用与封存技术

碳捕获与封存技术（CCS）是把化石燃料中的碳以二氧化碳形式从工业或者相关能源的排放源中分离出来，输送到封存地点，并使之长期与大气隔绝技术。煤捕获与封存技术是极具潜力、有效减少二氧化碳排放的前沿技术，有可能实现经济发展与环境保护双赢。我国能源消耗总量大，能源结构以煤为主，这种能源结构短时间内难以改变，减缓温室气体排放压

---

① 江西省发展蓝皮书编委会：《江西经济蓝皮书 2010》，江西人民出版社 2010 年。

力大。CCS 技术研发与储备，是减缓温室气体排放战略性技术。

一　二氧化碳的捕获、运输和封存

（一）二氧化碳的捕获

钢铁厂、水泥厂、化石燃料电厂、炼油厂合成氨厂等二氧化碳集中排放源是碳捕获的重点目标。针对电厂排放二氧化碳捕获分离系统主要有三类：燃烧后系统、富氧燃烧系统以及燃烧前系统。其中燃烧前捕捉技术只可用于新建发电厂，而富氧燃烧系统以及燃烧前系统则可同时用于新建与既有发电厂。[1]

燃烧后捕获与分离主要是烟气中二氧化碳与氮的分离，包括吸收分离法（包括物理和化学两方面）、膜法分离法、吸附分离法等，其中化学吸收分离法是常用的。目前还有许多新方法，例如光生物合成法、催化剂法、电化学法、酶法、电化学法等。

富氧燃烧系统是指用纯氧或富氧替代空气作为化石燃料燃烧的介质。燃烧产物主要是二氧化碳与水蒸气，另外有多余氧气以保证燃烧完全，以及燃料中所有组成成分的氧化产物、燃料或泄漏进入系统的空气中的惰性成分等。经过冷却水蒸汽冷凝后，烟气中二氧化碳含量在80%—98%之间。在富氧燃烧系统中，由于二氧化碳浓度较高，因此捕获分离的成本较低，但是供给的富氧成本较高。氧气生产主要是通过空气分离方法，包括使用聚合膜、变压吸附和低温蒸馏。[2]

燃烧前捕集技术是以煤气化联合循环（IGCC）技术为基础，先将煤炭气化成清洁气体能源，从而把二氧化碳在燃烧前就分离出来，不进入燃烧过程。而且二氧化碳的浓度与压力会因此提高，分离起来较方便，是运行成本最低的捕集技术。但是该项技术传统电厂不能用，需要建造专门的 IGCC 电站，其建造成本很高，是现有传统发电厂建造成本的 2 倍以上。[3]

---

[1]　康丽娜，尚会建，郑学明等：《CO_2的捕集封存技术进展及在我国的应用前景》，《化工进展》2010 增刊。

[2]　同上。

[3]　同上。

（二）二氧化碳的运输

碳运输技术的运输方式主要有管道运输与罐装运输。管道运输分为气态、液态、超临界态输送，不同状态的输送介质存在输送工艺的在差异，管道输送主要采用超临界态输送，国内油田内部管线多采用气态或液态输送。管道运输特点是适合远距离运输、运输量大，是碳运输最常用方法，一次性投资成本大是管道运输的缺陷；罐装运输主要方式是铁路或公路，罐装运输特点是适合小量短途运输，大规模使用不经济是罐装运输的缺陷。[①]

（三）二氧化碳的封存

二氧化碳的封存就是把捕集到的二氧化碳安全地储存于地质结构层，以减少二氧化碳排放。地质封存、海洋封存、碳酸盐矿石固存等是主要封存方式。各种不同的封存方式有着不同的具体技术。目前大规模 CCS 工程是研究的重点，是指二氧化碳的地质封存与海洋封存。

（1）地质封存。指将把二氧化碳注入海底盐沼池、油气层、煤井等不同的地质体中。二氧化碳一般被封存储存在 800 米以下，使二氧化碳保持在超临界状态。

（2）海洋封存。指用管道或船舶把二氧化碳运输储存在深海的海洋水或者深海海床上。其中直接注入溶解型与直接注入湖泊型是二氧化碳海洋封存主要方式。直接注入溶解型指通过管道或船舶把二氧化碳输送到深海中，使其自然溶解并成为自然界碳循环的一部分；直接注入湖泊型指把二氧化碳注入至地下 3000 米的深海中，二氧化碳的密度大于海水，会在海底形成液态二氧化碳湖，从而有效地延缓二氧化碳分解到环境中的过程。根据海洋封存模拟分析表明，注入海洋的二氧化碳将与大气隔绝至少几百年，注入越深，保留数量与时间就越长。

目前，CCS 各环节技术发展水平不一（见表 3.7）。[②]

---

① 潘一，梁景玉等：《二氧化碳捕捉与封存技术的研究与展望》，《当代化工》2012 年第 10 期。

② 范英，朱磊，张晓兵：《碳捕获和封存技术认知、政策现状与减排潜力分析》，《气候变化研究进展》2010 年第 6 期。

表 3.7   CCS 构成部分的技术发展现状

CCS 组成	CCS 技术	世界发展阶段	在中国所处发展阶段
捕获	燃烧后	3	3
	燃烧前	3	1
	氧燃料燃烧	2	1
	工业分离（天然气加工，氨水生产）	4	3
运输	管道	4	1
	船运	3	1
地质封存	强化采油（EOR）	4	3
	天然气或石油层	3	2
	盐沼池构造	3	1
	提高煤层气采收率（ECBM）	2	2
海洋封存	直接注入（溶解型）	1	1
	直接注入（湖泊型）	1	1
碳酸盐矿石	天然硅酸盐矿石	1	1
	废弃物料	2	2
二氧化碳的工业利用		4	3

注：表中数字依次代表：1 研究阶段；2 示范阶段；3 在一定条件下经济可行；4 成熟化市场。

二 碳捕获与封存技术的发展

（一）国外碳捕获与封存技术的发展

碳捕获与封存技术（CCS）是一项集成了捕集、运输和地质埋存三个环节的系统低碳技术，整体并不成熟。CCS 是解决能源需求刚性增长与减少碳排放矛盾的有效方法。各国纷纷展开 CCS 的研发与示范，政府、私营机构、高校及科研机构都积极参与 CCS 研发，以及 CCS 商业化的可行性研究与开发。建立健全法律法规与 CCS 技术推广机制，建立 CCS 技术认同、发展的有利环境。主要做法有：（1）提供公平发展机会，考虑把 CCS 技术纳入基于市场的排放贸易框架中，并且在 CCS 相关国际法律与协定中确定碳封存法律地位；（2）构建法律法规体系，为 CCS 技术项目产业化提供法律依据；（3）总结示范项目行之有效的规范与激励机制，制定激励政策；（4）制定统一的国际技术标准指南，例如碳封存地点的选定、监测规范、长期核查机制等；（5）提高公众意识，制定法律法规，规范相关部门定期向公众发布碳封存信息[①]。

美国、欧盟、英国、日本、加拿大、澳大利亚等国强化国家层面技术政策指导与宏观协调，例如颁布 CCS 技术发展路线图、战略规划，明确近期、中期、远期的技术方向与研发重点，设立跨部门协调工作机制等。发达国家已经启动了大规模计划推动 CCS 技术的研发、示范与应用，并在 8 国集团（G8）、20 国集团（G20）、碳收集领导人论坛（CSLF）等框架下积极推动 CCS 在全球范围的发展。根据澳大利亚全球 CCS 研究所的统计，全球范围内，目前大约有 270 个项目处于运行、在建与计划中，其中每年封存超过 100 万吨二氧化碳的商业级规模将达到 70 个。目前处于规划研究阶段的项目占大多数，真正运行的商业化项目不超过 10 个，并且主要集中在油气生产领域。其中具有代表性的有"挪威国营石油和天然气公司 Statoil 的 Sleipner 深部盐水含水层封存项目"、美国北达科他州气化公司"Weyburn 二氧化碳强化采油项目"、阿尔及利亚"In Salah 天然气项目"。[②]

（二）我国碳捕集、利用与封存技术

虽然 CCS 技术研发在我国起步较晚，但是取得了显著成效，有些环节已形成了独立的技术力量，CCS 技术集成创新研发力量正在逐渐形成。在国家科技政策的引导下，高校、研究院所、企业等开展了 CCS 研究与示范，一些技术领域技术水平、示范规模及运行效果在世界处于领先地位。我国 CCS 已经投运和在建的项目有 12 个[③]，项目主要由华能、神华、中石化、中石油、中电投等国有大型企业实施。

---

① 甘志霞等：《我国发展二氧化碳捕集与封存技术的挑战及对策建议》，《中国科技论坛》2012 年第 4 期。

② 闵剑，加璐：《我国碳捕集与封存技术应用前景分析》，《石油石化节能与减排》2011 年第 1 期。

③ 科学技术部社会发展科技司等：《中国碳捕集、利用与封存（CCUS）技术进展报告》2011 年。

1. 二氧化碳捕集技术研发与示范

我国开展的 CCS 研究与示范活动主要集中在燃烧后和富氧燃烧（见表 3.8）。

表 3.8 我国二氧化碳捕集技术研发与试点

名称	目标	技术	主要情况
中国电力投资集团 1 万吨/年碳捕集工业示范项目	建 1 万吨/年的 CO_2 捕集工业示范项目	燃烧后捕集	2010 年 1 月，正式投运的中国电力投资集团投资建设的重庆合川双槐电厂 CO_2 捕集工业示范项目。这套装置每年可处理 5000 万 nm^3 烟气，从中捕集获得 1 万吨浓度在 99.5% 以上的 CO_2，CO_2 捕集率达到 95% 以上。在此基础上，中电投集团完成了 15 万吨/年的碳捕集装置方案研究和工程设计，开展了 CCS 全流程方案预可研工作；采用产学研模式，开展了 CO_2 资源化利用研究。
国电集团 2 万吨/年 CO_2 捕集和利用示范工程	建成年捕 2 万吨 CO_2 捕集和利用示范工程	燃烧后捕集 + 食品行业利用	中国国电集团在前期实验室研究的基础上，将于 2011 年年底投运 CO_2 捕集中试装置；拟于 2012 年年底建成年捕集 2 万吨的 CO_2 捕集和利用示范工程。工程拟在国电天津北塘电厂进行，采用化学吸收法进行捕集，示范工程的液态 CO_2 产品将处理达到食品级在天津及周边地区销售。
连云港清洁能源创新产业园	建成 IGCC 发电联产燃料和化学品的示范工程	IGCC + CO_2 使用 + CO_2 盐水层封存	2010 年，清洁能源创新产业园成为首批江苏省创新型园区。清洁能源创新产业园包括中国科学院能源动力研究中心研发核心区、战略性新兴能源产业育成区以及清洁能源示范区。研究中心正在建设清洁煤能源动力系统研发设施。示范工程将进行每年捕集 100 万吨 CO_2 的试验、示范，50 万吨 CO_2 用于生产尿素和纯碱，50 万吨进行咸水层封存。

2. 二氧化碳资源化利用技术研发与示范

制造碳酸饮料、制冷、合成有机化合物、灭火都需要二氧化碳，同时二氧化碳可用于强化石油开采（EOR）和强化煤层气开采（ECBM）。其中，使用二氧化碳提高石油采收率（EOR）技术可提高我国数十亿吨低品位石油资源的采收率动用率，提高采收率 10% 以上。目前我国企业在 EOR、ECBM、微藻生物能源、制备化工产品和原料等领域都开展了初步研发与示范工作（见表 3.9）。

表 3.9　　　　　我国二氧化碳资源化利用技术研发与试点

名称	目标	技术	主要情况
中石油吉林油田研究与示范	研发 CO_2 驱油与封存技术	天然气 CO_2 分离 + EOR	中国石油集团 2007 年启动了重大科技专项"吉林油田含 CO_2 天然气藏开发和资源综合利用与封存研究"项目研究。目前在吉林油田建成年分离与捕集 20 万吨 CO_2 的装置。预计到 2015 年年末，将达到 CO_2 驱油年产 50 万吨的生产能力，控制封存 CO_2 80 万—100 万吨的能力。
中联煤利用 CO_2 强化煤层气开采项目	研究和开发一套 CO_2 注入深部煤层中开采煤层气资源的技术	ECBM	中联煤层气公司开展了"深煤层注入/埋藏 CO_2 开采煤层气技术研究"。通过实验室研究和野外试验相结合，研究煤储层 CO_2 吸附解吸特征，开展现场煤层气井 CO_2 注入试验，探索性地研究和开发一套 CO_2 注入深部煤层中开采煤层气资源的技术。并于 2010 年开始进行 CO_2 注入试验作业。
新奥集团微藻固碳生物能源示范项目	利用微藻吸收煤制甲醇/二甲醚装置烟气中的 CO_2，生产生物柴油的同时生产饲料等副产品	第三代生物能源技术	河北省新奥集团开发了"微藻生物吸碳技术"，建立了"微藻生物能源中试系统"，实现微藻吸收煤化工 CO_2 的工艺。已建成中试系统包括微藻养殖吸碳、油脂提取及生物柴油炼制等全套工艺设备，年吸收 CO_2 110 吨，生产生物柴油 20 吨，生产蛋白质 5 吨。在此基础上，新奥集团正于内蒙古达拉特旗建立"达旗微藻固碳生物能源示范"项目。该项目利用微藻吸收制甲醇/二甲醚装置烟气中的 CO_2，生产生物柴油的同时生产饲料等副产品，年利用 CO_2 2 万吨。项目于 2010 年 5 月开始动工，已于 2011 年 7 月完成一期工程建设。

3. 全流程 CCUS 技术整合与示范

作为一项系统性技术，成熟的 CCUS 技术是以捕集、运输和埋存等各个环节技术成熟与系统集成为基础。目前，我国已有几个不同规模与路线的全流程 CCUS 示范正在开展或筹备（见表 3.10）。[①] CCUS 技术是 CCS 技术新的发展趋势，与 CCS 相比，CCUS 将二氧化碳资源化，减少排放的同时产出，兼具环境效益、经济效益与社会效益，可操作性强。

表 3.10　　　　　　　　我国全流程 CCUS 技术集成与示范活动

名称	目标	技术	二氧化碳气源	主要情况
中国神华集团 10 万吨/年 的 CCS 示范工程	建立全流程 CCS 示范工程	CO_2 化工源捕集 + 盐水层封存	煤直接液化示范项目产生的尾气	该示范工程利用鄂尔多斯煤气化制氢装置排放出的 CO_2 尾气经捕集、提纯、液化后，由槽车运送至封存地点后加压升温，以超临界状态注入到目标地层。2011 年 1 月投产试注成功并实现连续注入与监测。
中石化胜利油田燃煤电 4 万吨/年 CO_2 捕集与 EOR 示范	捕集电厂烟道气中 CO_2 注入油藏以实现 CO_2 地质封存及强化采油	燃烧后捕集 + EOR	胜利电厂烟道气	自 2008 年起，中国石化集团开展了 CO_2 捕集和封存驱油技术研发，并进行了 100 吨/天燃煤烟道气 CO_2 捕集与 EOR 全流程示范工程建设。该示范工程捕集胜利发电厂燃煤烟道气中体积浓度约 14% 的 CO_2，并进行压缩、液化，最终把纯度达 99.5% 的 CO_2 输送至胜利低渗透油藏进行封存和驱油。该示范工程已于 2010 年 9 月全流程投产运行成功。

（三）CCS 技术存在的问题及解决途径

目前我国 CCS 技术还在研发示范阶段，大规模商业化应用还没有开展。我国没有成立专门的 CCS 管理部门，跨部门合作矛盾凸显，资金短缺，缺乏专门的 CCS 安全与监管法律法规，这些问题终将成为 CCS 技术发展的障碍。

---

① 科学技术部社会发展科技司等：《中国碳捕集、利用与封存（CCUS）技术进展报告》2011 年。

存在的主要问题：一是安全问题。二氧化碳在地质储层过程中有可能会发生泄漏，这就是 CCS 技术存在的最大的潜在风险。二氧化碳如果从封存构造中泄漏出来，将会造成极大的危害。二是跨部门合作矛盾凸显。CCS 项目涉及捕集、运输与封存技术环节，涉及多种形式的利用，涉及不同的行业，不同属性的行业，不相同需求的企业，它们之间必然存在一定的差异，从而导致产生各种各样的问题，这些问题终将会成为 CCS 项目发展的障碍，由此产生的矛盾也将日益凸显。三是高成本的 CCS 技术。单纯封存不经济、不可行，只有封存与利用两者相结合才是可行的技术途径。CCS 技术成本是由捕获、输送与封存三部分组成的，每个部分能源的消耗都很大，成本高昂。四是缺乏资金。CCS 研发、示范，以及大规模商业化应用，资金需求量很大。在全球范围内，各国发展 CCS 资金缺口都很大，并且缺乏投融资机制。

因此，要制定统一的 CCS 技术发展规划和技术路线图，建设加强有关 CCS 的环境和安全法律法规，建立健全跨部门合作的激励机制，构建完善的灵活融资机制，大力发展绿色煤电项目，进一步促进 CCS 技术应用与发展。

第四节　低碳技术创新体系建设

目前能源需求日益增长、环境污染日益加剧以及节能减排的迫切需要，亟待建立面向低碳经济的区域技术创新体系。低碳技术创新应借鉴国外经验，因地制宜，结合区域特征，自主创新，构建与完善政策体制，推进低碳技术高效、有序、稳健的发展，未来自主创新能力是低碳经济发展的关键，而政策创新与技术创新相结合则是低碳创新的路径。

一　构建低碳技术创新政策保障体系

（一）建立健全促进低碳技术创新的法律支撑体系

建立健全发展低碳经济法律法规，构建低碳发展的激励约束机制，增强企业对资源环境保护法律责任。充分发挥政府在低碳技术创新中的主导作用，制定优惠政策，通过政府主导的自上而下的诱导性制度创新，构建促进低碳技术创新的激励机制，形成良好的政策环境。建立健全法律制度体系，制定出台相应的法律法规，为低碳技术创新创造提供良好的法制环境。建立与完善知识产权制度，为低碳技术创新提供法律层面的保障。不断完善制度建设。建立无形资产评估制度、技术创新奖励制度、科技人员持股经营制度等，强化知识产权标准与保护的作用，建立与国际惯例接轨的、以保护知识产权为核心的分配制度与经营制度。

（二）建立和完善科学统一的减排技术指标体系、监测体系和考核体系

尽快研究制定碳排放的绩效标准，形成部门推进合力。发挥碳排放的资源价值，对使用低碳技术实现碳减量、再利用或资源化的企业，从政策上给予优惠与支持。制定规范低碳技术标准、准入门槛，提高低碳技术研发与利用水平。整合现有的技术资源，不断完善技术服务体系，加强技术研发、能源信息网络、信息管理系统的建设。建立科技研发与能源利用、碳排放的信息收集、扩散及各种数据库的信息中心，开展对信息的收集、处理、分析、发布和交流，为技术研发等科学决策提供支持。[1]

（三）发挥政府作用，综合运用相关政策工具[2]

充分发挥政府在低碳技术创新中的主导作用，综合利用各种政策工具促进低碳技术创新。借鉴已有的经验，因地制宜，从实际出发，从技术推动与需求拉动两个方面，并且结合技术的生命周期来搭配政策工具，对这些政策工具的传递机制与实际绩效进行深入细致的研究，构建低碳技术创新政策体系。促进低碳经济的技术创新主要有两种类型的政策。

降低创新成本的技术推动政策。降低企业创新成本是技术推动政策的目的，主要政策工具包括：政府主导的技术研发，投资示范项目，企业投资研发的税收抵免的，支持教育与培训事业发展，提高知识交流能力等。

提高创新收益的需求拉动政策。主要是指政府通过提高企业创新成功后的收益来激励企业投入创新。主要政策工具包括：管制标准，政府采购，知识产权保护，税收抵免和新技术的消费抵免，技术授权等。发达国家综合运用技术推动和需求拉动两种政策促进低碳技术创新。

（四）促进低碳政策与技术的生命周期相配合

低碳技术创新具有周期性特征，低碳技术发展的生命周期可分为

---

[1]　杨锦琦：《构建低碳技术创新的政策体系》，《科技广场》2011年第8期。

[2]　黄栋：《低碳技术创新与政策支持》，《中国科技论坛》2010年第2期。

研发、示范推广和产业化应用三个阶段。政府要根据这三个不同阶段来制定符合各个阶段实践发展需要相应的倾斜扶持政策，以及相应的激励政策。研发阶段，政府的激励政策起着至关重要关键性作用。在这个阶段政府应颁布出台支持研发的激励政策，主要有通过提供资金支持、构建技术研发平台，等等，以鼓励社会研发力量，例如研究院、高校、企业等参与技术的研发机构，而对于那些前期投入大、研发周期长的大型研究项目，政府就需要进行直接投资。此外，政府也要积极促进低碳技术的国际间的转移与合作。试点推广阶段，技术创新周期的重要阶段。政府政策的主要导向就是把新技术尽快推广到市场，支持企业投资新技术的商业化运用，以及大力开拓应用市场。对企业的应用投资从政策给予优惠，支持企业建设示范工程，给予投资补贴、消费补贴等来鼓励新技术产品市场的扩大。产业化应用阶段，在这个阶段新技术的应用与商业化都已成熟，此时市场是关键，要不断建立与完善公平的市场秩序，积极开拓国际市场，以促进企业参与国际新能源产业与低碳产业的竞争。[①]

（五）实施促进低碳技术创新的采购政策

政府应制定操作性强的低碳采购制度，促进低碳技术创新，科学规范地制定政府采购标准、清单与指南等具体的低采购碳活动。完善政府绿色采购制度，加大采购环保节能产品的力度。建立与完善政府采购的立法及实施机制，以法律条文的形式明确政府对环保产品采购的支持，规范采购实施的过程。建立绩效考评机制，把政府对环保产品采购的评价指标纳入绩效考评，强制政府对环保产品的采购。扩大政府绿色采购产品的范围，增强政府环保产品采购的引导与示范效应，引导社会团体与公众参与绿色消费活动，积极促进低碳经济的发展。

二　加强建设低碳技术创新支撑体系

（一）构建激励机制

激励机制是促进产学研合作产生、持续进行，并且产生技术创新成果的作用机制。低碳技术科研课题或项目审批政府要向产学研合作申报者倾

---

① 杨锦琦：《构建低碳技术创新的政策体系》，《科技广场》2011 年第 8 期。

斜，要求产学研三方合作共同申报对资源、环境约束下的特殊项目或重大项目，高校与科研机构主要负责低碳科技的基础研究，并提供最新的科技与研究成果，企业主要负责工艺创新、应用技术的研究开发、低碳产品创新，并进行科技成果的试验、产业化推广；政府可设立产学研合作专项资金，对低碳技术创新的关键技术、共性技术以及前瞻性技术提供资金来源，以降低高校、科研机构和企业的风险规避程度；构建低碳技术创新产学研合作交流平台。为低碳企业、高校和科研机构合作三方提供技术需求、技术供给、拟合作项目等技术市场信息。①

（二）构建利益分配机制

构建利益分配机制，加强产、学、研合作。根据产、学、研合作方式的不同，低碳技术创新产、学、研的合作模式可分为四种：以技术转让或技术协作为主的契约型、以研发基地为载体的共建型、技术入股或者兴办实体的一体化型和产、学、研战略联盟（李书辉，向娟，2009）②；针对以上产、学、研四种不同的合作方式，产学研合作的主要付款方式有三类：总额支付、提成支付、混合支付和按股分利（孙俊华，汪霞，2009）。③产、学、研合作三方可根据自身实际情况协商确定合作方式与利益分配方式，并在签订合同时就将产、学、研三方应承担的责任、履行的义务与享有的收益以成文的形式予以明确规定，使得建立起来的产、学、研三方利益分配机制具有法律效力，产、学、研三方的利益获得法律保障，促进产、学、研三方积极地进行低碳技术创新，并将技术创新成果进行试验、产业化推广。④

（三）构建约束机制

约束机制是实现低碳技术创新产学研合作规范化、合作化发展的机制。建立与完善加快低碳技术创新合作机制法律法规，规范研究合作中不同主体之间的权利与义务关系，对处理知识产权与利益分配中出现的纠纷要作出明确处理规定，对产、学、研合作三方的违约行为的惩罚进行规

---

① 见刘燕娜，余建辉等：《福建低碳技术创新机制研究》，中国环境科学出版社 2010 年。

② 李书辉，向娟：《产学研结合中的利益分配机制》，《现代经济息》2009 年第 4 期。

③ 孙俊华，汪霞：《促进技术转移和应用的政产学研合作机制研究》，《大学研究与评论》2009 年第 9 期。

④ 杨锦琦：《构建低碳技术创新的政策体系》，《科技广场》2011 年第 8 期。

定，为产学研合作研究提供法律保障，保护产、学、研合作三方的权益。约束机制能有利规范低碳技术产学研合作三方的行为，将低碳技术创新各构成部分的优势资源充分利用在合作项目的研发、产业化推广过程中。[①]

（四）构建风险分担机制

低碳技术创新产学研合作存在风险，主要是技术风险与市场风险。从大学、科研院所的实验室产生的新技术必然存在技术风险，这种技术不一定能够转化成可产业化的商品。而低碳技术创新风险则是产品是否具有成本优势，否能得到市场认可，否能获得预期的收益。建立风险分担机制。明确产、学、研合作三方的责任与义务，对产学研合作三方要完成目标制定明确考核指标体系，建立科学合理的科技成果风险转化的评估体系。另外，要构建利益分配机制，制定利益分配的标准，建立健全利益共享机制，建立规范的科技成果价格评估体系，保证各方的合理利益。[②]

三 加快构建低碳技术的创新体系

（一）重视低碳技术的研究开发和技术储备

根据技术可行、经济合理的原则，规划低碳技术发展路线图，促进高能效、低排放的技术研发与推广应用，逐步建立健全节能与能效、洁净煤与清洁能源、新能源与可再生能源以及自然碳汇等多元化的低碳技术体系；加快对燃煤高效发电技术、二氧化碳捕获与封存，高性能电力存储，超高效热力泵，氢的生成、运输和存储等技术研发，形成技术储备，为低碳转型与转变增长方式提供技术支持。

（二）加强低碳技术及产品的推广应用

深入研究分析低碳技术、低碳产品认定等国际规则、标准，积极参与国内低碳技术标准的制定，加快推广低碳技术标准，使低碳技术及产品推广应用制度化、规范化。研究制定鄱阳湖生态经济区发展低碳经济的技术指导目录与技术发展指导意见，推广低碳技术及产品，加快科技成果转化，重点加快太阳能光电技术、新型墙体材料、可再生能源、高能效空调和冰蓄冷技术

---

① 杨锦琦：《构建低碳技术创新的政策体系》，《科技广场》2011 年第 8 期。
② 刘燕娜，余建辉等：《福建低碳技术创新机制研究》，中国环境科学出版社 2010 年。

等推广应用。政府带头示优先采购低碳产品，引导推广低碳产品。①

（三）产、学、研相结合

建立健全产学研合作互动体制、机制。加强低碳技术创新能力建设就是要建立健全产学研合作互动体制、机制。高校、科研机构研发能力较强，是从事科研、创新与传播知识、开发技术的主体；企业掌握市场的潜在需求前瞻性能力强，研发的产品具有较强的针对性，产学研合作能够促进低碳技术创新及其产业化的实现。要不断探索建立产学研联合机制，构建低碳技术创新研发中心。要促进产学研积极展开深度合作，积极支持产业界与高校、科研机构三方共同合作构建低碳技术创新研发中心，选择关键性低碳技术展开联合研发，抢占低碳技术制高点。政府应采取措施支持企业、科研机构、高等院校，包括相关重点实验室、工程（技术）研究中心、企业技术中心等实施不同的合作模式，共同对科学仪器、设备、设施等资源进行整合、共享、完善与提高。

（四）加快低碳技术创新平台与能力建设

完备的基础设施是技术发展的平台，是技术创新的重要基础。科研机构、高等院校、重点实验室、工程（技术）研究中心、企业技术中心等应联合起来相互合作，发挥市场机制的引导作用，推进创新科技资源整合，提高共享意识，建立共享机制与管理程序，着力提高资源共建共享水平，最大限度地提高科技资源的利用效率，在此基础上，构建低碳公共技术服务平台，形成低碳技术产业联盟。建立碳计量、碳监测、碳核证标准，建立碳监测平台与数据库，培育碳交易中介机构，促进碳交易发展。加强低碳技术能力建设，主要包括；技术标准、技术数据、技术信息、技术咨询、设备仪器、计算软件、产品认证、技术培训等。②

四　建立低碳技术创新资金保障体系

（一）构建低碳技术创新的资金支持体系

设立财政专项资金，加大财政投资力度，充分发挥财政专项资金的引导作用，集中财力，突出重点，提高资金使用的集中度，建立健全监督机

---

① 杨锦琦：《构建低碳技术创新的政策体系》，《科技广场》2011 年第 8 期。
② 同上。

制，以保证资金的投入效果；鼓励企业建立低碳技术创新引导基金，例如通过制定管理制度、利润存留、灵活折旧、提取公积金等方式，实行政府科技入股，为企业技术创新提供资金投入，以促进企业低碳技术创新，提高企业低碳技术创新的积极性，以及示范、应用低碳技术的积极性；低碳技术创新具有高投入、高产出、高收益和高风险的特征，加大财政政策扶持力度，建立多层次的低碳技术创新资金政策支持体系。[①]

（二）建立健全风险投资法律体系

技术研发需要大量的资金投入，但低碳技术开发存在不确定性与未知性，往往风险大、周期长，因此，应加快研究制定各种形式风险投资基金运行的法律法规，为风险投资创造宽松环境与法律保障，鼓励机构投资者加快组建各种形式的风险投资基金，例如投资银行、保险公司、证券公司等，为发展低碳经济提供资金来源。

（三）为低碳技术的研发提供资金支持

设立专项风险性投资基金。低碳技术研发需要大规模的投资，而且存在比较高的风险，企业仅仅依靠自身资金投资建设存在很大困难，由于其具有高风险性的特征，商业银行投资非常谨慎，资金缺口较大，专项风险性投资基金设立能够缩小资金缺口，为低碳技术研发提供资金支持。

五　加快低碳技术的引进和国际合作

（一）积极参与国际碳市场减排合作

减排的有效机制是国际碳市场，应积极参与国际碳市场，并且不断完善国际碳市场。构建国际碳市场，促进国际碳减排合作。清洁发展机制项目是发展中国家参与国际碳减排合作的主要机制，发展中国通过清洁发展机制项目引进发达国家先进低碳技术，同时支持企业通过商业渠道引进先进技术，清洁发展机制项目获得注册、签发，企业就能获得资金支持和引进先进的低碳技术。[②]

（二）加强与发达国家技术合作

引进发达国家先进的低碳技术，促进低碳技术创新。发达国家掌握了

---

①　刘燕娜，余建辉等：《福建低碳技术创新机制研究》，中国环境科学出版社 2010 年。

②　杨锦琦：《构建低碳技术创新的政策体系》，《科技广场》2011 年第 8 期。

先进技术的核心，加强与发达国家技术交流与合作，引进先进的低碳技术与专业人才。利用国际气候组织和气候峰会等途径，通过制度化方式推进发达国家对发展中国家的技术转让。加强与发达国家进行高层次、高水平的科技合作。积极参与关键领域的低碳技术合作，使我国低碳技术研究水平与发达国家先进低碳技术水平差距越来越小，注重培育自主创新能力。

第四章　国际碳金融与碳金融服务体系建设

碳金融与碳市场的形成与全球环保意识的提升息息相关。自产生之日起，碳金融就拥有推动传统经济向低碳经济转型的动力。面对日益严峻的国际碳关税保护形势，走低碳道路是我国应对碳关税的最好战略。当前，碳金融已成为全球抢占未来低碳经济制高点的关键，并成为各国金融机构竞争的新领域。因此，我国要构建一整套碳金融业务和市场体系，实现碳金融在低碳经济发展中的核心作用，大力开展碳金融创新业务和衍生品业务，努力提升我国碳金融的国际话语权。

第一节　碳金融与碳金融市场的发展

碳金融也叫碳融资，大体上可以说是环保项目投融资的代名词，也可以简单地把碳金融看成对碳物质的买卖。碳金融发展的基础是全球碳金融市场。

一　碳金融和碳金融市场源于两大国际公约

目前国际上对碳金融已趋近于概念上的统一，亦即所有以限制温室气体排放为目标的金融服务活动，其范围包括银行绿色信贷、直接针对项目的投融资以及碳排放指标交易等。"碳金融"兴起于国际碳金融政策的变动和创新，其中具有里程碑意义的两大国际公约——《联合国气候变化框架公约》和《京都议定书》，为人类规范碳排放活动作出了重要贡献。《京都议定书》从法律上确定了发达国家的温室气体排放指标，同时也为发展中国家低成本减排机制的形成提供帮助。正是《京都议定书》框架的确立，使得国际排放贸易机制（IET）、清洁发展机制（CDM）和联合履行机制（JI）能够在帮助缔约国灵活减排、实现减排目标方面相互推动、协同作用。从经济学的角度看，《京都议定书》及其所确立的减排机制，为人类环保优先的经济活动开辟了一个重要的交易市场。这个市场在技术上以二氧化碳的数量单位折算其他温室气体，最终以二氧化碳排放权为交易标的，因此国际上把这以市场简称为"碳市场"。

二　国际碳金融市场发展的现状

自《京都议定书》生效以来，各国以市场化交易温室气体排放权作为解决碳排放问题的新途径，通过获得排放额或减排额来减缓温室效应，实现减排目标。据世界银行资料，2008—2012 年全球碳交易市场规模每年达 600 亿美元，2012 年为 1500 亿美元，有望超过石油市场成为世界第一大市场。

1. 全球碳金融市场。由"两个典型市场"、"四个交易层次"和"广泛建立的交易平台"构成[1]。全球典型碳市场，基于交易机制的不同分为配额市场和项目市场两种。配额市场以总量管制为目标，创建于排放总量限制和交易机制原则；项目市场由信用机制形成，对减排项目产生的减排量进行交易。2008 年，配额市场占排放权交易总量的 68%，其交易额占交易总额的 74%[2]。项目市场中的自愿减排市场处于培育期，潜在的市场容量巨大。2008 年全球自愿碳减排市场的交易量比 2007 年的交易量增加了近一倍。

四个交易层次由跨国市场、国家市场、区域市场和零售市场构成。而碳交易所是四个层次中最基本的平台。广发建立的碳交易平台促进了全球碳交易商参与碳金融的步伐，欧洲、北美发达国家纷纷建立起各自不同规模的碳交易所。目前，最著名的交易市场有美国芝加哥气候交易所（CCX）、欧盟排放权交易市场（EU ETS）、英国排放权交易所（ETG）以及澳大利亚国家信托（NSW）四家，其中欧盟排放权交易所市场规模最大，占据全球总交易份额的 60% 以上，同时掌握着 EUA 碳期货的定价权。而新兴的气候交易所也相继建立，其中最重要的包括新加坡碳交易

---

[1]　刘倩，王遥：《全球碳金融服务体系的发展与我国的对策》，《经济纵横》2010 年第 7 期。

[2]　The World Bank. State and Trends of the carbon Market. 2008.

所、巴西期货交易所、新加坡商品交易所和蒙特利尔气候研究所。

2. 国际碳金融体系。目前，成熟的国际碳金融体系已经形成。由市场体系、服务体系和政策支持体系共同组成碳金融体系的有机整体。市场体系包括交易平台、交易规则（机制）和交易商品等；服务体系包括碳交易融资服务系统，由银行、证券和保险机构构成。碳金融信息服务系统，由计算机软硬件、全球网络和碳交易信息服务人员组成。碳金融产品创新体系，由交易所和各金融机构的发展研究部门组成；政策支持体系，包括财政金融政策支持系统和碳金融活动监管系统。在《京都议定书》的框架下，国际上形成了依据三个灵活机制建立的"京都市场"和在"配额"和"项目"范围内，依据不同方式建立的排放权交易一级和二级市场。

3. 金融衍生品市场。全球碳金融产品包括基础交易产品和衍生品，基础交易品主要指碳排放权，以吨二氧化碳当量为交易单位，同时折算其他温室气体量进行交易。衍生产品的初衷是为交易商提供必要的套期保值和风险管理工具，包括碳期货、碳债券、碳基金和碳证券等。随着衍生品市场的发展，单纯以风险管理为目的的衍生品交易也呈现出包括独立套利在内的目标多元化趋势。

三　我国碳交易及市场建设

目前，我国碳金融的发展仍处于起步阶段，且主要侧重于直接投融资、碳指标交易和银行绿色贷款等三方面。

（一）我国主要通过 CDM 参与国际碳交易

我国的碳交易市场，主要是以清洁发展机制（CDM）下的碳金融项目为基础。根据世界银行 2008 年 5 月的统计，我国连续三个年头成为世界最大的 CDM 指标供应国，我国 CDM 指标供应量 2006 年的市场占有率为 54%，2007 年迅速跃升到 73%。由于经济规模巨大且投资环境良好，我国正在吸引越来越多的国际投资者竞相参与国内碳指标买卖，我国一级市场 CER 交易量已经占到全球份额的 62%[1]。截至 2013 年 3 月 21 日，国家发改委已批准 4904 个 CDM 项目（见表 4.1），项目涉及风力发电、小

---

[1]　胡鞍钢，管清友：《中国应对全球气候变化》，清华大学出版社 2009 年，第 116 页。

水电、工业节能、垃圾填埋气发电等领域。尽管如此，我国目前碳交易仍然处于整个交易链的低端，只是提供碳产品，无法获得交易价格的定价权，因此最终成交价格远远落后于国际市场价格。

表 4.1　　我国按省区、市统计的国家发改委已审批准的 CDM 项目数

省区市	项目数（个）	省区市	项目数（个）	省区市	项目数（个）
云南	479	辽宁	155	安徽	91
四川	518	吉林	148	江西	80
内蒙古	369	贵州	156	重庆	77
山东	250	黑龙江	140	青海	68
甘肃	256	湖北	131	海南	26
河北	250	江苏	128	上海	25
湖南	194	福建	122	北京	27
山西	186	陕西	123	天津	17
河南	158	广东	123	西藏	0
宁夏	165	浙江	119	合计	4904
新疆	196	广西	127		

数据来源：根据中国清洁发展机制网发布的资料整理 ，据统计截止日期为 2013 年 3 月。

（二）交易所的建立为碳交易的市场化提供交易平台

自 2008 年，我国在北京、上海、天津建立了 3 家碳交易所以来，现已发展到 10 多家碳交易机构。为落实"十二五"规划，2011 年 11 月，国家发改委下发了《关于开展碳排放权交易试点工作的通知》，批准北京、天津、上海、重庆、湖北、广东和深圳等 7 省市开展碳排放权交易试点工作，探索利用市场化手段，以较低成本完成排放控制目标。国家计划从 2013 年开始在试点地区启动碳交易机制，到 2015 年建立全国范围的排放权交易体系。基本目标是满足中国经济社会发展必要以及保护气候环境所需的碳排放要求；通过碳排放交易体系发现和形成中国的碳价格，使碳价格反映边际减排成本，使全社会减排以符合经济效益的原则推动和发展，清楚掌握企业和行业真实准确的排放现状与趋势；增强企业应对气候变化、减少温室气体排放的意识和能力；发展低碳服务业，打造具有国际

竞争力的碳咨询和碳金融产业。[①] 目前，我国主要的交易所包括：

表 4.2 我国碳交易市场构建情况

交易所名称	成立时间	业务定位
北京环境交易所	2008 年 8 月	集各类环境权益交易服务于一体的专业化市场平台
上海环境能源交易所	2008 年 8 月	服务全国、面向世界的国际化综合性的环境能源权益交易市场平台，集环境能源领域的物权、债权、股权、知识产权等权益交易服务于一体的专业化权益性资本市场服务平台
天津排放权交易所	2008 年 9 月	全国综合性环境权益交易机构，利用市场化手段和金融创新方式促进节能减排的国际化交易平台
杭州产权交易所	2008 年 12 月	集物权、债权、股权、知识产权、排污权、非上市公司股权托管和信托产品及其他社会资源等交易服务为一体的专业化产权市场
湖北环境能源交易所	2009 年 3 月	污染物排放权交易平台，集环境能源领域的物权、债权、股权、知识产权等权益交易服务于一体的专业化权益性资本市场服务平台
广州环境能源交易所	2009 年 6 月	集环境能源领域内股权、物权、债权、知识产权等各类权益交易服务于一体的专业化市场平台
河北环境能源交易所	2010 年 2 月	节能环保技术转让与投融资服务、排污权与节能交易服务、CDM 信息服务与生态补偿促进服务
贵阳环境能源交易所	2010 年 7 月	为环境事业投融资、排放权项目、生态补偿信息咨询、排污权交易、合同能源管理技能减排技术交易提供一个平台
深圳排放权交易所	2010 年 10 月	主导发起设立了从事温室气体排放权、污染物排放权和减排量等环境权益登记和交易的专业平台
山西环境能源交易所	2012 年 5 月	集环境能源领域的物权、债权、股权、知识产权等权益交易服务于一体的专业化权益性资本市场服务平台。

（三）自愿减排交易形式

目前我国形成的自愿减排交易形式有三类，一类是以大型活动和项目

---

① 李俊峰，郑爽：《中国碳交易市场的构建（节选）》，华能集团 2013 - 09 - 11。

为背景进行大单减排交易。通过可具有一定影响力的大型项目的自愿减排实施，中和项目本身的碳排放，从而树立绿色低碳的社会形象。比较典型的例子是，以上海世博会为契机，上海环境能源国内碳市场建立的世博自愿减排平台、与北京奥运会绿色出行相结合的北京环境国内碳市场等；另一类是碳交易平台与金融机构合作，开发对接性金融产品，利用产品中的信用比例进行自愿减排购买活动，比如与兴业银行合作开发低碳信用卡等；第三类是与大型企业结合，企业从社会责任和自身长远利益的角度出发，出资购买自愿减排量（见表4.3）[1]。

尽管碳金融业务在我国有广阔的发展前景和利润空间，但从目前来看，我国金融机构对碳金融的介入程度有限。我国碳金融发展还存在一些机制和体制上的问题，导致我国在碳金融方面相对于国际缺乏足够的资金以及碳金融产品和衍生品创新，在对于碳金融方面不论其深度还是广度都处于劣势，国际市场方面我国处于市场的低端。

表4.3　　　　　　　　国内部分自愿碳减排典型项目

序号	项目名称	碳额购买单位	碳减排量	碳补偿项目
1	中国光大银行碳中和项目	中国光大银行	总行及全国各分行在管理运营层面在一定时间内直接或间接产生的温室气体排放总量	资助符合国际规定的欠发达地区的节能减排项目
2	白公馆会馆碳中和项目	上海盈江餐饮管理有限公司	白公馆餐厅2009年度碳足迹	资金将用于支持黑龙江省桦南县某风电项目，达到生态补偿与扶贫的双重社会效益
3	上海东锦饮品有限公司嘉定厂区碳中和项目	上海东锦饮品有限公司	2009年1月—12月21日的碳排放量为1001.44吨	用于湖南东坪72MW水电项目

①　相震：《中国碳交易市场发展现状及对策分析》，《四川环境》2012年第6期。

续表

序号	项目名称	碳额购买单位	碳减排量	碳补偿项目
4	深圳大运会碳中和项目	企业和个人	为抵消赛事期间排放的近 10 万吨二氧化碳	将用于支持清洁能源生产，具体项目将包括农村户用沼气、替代燃料、水电和风电开发等
5	上海济丰碳中和项目	上海济丰包装纸业股份有限公司	上海济丰于 2008 年 1 月 1 日—2009 年 6 月 30 日产生的碳排放量为 6266 吨	上海济丰所购买的 6266 吨碳排放量，全部来自于厦门赫仕在福建顺昌洋口水电有限责任公司所开发的洋口水电站项目
6	国际济丰碳中和项目	国际济丰纸业集团	国际济丰纸业集团将购买集团下属的 8 家子公司 2010 年全年碳排量为 25078 吨	全部来自于甘肃黄河柴家峡水电项目
7	世博会美国馆碳中和项目	美铝基金会	购买 8250 吨碳中和额度。用以中和其世博 6 个月期间的碳足迹，其中包含美国馆主要建筑材料在生产过程中的温室气体排放	用于江苏省垃圾填埋气能源转化项目、甘肃省"径流式"微型水力发电项目及甘肃省风力发电项目在内的三个碳补偿项目
8	鸿泰地产碳中和项目	上海鸿泰房地产有限公司	鸿泰地产此次认购了上海医疗器械（集团）有限公司 2012 吨的碳交易量	购买碳指标用于中和鸿泰地产一定时期内其建设工程在建设期碳排放量

四 江西碳金融发展状况

1. 努力建设全国低碳试点城市。通过发展低碳经济，江西加快了经济结构的调整步伐。从 2010 年开始，南昌市被国家确定为全国 5 省 8 市低碳试点之一，2011 年《南昌低碳城市发展规划》提出投 800 亿元打造低碳城市，探索经济欠发达地区生态与经济融合发展的新模式。江西省也是中国清洁发展机制基金优惠贷款的首批支持对象之一。

2. 构建碳排放权交易平台。2013 年 1 月 22 日赣州环境能源交易所有限公司成立，是江西省第一家环境权益类交易所，是经赣州市人民政府批准设立、由赣州市国有资产经营有限责任公司独资组建的特许经营实体，是集各类能源环境权益交易服务为一体的专业化市场平台。业务范围主要包括：节能减排技术交易、排污权交易、碳交易、环境保护咨询等。赣州环交所作为环境能源权益交易平台，将通过政府和市场的运作，促进碳排放权、排污权及节能减排与环保技术的交易，实现节能减排的资源优化，提高环境治理和节能降耗效率。赣州环交所以协议方式促成了赣州晨光稀土新材料有限公司和南康市元龙水电站双方完成赣州市第一笔碳排放权交易，碳排放权交易 1600 吨，成交金额 8 万元。

2013 年 3 月 27 日，新余市正式启动碳排放权交易平台建设。这是江西省首个强制性碳排放交易市场：政府向重点排放企业分配排放指标，企业排放指标不够了，到交易平台购买，完成减排任务；企业排放指标有剩余，也可在交易平台出售，以达到倒逼企业加快转型升级，实现绿色低碳发展。这也是全国率先实行强制碳排放权交易的城市之一。

3. 江西碳金融市场建设任重而道远。目前，江西已获批准项目 CDM 项目数达 80 个，在全国占比 1.63%，年减排量达 7806637 吨 CO_2。这些 CDM 项目在生产实践过程中，金融支持取得较好的回报。尽管江西低碳经济已初具规模，但由低碳经济转向低碳金融，还有较长的路要走。碳市场的建立有三个基本条件：第一，要明确设置国家的碳排放总量，然后对减排地区及减排行业的排放额进行合理分配，从而赋予碳资产的稀缺性和碳交易的合法性；第二，只有在一个完善的金融市场中，才能给碳交易带来较好的稳定性和流动性，进而实现碳交易发现价格、降低交易成本和规避风险的市场功能；第三，作为碳交易产品的减排量必须真实可信，因此需要独立第三方的科学核证。目前，江西上述条件尚不完全具备。因此，现阶段只能实行碳市场的"双轨制"：在空间上，部分地区和行业先行试点强制性碳减排，为碳市场提供动力；在内容上，部分地区和行业先行试点碳资产证券化的交易，即金融产品，其他地区和行业维持碳现货交易，即普通商品。

第二节　碳关税壁垒对国际贸易的影响及其应对

碳关税不仅泛指以碳排放为标的传统意义上的关税，可能还包括国内税费、配额、许可证等。实际上，碳关税是一种单边形式的贸易限制手段，其目的是均衡各国减排成本，为减排高成本国服务。碳关税的征税标的是特定货物生产过程产生的二氧化碳量，或生产国排放的二氧化碳总量。

在联合国气候变化谈判中，碳关税也被称为"边境碳调整"或"边境税调整"。2009年6月，世界贸易组织（WTO）和联合国环境署（UN-EP）联合发布的《贸易与气候变化》报告，将边境调整方式分为三类：一是调整碳排放制度，要求进口能源消耗型产品的进口商提供排放许可；二是调整国内碳税或能源税，即减免或退还与进口商品同类型的国内产品税负，从降低成本的角度提供国内产品的竞争力；三是其他调整措施，如反国内调整措施，以进口国政府不正当竞争的事实或隐蔽补贴为由，对气候措施不力的国家进口商品征收反倾销税，通过抬高进口商品价格来抵消主权国的减排成本。

一　碳关税产生的技术和法律基础

（一）碳关税的由来

碳关税的实质是国家针对高能耗进口产品征收的一种特别关税，高能耗产品的生产过程是相对密集的碳排放过程，因此受到各国政府的限制。这些产品包括钢铁、水泥、电解铝以及玻璃制品等。

碳关税的最初提出者是法国前总统希拉克，其目的在于平衡欧盟各国的碳排放成本，以防止欧盟碳排放机制推行后，因为某国未履行《京都议定书》的承诺而形成的对其他国家的贸易不公。2009年3月，为了避免国内制造业的不公平待遇，美国能源部长朱棣文在美国众议院科学小组会议上提出，美国计划征收进口商品的"碳关税"；6月22日，美国众议院通过了《美国清洁能源安全法案》，规定美国有权对包括中国在内的无碳减排限额国家的进口产品征收碳关税，并从2020年起开始实施。

（二）征收碳关税的目的[①]

发达国家提出碳关税的主要目的：一是保护本国制造业，提高产品的出口竞争力，同时以反倾销的名义削弱发展中国家包括中国、印度、巴西等制造业大国的产品竞争力。为了尽快摆脱金融危机的影响，继续维持全球经济霸主的地位，美国试图借新能源和绿色产业的崛起来带动经济复苏，又试图通过与其他发达国家之间的某种默契，利用领先的减排技术进行严苛的碳排放标准制定，其目的在于引领全球新一轮技术创新浪潮，占领节能环保和新能源等相关领域的制高点，从而有力遏制新兴市场国家的崛起。二是维护本国经济利益，控制贸易定价权。征收关税本身就是利用标准进行经济利益的调整，不仅可以额外增加国家财政收入，也有利于调整国际收支，减少贸易逆差。另外，通过大额征收高排放商品的进口关税，可以大幅减少此类商品进口数量，引起商品需求的萎缩和国际市场价格的降低。以美国为首的主权国可以更低的市场价格进口商品，获取更大的贸易利益。三是转移环境保护成本，规避环境治理责任。发达国家通过拖延承担减排责任的方式，向发展中国家进行高能耗产业的转移，从而转嫁高污染行业的减排义务。通过减排标准的制定和升级来推销其先进的减排技术，迫使发展中国家承担昂贵的减排费用和生产成本。四是增加谈判筹码，获取全球主导权。碳关税的征收将有利于美国在全球气候变化谈判中处于有利地位，不仅改善和提升了美国在"后京都议定书"时代的国际形象，也大大增加了美国的谈判影响力。自2013年以后，围绕发达国家的减排目标和发展中国家的限制排放增长目标的谈判，决定着后京都议定书时代的全球主导权。征收碳关税不仅增强了美国在新一轮碳排放谈判中的主导权，也为美国所倡导的发展中国家提前承诺减排量提供了新的砝码。

二　碳关税对经济和国际贸易的影响

（一）"碳关税"政策对全球贸易的影响

1. 对全球碳排放政策的制定有一定的负面影响。美国此次将环境问题与贸易问题捆绑定税，开启了关税政策的一个先例，很容易被为自身利

① 孙晓霓：《论新型绿色贸易壁垒"碳关税"》，《商场现代化》2009年第26期。

益的其他国家和地区关注和效仿。由于关贸总协定（GATT）第 20 条规定，一国凡为了"公共秩序"或重要合法政策目的而采取的措施，可背离 GATT 和 WTO 的基本规范，因此，发达国家一旦出台"碳关税"的实施规则，很可能会以 GATT 允许并支持为借口，凌驾于 WTO 规则之上，将对发展中国家特别是我国造成极大的影响。事实上，发达国家完全可以在环保国际倡议背景下，借节能减排这一重要国际议题将发达国家征收碳关税的标准强加给发展中国家，从而挑战 WTO 原则。而从以往的经验来看 WTO 在有关气候问题的贸易争端的解决上一般很难有所作为。为此，发达国家极有可能形成同盟，未来在碳关税问题上对发展中国家发难。

2. 使全球贸易萎缩，延缓全球经济复苏。从历史上看，美国等发达国家实行碳关税制度的后果，将会导致新兴国家采取贸易报复措施，使全球贸易继续萎缩，给经济危机阴影下的各国造成更大的伤害，进而延缓全球经济的复苏。所以。碳关税应当全球协商的基础上，通过平衡各国的利益，在获得广泛接受的前提下征收，否则会对全球贸易带来巨大的影响。

（二）"碳关税"对我国经济与进出口贸易的影响

由于"碳关税"剑锋所指的"高碳产品"是我国出口的主要部分。因此，一旦碳关税开征将会对我国的出口造成极大的冲击。

1. 我国将面临新一轮的贸易保护主义。在全球金融危机影响下，为了保护本国利益，催生了新一轮贸易保护主义，我国作为世界最大的出口国将深受其害。对我国而言，目前工业的发展具有高增长、高出口、高投资、高能耗、高排放的特征。我国工业的能耗和碳排放状况意味着欧美国家提议的碳关税政策可能会直接冲击我国工业产品出口，一旦接受欧美国家以环境保护为借口的碳关税，我国将面临更为严峻的贸易保护主义形势。由于没有可供参考的既定标准，一旦欧美国家在主导标准的前提下启动碳关税，拟定和实施符合他们利益的碳标准，将导致其他成员国实施符合自身利益的标准和关税措施，必然引发全球范围的贸易大战，给出口主导型的中国带来负面影响。

2. 我国大量高能耗的出口产品将面临碳关税负担。由于转型升级的滞后，我国目前出口到欧美发达国家的商品数量大，且均为高能耗产品。面对关税标准制定者的欧美和主要出口地的欧美市场，我们必将面临巨大出口风险。2008 年，我国对美国、欧盟出口的商品以机电产品、家具玩具和纺织品及原料为主，出口总额分别为 2254.5 亿美元、2431 亿美元，分别占我国对美国、欧盟出口总额的 66.8%、67.3%，这些出口产品大多是能耗大、含碳高、附加值低。据世界银行研究报告称，如果碳关税全面实施，我国制造业产品在国际市场上将面临平均 26% 的关税，将导致出口量下滑 21%。

3. "低碳" 标准可能导致部分企业被淘汰。无论是出口障碍还是国内碳政策调整，碳风险将是未来企业面临的最大风险之一。而一家企业的碳调整可能产生连锁反应，影响到其他企业。以国内跨国公司沃尔玛碳政策调整为例。通过各种方式降低自己的碳排放，沃尔玛公司已经要求 10 万家供应商必须完成商品碳足迹验证，并贴上碳标签，这将影响全球超过 500 万家工厂的生产，其中大部分在我国境内。这意味着，只要碳排放的国际规范继续深入，我国相关企业将无法免除碳足迹认证，承担起应有的减排责任。碳排放标准的实施，将不同程度低提高我国大量相关企业的生产成本，降低产品的出口竞争力，萎缩产能甚至直接淘汰一批能耗成本主导型企业。由此，我国众多劳动密集型企业将会受到重创，劳动力就业会面临严峻形势。

4. 倒逼我国企业转型升级，走绿色发展道路。为了适应碳关税形成的贸易壁垒，众多相关企业将不得不以节能减排作为企业转型的战略，更加注重将自身融入低碳经济环境中，努力实现企业向低碳企业的转变。可见，碳关税将作为一种外在的推动力，将倒逼我国高能耗高排放企业由粗放发展转向节能发展，通过技术更新和苦练内功，尽快融入到国际低碳贸易规则中，长远来看会对我国经济整体转型带来积极的影响。

（三）碳关税对我国制造业的影响

20 世纪 80 年代以来，我国工业品出口的高增长推动了我国工业和我国经济的高增长。在国际分工体系中，中国扮演着 "世界工厂" 的角色，这表明我国已成为世界最重要制造业基地之一。但我国工业产品的能源利用效率远远低于发达国家的水平，单位产品的能耗居高不下，加剧了碳排放的程度。我国工业 GDP 在 GDP 总量中的占比为 40.1%，但工业能耗在总能耗中的占比却高达 67.9%，工业碳排放在总排放中的占比更高达 83.1%。30 年来，我国工业产值和资本存量年均增长 11.2% 和 9.2%，工业能耗和碳排放年均增长 6% 和 6.3%。能耗增长大于产值和资本存量增长的1/2。通过相关机构对我国净出口的隐含碳排放量进行估算后发现，2004年我国23%的碳排放是由净出口所致。由净出口所致的排放量碳排放超过当年英国并接近当年日本的总排放量。通过计算和分析我国2002年、2005年和2007年份产业部门的碳排放率，利用单区域投入产出模型估算我国2000—2009年的隐含碳排放量，研究贸易碳排放净差不断增加的原因。实证结果表明，我国国内消费的碳排放总量将比国际公布的数据有所减少。而连续多年的出口增长和贸易碳排放顺差却大幅推升了我国碳排放总量的水平。[①] 我国工业品生产和出口高增长与碳排放总量的正相关性，促使西方发达国家以《京都议定书》导致严重碳泄漏为借口，逼迫我国在时机并不成熟的前提下尽早承担减排义务，并利用碳关税等单边政策弥补自身的竞争力损失。

从目前我国经济发展所处的阶段来看，以西方发达国家的碳标准对我国工业品征收关税，将直接冲击我国制造业。这里引进一个新概念：隐含碳排放（Embodied Carbon），是指某种产品生产全过程，从原料采集、下料到产品加工制作，再到最终产品形成、物流运输到终端用户，所产生的二氧化碳排放总量。由于碳关税的征收要依据温室气体排放量，评估碳关税对行业的影响就必须分析行业隐含排放强度。

估算结果显示，在出口占比较高的几个行业中，通信电子设备制造、电气机械器材制造、纺织业、服装皮革、羽绒制品加工业以及化学工业，每万元产出的隐含碳排放量约为2.5—5.5吨碳，如果每吨碳按30—60美元标准征收关税，则相当于每万元的出口产值将承担6%—14%甚至12%—28%的关税。将碳关税与部分出口产品的反倾销税作比较可以看出，按60美元的税率征收碳关税已经达到和超过了反倾销税。2006年8月欧盟对我国产皮鞋征收的反倾销税率为16.5%，2009年6月对我国铝合金轮毂提出的反倾销税率最高为33%。2009年6月，美国对我国汽车轮胎提出特保案中三年额外征收的关税分别为55%、45%和35%。与普通反倾销税点对点调整不同，碳关税是一种行业性全面课税方案，其对诸多企业整体的影响甚至对国家出口的整体影响比特保案或反倾销要严重得

---

① 马述忠，陈颖：《进出口贸易对中国隐含碳排放量的影响：2000—2009年——基于国内消费视角的单区域投入产出模型分析》，《财贸经济》2010年第12期。

多。以美国为例，作为最大的单一出口市场，2008 年我国对美出口占比为 17.7%，总额达到 2523 亿美元。其中大部分为机电、钢铁等高碳密度产品，占比为 60.6%，占国内机电产品出口额的 31.5%。[①] 相关评估结果表明，30—60 美元的吨碳税率的征收将直接拉低我国工业部门 0.62%—1.22% 的产量，拉低工业品出口量 3.53% 和 6.95%，减少工业生产就业岗位 1.22% 和 2.39%。由于工业转型升级滞后，碳关税对我国工业生产和就业的影响将在未来若干年具有持续性。除了高碳密度行业外，那些能源消耗相对较小的电气制造、仪器仪表、办公机械等普通制造业可能面临同样的冲击。[②] 如果对此类行业出口按 30 美元的碳关税税率征收，电气设备、仪器仪表行业出口将下降 3.97% 和 3.85%，按 60 美元税率征收则出口降幅为 7.79% 和 7.66%。

　　碳关税对不同行业的影响取决于行业产品的隐含碳排放强度，因此出口行业所受到的冲击是一种结构性冲击。隐含碳排放强度越大，受到碳关税的冲击也越大。一部分隐含碳排放强度相对较低的行业之所以受到同样的冲击，与这些行业的直接排放无关，而与这些行业的高耗电量相关。由此说明，在对国际碳关税政策变动的具体机制和触发条款进行深入研究和跟踪之前，仅仅依靠降低高碳密度产品的出口依存度来适应碳关税贸易，并不是减少关税冲击的合适途径。

三　应对碳关税的策略

　　碳关税不仅仅是国与国之间的经济博弈工具，更是人类应对气候变化所应当共同遵守的规则。我国商务部曾对西方国家碳关税联盟明确表态进行反对，并为保护工业利益表明了自己的立场。可见在对碳关税的认识上，我国仍然停留在经济和贸易领域。事实上，随着全球环保意识的增强，西方发达国家正在依托气候变化应对进行一次国家战略层面的调整，碳贸易保护可能会日益成为人类在经济与政治领域乐于接受和普遍采取的措施。在已经占领道德高地的背景下，由美国主导的普遍碳关税国际秩序

①　陈晓晨：《碳关税：中国应如何应对》，《第一财经日报》2009 - 06 - 15。
②　黄媛虹，沈可挺：《基于 CGE 模型的碳关税对中国工业品出口影响评估》2009 中国可持续发展论坛暨中国可持续发展研究会学术年会论文集（上册），2009 年。

将是大势所趋。应对碳关税的挑战，我国首选的策略应就是顺应潮流、积极应对。

1. 调整产业结构，促进转型升级。要尽快改变我国产业结构中高能耗产业比重过大的局面，压缩相关产业（钢铁、冶金、金属加工、造纸和化工等）的产能，扶植和支持低碳产业的发展和壮大，促进产业结构的竞争优势向低碳产业集中，提高低碳产业、新型产业的资本存量比重和产值占比。出台国内约束性碳税政策，倒闭劳动密集型和资源密集型产业节能减排和产业升级，利用国家层面的碳排放交易政策对传统产业进行"关税预演"，提高产品的国际竞争力。在企业转型过渡期，政府可利用减税或出口退税政策对相关企业出口进行扶植。

2. 强化机制作用，构建低碳社会。认清碳关税实施的背景和必然性，将挑战转化为机遇，从提升我国民族制造业核心竞争力的角度寻求应对措施。首先，要强化碳关税的倒逼意识和倒逼机制的作用，加快引进消化和自主创新的进程，加强企业技术改造、技术升级和技术替代的能力，推动企业节能减排；其次，要尽快出台应对碳关税的各类法律法规，储备国家级的低碳技术，加快新型能源开发的步伐；最后，要以法律实践来取代政策性条文，变法律层面的被动为主动，维护节能减排、保护环境的大国形象，加快构建低碳社会。

3. 出台和开征碳排放税（Carbon Tax）。税负调整的意义，一方面对企业经济利益形成一个平衡机制；另一方面可对企业行为进行鼓励或约束。碳排放税对于已经或即将承担减排义务的国家来说是一个非常重要的利益调节手段，是应对碳关税的最佳和最优选择。国外开征碳排放税的实践表明，与碳排放总量控制和交易机制相比，碳排放税的实施对企业的约束力要有效、实施成本较低、预期效果更佳。因此，在诸多碳排放相关政策和技术的借鉴过程中，应特别注重碳排放税制度的引进与消化，尽快形成法律层面的碳排放税负调节，通过税收调整，约束高能耗企业的生产行为，同时鼓励和补贴无排放企业的发展。

4. 实现消费主导型经济，降低出口依存度。一般来说，推动经济增长的三大要素中，消费是最基本的要素。发达国家消费在 GDP 中占比约为 70%—90%，我国为 30%—40%。内需严重不足，是导致我国经济依赖出口的主要原因，这是一条不可持续的发展路径。要从调整收入分配格局入手，不断提高居民生活收入。要尽快完善养老、医疗、教育等社会保障制度，提升居民的消费信心。通过扩大消费占比，减少经济对出口的过度依赖。同时要积极开发出口新兴市场，减少对发达国家的市场依赖。

5. 加强合作，取得气候问题话语权。要重视和积极参与各类国际气候问题谈判，积极寻求国际社会的合作与共赢，以更鲜明的国家立场和战略，争取有利于自身利益的国际环境和发展空间，在深入评估和适当取舍的基础上作出必要的承诺，以负责任的态度在国际上树立大国形象，争取谈判会议的主动权。要正视美国减排承诺和我国峰值提前给经济和贸易带来的压力，加强就碳关税问题与国家社会的沟通，进一步巩固我国与发展中国家的互补与合作，加强战略层面的互惠，通过共同发声来促使发达国家在减排实施上承担更多义务，并在国家气候会议上形成合力，维护我国相关利益。积极争取有限的运作空间，谋求来自发达国家资金、技术和能力建设方面的支持。

6. 积极巩固和开拓发展中国家市场，回避关税壁垒。为了减少来自发达国家的碳关税影响，我国应尽快制定和实施多元化对外贸易政策，加强与发展中国家的贸易合作，减少发达国家的贸易依赖。要充分利用近年来我国对东盟、拉美、非洲以及金砖国家国家出口增长的有利形势，更加注重这些国家的市场培育和开发，利用"一带一路"给国际贸易带来的机遇，从政策和税收层面加大对新兴市场支持的力度。在开发新兴市场的同时，要加强与新兴市场国政府的对话与磋商，不断进行市场研究，探索贸易新思路和新途径。

第三节　区域性碳金融市场的建设

从交易方式和交易内容看，区域性碳金融市场形成之日起，就具备与国际同类市场相对接的本质属性，从而天然地融入国际碳交易市场体系。从需求视角来看，世界上现有的主要碳交易市场均由发达国家建立，同时美国在二级市场上业已成为最大"庄家"；从供给的角度看，发展中国家，尤其是我国已经成为碳交易的主要供给方。由此，可以确定我国区域性碳市场的战略定位与一般战略选择，以供给为导向，构建具备国际碳资产定价权的世界碳交易平台。

一　区域性碳金融市场构建的设想

（一）以供给为导向打造具有定价权的国际性碳交易平台

在商品交易市场上，需求往往是交易价格的最终决定者，商品的市场化程度越高，市场越倾向于由需方说了算的买方市场。作为碳交易市场上最大的供给国，我国同样面临碳资产定价权与其他诸多商品一样由需求方决定的格局。因此，我国应在金融与经济多元化目标的框架下，一方面实现自身经济利益；另一方面要在政治和态势上扩大自己的影响力，以图构建国际制衡的金融竞争力，即拥有碳价格的定价权。按照现有的市场逻辑，以美国为首发达国家的碳需求者在共同的利益驱使下，很容易形成具有较强议价力的需求联盟，来对付包括我国在内的供给散户。因此，我国应该将作为需求方的发达国家视为自己的对手，努力争夺碳商品的定价权，实现碳交易市场国际金融势力间的制衡，这是我国碳金融发展的重要战略目标。

我国作为制造业大国，未来数十年的国际市场定位将继续保持，即商品的世界供应商。基于强大产品制造能力的碳市场中国角色仍将是碳商品的供应服务商，其价值属性为国际定价话语权。因此，我国碳市场战略定位可以概括为"以供给为导向，具备国际碳资产定价权的国际性交易平台"。

（二）以绿色经济实施提高附加值、兼顾低成本的蓝海战略[①]

围绕着全球绿色经济的浪潮，一个庞大的蓝海市场被催生出来。在争夺市场份额的一般性战略中，低成本与差异化战略是可以同时实现的。

1. 通过差异化提高产品附加值

差异化战略是指将碳资产及相关服务差异化或去同质化，形成在碳交易市场或碳金融全产业范围内具有独特性的东西。这种战略的重点是创造被全行业或需求方视为是独特的碳商品和服务。我国区域性碳市场一旦建立，其差异化特性就可以自然地形成。由于目前买方与卖方市场在集中交易发展上的迥异，前者还没有形成足以形成同质化的集中交易

---

① 于同申、张欣潮、马玉荣：《中国构建碳交易市场的必要性及发展战略》，《社会科学辑刊》2010 年第 2 期。

机制。因此，我国所提供的各类碳资产在公开透明、交易便利的市场中首先展现出了差异化优势。这种具有天然差异性的供给型市场与对手——买方市场相比，自然业形成了本质上的机制差异。天然的差异需要通过把握市场的特质，运用一定的手段去提升和扩展，使其能够为长久的差异化战略服务。

差异化战略是一种合法的垄断性战略，据此获得高附加值与高收益的同时，并不能兼顾高市场占有率。因此，构筑适应市场的服务体系至关重要。一是要畅通透明价格与公开信息的渠道，以方便交易者能够及时根据价格状况和趋势进行选择；二是要将合约标准化，以交易的便利性和及时性，降低交易双方的成本；三是要建立非一对一的交易制度和保险服务体系，减少或转移交易的市场和信用风险；四是要构建良好的投融资机制，提高交易杠杆率和使用效率，推升市场活跃度，充分满足交易双方的需求。我国应积极向国外发达市场学习，努力构建上述服务体系，提高产品的附加值。

2. 实施低成本兼顾战略

与印度、巴西和非洲国家等碳资产供应对手相比，我国减排低成本优势已逐步丧失，而价格优势在一定程度上将影响碳贸易的达成。一般来说，碳成本的降低是以定价权的获取为前置条件，在没有定价权的背景下，追求低成本所形成的利益空间实际上是变动的。但是，碳产品低成本战略的实施，有利于国家产业结构的调整。当某些产业需要抑制而其他产业需要扩大时，通过碳排放实施的国家鼓励或禁止措施，可影响企业生产成本，引导资金投向，最终按碳排放优先级达到优化产业结构的目的。低成本战略可以建立在减排技术提高的基础上。我国普遍实施减排机制是CDM，与构建碳市场相比其成本相对较高。目前普遍活跃的碳技术市场所提供的先进的减排技术，为 CDM 机制的低成本实施创造了条件。也就是说，通过新技术的引进和消化，我国低成本减排的目标将会很快达到。在国家碳资产定价权战略的基础上，实施碳资产出售低成本，是我国碳金融服务体系中不可或缺的两个部分。总之，在我国碳交易蓝海战略中，应当以提高碳产品附加值为优先战略，以降低碳产品的生产成本为有条件的兼顾战略。

二　区域性碳市场构建的步骤与主要任务

（一）建立配额制碳金融市场

配额制是我国启动碳市场建设的基础。国家实施全国性的碳排放配额管理，将阶段性的减排目标细化成若干子项目，分配给碳密集度较高的相关企业，进行温室气体的上限规划和管理。在设计碳金融的配额市场时，必须重点考虑这一全新的制度框架与本国原有制度的协调性问题，根据不同区域、文化和经济条件设计不同政策组合。就我国而言，碳排放权配额必须突破三道门槛，一是碳排放总量的设定。在明确总量的基础上进行区域和行业排放额合力配置，这要求有科学的减排配额体系作为技术支持，并利用精准的技术手段保证配额分配的公平。尽早谋划宏观配额体系，实现碳资源的稀缺性，是碳资产上市交易的物质基础。二是赋予市场完整性。也就是要保障市场稳定和流动，让交易双方的交易行为合乎市场规律，实现碳交易的低成本运作、价格发现以及风险转移功能。三是建立第三方碳交易认证体系。目的在于确保交易标的的真实性和可靠性。要求第三方机构具有科学的技术手段和市场化运作机制，能快捷合理计算企业的可排放量，对数据的发布和推广承担责任。第三方鉴定机构的产生和运行是建立碳市场信用体系的重要环节。

配额制市场交易的优势在于价格的稳定性。每一次和每一个市场的交易行为都围绕着几近统一的交易价格。价格的统一性覆盖场外市场或其他平台交易，而这种统一性源于配额制的精准折算体系。基于项目的碳资产却保留了不同项目基础上的异质性，导致了不同市场之间的较大价差。对于购买者来说，只有当碳配额不足的时候才会从基于项目的市场上进行补充性购入。因此，项目碳交易只能是配额机制下的附属和补充机制。建立和完善碳市场仍然要受到经济发展阶段和周期的影响，过程将面临利益各方的博弈。

（二）实现参与主体及相关金融产品的多元化

多元化是任何一个交易型市场的基本要求。在参与主体单一尤其是交易品种单一的情况下，市场的信息传递被人为放大，交易者容易控制信息对市场的影响机制进而影响价格判断，导致失真的单边市场的出现，最终引发市场风险和经济风险。一味地做多或做空某一品种，会形成多品种的羊群效应，导致碳交易品种价格与其价值的严重偏离，不仅使参与交易的生产商的碳交易成本难以控制，市场监管者的监管难度加大，也必然推高经济管理部门的管理成本，最终影响经济活动效率的提升。因此，是否多元化品种和参与者，不只是一个单纯的市场构建问题，更是一个环保优先社会基于环境风险对冲机制下的金融与经济的安全问题。多元化参与主体，应该广泛地涵盖碳基金、各类企业、交易所、商业银行、投资银行、私募股权基金以及包括世界银行在内的各类国际组织。

参与碳交易的市场各方主体，其对市场观察的角度、未来预期以及参与目的均表现出差异，而个体差异性对市场而言就是一种制衡力量，能保持市场的活力、维护市场的稳定。银行在参与某些品种的最初交易时，往往充当做市商——其他参与者的交易对手，可以在市场陷入低迷时起到活跃市场的作用。对冲基金由于是以既定的方针理性操作，注重纪律性，因此是稳定市场的中坚力量，可以利用自身的资本实力平抑市场的波动。生产和消费单位普遍根据需求进行双向交易，是抑制单边市场的重要力量。

在市场主体广泛参与的前提下，积极开拓新型交易产品和交易形式，是完善碳金融市场的重要环节。产品多元化为市场提供了更多的品种供应，使投资者拥有更多的投资机会、对冲工具可以选择，从而大大提高了资本的增值概率。首先，为寻求更大范围的环境问题解决途径，在二氧化碳的基础上，要大力开发以其他温室气体为基础的交易品种，通过一定的系数实现不同品种之间的对接。其次，要建立跨品种套利机制，防止品种单一投机（或投资）带来的过度投机风险。为满足特定投资人的需要，可在不同品种之间设定绑定程序。最后，要保持和适当干涉、调整期货与现货市场的关联性，让市场价格发现机制的作用发挥到相应水平。在期货交易推出的同时，可平行推出碳期权交易。期权作为一种新型金融创新工具，具有对冲期货市场价格风险的天然职能，往往能在金融危机的初期发挥至关重要的作用。

（三）实现区域市场的国际化

区域碳市场的国际化是一个不可阻挡的趋势。应对气候变化不是一国或一区域的责任，而是地球上所有国家的共同义务。从控制环境问题的成本来考虑，各国也需要一个统一的国际交易平台来链接区域性市场，使市场走向统一规则下的网络化。市场规模越大，则交易成本越低。另外，我国作为重要的国际碳减排机制的参与方，参与国际活动并重构国际金融体系的目标不会改变，国际化是我国经济发展的长远战略。根据参与深度的不同国际化可分为试探性国际化和竞争性国际化两种。

试探性国际化是指有限制地引进碳减排单位、设置针对碳市场的QDII 和 QFII 投资额度。目的在于降低减排成本，或者通过向他国购买来实现减排目标。同时，通过资本的进出，用资金流带动信息流，活跃国内市场和国际市场，使市场之间产生联动。在此基础上，可考虑建立跨市场套利机制，使碳商品的国内价格国际化，为稳定价格创造条件。

试探性国际化发展到一定程度后，相应的运作经验和市场成熟度有了良好的积累。此时的市场可以走向国际标准化，参与碳资产定价权竞争，这就是竞争性国际化阶段。碳商品交易需要一系列国际并购与联合才能走向最终的成熟，形成统一的市场体系和完善的交易规则。通过全方位的竞争来解决价格形成和市场效率问题，利用国际认可的统一监管原则来保护企业、金融机构和投资人的利益，并用普遍认可的防范机制来控制风险。竞争性国际化过程应当与国情相结合，为了减少冲击，我国可选择性地进行成熟目标市场的对接，也可通过直接投资和兼并重组获得相关市场。

第四节　碳金融服务体系的构建和完善

经济与金融关系可以映射为低碳经济与碳金融的关系，亦即碳金融是低碳经济的核心推动力。与经济发展相比较，低碳经济寻求碳金融支持的迫切性更为明显。因此碳金融服务的地位可以上升为低碳产业发展的制高点。

一　我国碳金融服务体系的主要问题

1. 碳金融交易存在法律、监管和核查等一系列制度问题。我国目前碳金融仍然处于发展阶段，我国政府与企业对 CDM 与"碳金融"的认识尚不到位。国家对这一里程碑式的金融创新还没有上升到国家战略的高度，金融监管机构没有系统的监管政策和监管思路，也没有形成统一的指导意见。我国的金融实体，如投行、PE（私募股权投资）、交易所等都还没有参与到解决环境问题的路径中来。我国碳金融行业的相关法律以及国家的政策不完善，对碳金融没有完整统一的监管。

2. 统一、完整、有效的碳金融市场没有形成。2005 年开展项目换取排放权的 CDM 开始，我国正式介入碳交易。直到现在，碳交易的市场定位仍较低端。一是技术的成熟度不够。交易标的物的温室气体是以数量指标的形式存在，而测量、评估以及标准化是一个纯技术的过程，对于我国来说具有较大的难度。二是我国碳市场交易通过 CDM 来实现的，通过供应方的排放权来换取技术，品种和交易方式单一，在买方市场主导的交易背景下，我国无法获取碳资产的定价权。三是碳交易融资服务缺失，导致我国碳参与方的投融资渠道狭窄、融资不畅。四是作为市场参与主力之一的碳基金发展缓慢。目前我国碳基金规模小、数量少，难以满足企业的资金需求，同时也影响了碳金融创新和碳业务的发展。此外，政府引导和激励机制的不健全，严重影响了碳市场参与者的积极性。

3. 碳金融业务复杂，面临多重风险。与一般的投资项目相比，CDM 项目时限长且审批过程复杂，需要经历诸多步骤，包括项目调研、项目评估与设计、参与国核准、项目最终审定、项目注册、减排量的核查和发证、核实后减排额签发等。对重要的参与机构银行来说，CDM 项目周期过长就意味着来自不同环节的不确定性，进而带来风险。商业银行除了面临基本的市场风险、操作风险和信用风险以外，还存在较大的政策风险和法律风险。一是市场风险。主要包括价格风险、利率风险、汇率风险和经济周期风险，我国还缺乏碳期货、碳期权等金融衍生工具来进行相应的风险规避。二是操作风险，我国商业银行仍然普遍缺乏碳金融方面的专业人才，极易受到内部操作失误与外部欺诈的风险侵害。三是信用风险。目前国内针对碳金融还缺乏具体的指导目录和环境风险评级工具。四是政策风险。《京都议定书》实施时间仅涵盖 2008—2012 年，之后的制度安排以及中国的角色、身份、排放峰值或减排承诺等还存在较大不确定性，这种不确定性是对碳金融的发展最大的不利影响。五是法律风险。CDM 项目涉及国内外多个市场主体之间较为复杂的法律关系，涉及法律适用、地域管辖等诸多复杂问题。

4. 中介市场发育充分。CDM 框架下的减排额具有虚拟商品特性，项目协同过程复杂、周期漫长。项目参与各方涉境外公司和客户，开发和形成最终核准均需时较长，且交易规则严苛。因此，非有经验的专业机构难以胜任此类项目的开发和执行。发达国家 CDM 项目运行效率较高，与其成熟的中介市场是分不开的。我国本土中介机构发育起步较晚，内部机制和管理均存在较大问题，大多数专业机构还无法承担大型 CDM 项目的开发和实施。另外，以项目的市场分析、价值评估和风险规避为责任的国内专业技术咨询体系也没有建立起来，金融机构在涉项目资金运作的时候面临较大的市场风险。我国还没有一家中介机构能承担碳金融行业的综合设计和基础设计，因此，中介行业的整合调整、提高综合竞争力，是我国中介市场健康发展的关键。

二　构建和完善我国碳金融服务体系的对策

目前，利用政策取向、银行信贷、直接投融资以及碳指标交易、碳期权期货等系列金融工具综合构建形成我国碳金融体系，在此基础上打造与低碳经济相适应的碳金融制度和服务体系，是我国摆脱投融资困境、大力发展环保产业的重要途径。

（一）确立低碳新理念，大力发展"绿色金融"

我国的金融业要扶持相关企业，使大量的资金能够进入与低碳经济相关的各个行业，推动我国经济发展方式的转型与产业结构的调整。"绿色金融"的实质就是低碳金融，是服务于旨在减少温室气体排放的各种金融制度安排和金融交易活动。金融机构应对研发生产环保设施、从事循环经济、从事生态保护建设、开发利用新能源、绿色制造和生态农业的企业提供倾斜信贷、保险等金融支持，同时压缩高污染行业的金融支持，实现资金向环境友好型企业的良性流动。自 2007 年以来，由国家环保总局与金融业联手推出"绿色信贷"、"绿色保险"、"绿色证券"三项绿色环保政策①，为我国金融业挺进环保主战场奠定了坚实的基础。

（二）围绕节能减排重点，推进贷款机制创新

由于受目前现有经济结构与产业结构制约，我国商业银行尤其是国有商业银行，贷款投放的重点一直都是制造业。低碳经济带来了商业银行新的商业机会，同时也使商业银行面临严峻的挑战。目前商业银行亟待解决的问题就是如何为低碳经济发展提供有效的金融支持。适应低碳经济发展

---

① 《低碳金融需找准着力点》，《上海金融报》2009 – 08 – 18。

的要求，商业银行必须承担起应有的社会责任，以环保目标优先原则实施"绿色信贷"战略，重点支持节能减排项目，加大对低碳经济支持的力度。

商业银行要抓住低碳经济发展的机遇，调整银行贷款范围与金融服务内容，以形成新的利润增长点。同时，积极推进贷款管理机制创新，开发适应低碳经济发展和节能减排形势的信贷政策和管理技术，形成自身的特色金融。目前我国普遍采用的合同能源管理（EMC）就是一种可供推广的新型融资项目，项目的使用者可利用实际产生的节能费用，向项目提供者分期偿还设备款项。另外，商业银行要积极支持中小企业节能项目，采用应收账款质押这种新的贷款方式，解决中小企业贷款瓶颈。

（三）大力开展低碳金融创新业务

1. 通过贷款担保物创新，实现信贷政策倾斜。在环境总容量有限的背景下，污染物排放指标被赋予新的价值，通过标准化运作可进行转让并产生效益。可转让就可以抵押，以排放权为抵押物的制度应该成为未来银行融资的常态。对于大量市场导入期、抵押财产不足的中小环保企业来说，技术的前沿性与抵押贷款的低效性之间是一个长期存在的死结。因此，银行允许排污许可证列入抵押品，是绿色信贷的一次突破。

2. 积极开展CDM项目金融服务。CDM已经成为国际上减少温室气体排放、市场化实现减排目标的重要机制。金融机构应当与专业技术机构展开全方位合作，为国内和境外企业提供CDM项目开发、交易和管理提供一站式金融服务。商业银行一方面可充分利用渠道优势，在买卖交易期间，向CDM业主公开有良好信用记录和履约能力的买家方面的相关信息，为降低交易风险和交易成本提供切实可行的服务；另一方面，商业银行可利用海量信息优势，评估和判断CDM项目的核定碳排量（CER）成本和报价，为CDM业主提供初始价和参考价，帮助碳排放量的卖方实现盈利。商业银行还可以向交易双方提供结算服务，提高交易的资金结算效率。

3. 开展低碳金融衍生品创新。金融衍生品的出现，是为了适应生产者套期保值和投资者投机套利的需要，因而是一个时代的必然产物。以碳掉期、碳证券、碳期货和碳基金为代表的衍生品，丰富和活跃了碳金融市场，成为碳市场参与各方重要的功能性工具。商业银行、保险机构、投资机构以及碳国家基金应当优势互补、联手合作，加快开发符合市场需要的金融衍生工具，助力低碳经济的成长，共同承担起碳约束、风险转移、信托和主体交易商的责任。

（四）疏通直接融资渠道，增强资本支持力度

在商业银行有限贷款和节能减排融资要求庞大的矛盾没有得到根本解决的背景下，直接融资就成了推动低碳经济发展和壮大的重要途径。目前，我国利用股票市场融资为环保企业项目服务的规模和效率都非常低，企业利用债券市场筹资则基本没有破题。因此，直接融资支持低碳经济应当尽快提上议事日程。首先，要以碳约束要求规范股票上市条件，在上市核准环节应当设立耗能和碳排放标准，作为强制性指标形成对拟上市企业的硬约束；其次，要适度放宽耗能和减排达标企业的上市条件，充分利用创业板市场，鼓励、扶植碳技术开发和应用型企业上市，加快上市速度，增加上市规模，发挥上市企业中环保优势企业的引领作用；再次，要抓紧设立环保产业基金和风险投资基金，为碳排放约束型企业和节能减排企业提供资金服务；最后，政策上要支持节能减排达标企业发行企业债券、中期票据和短期融资券进行融资，构建相关企业的债券交易市场，要鼓励发行集合债券融资来支持中小企业。

（五）完善碳交易市场，建立多层次市场体系

我国目前的碳交易市场，以北京环境交易所、上海环境交易所和天津排污权交易所为主体，并且主要是以清洁能源发展机制为依托的CDM项目型交易，并非真正意义上的标准化合约交易，与发达国家成熟的交易市场相比仍有较大差距。因此完善交易市场是我国低碳经济时代的当务之急。一要以现有市场为基础，开发交易品种，增加交易内容，丰富市场结构，扩大市场规模。要加强南北市场的联动以及与国际市场的联动，构建我国面向全球投资人的国际碳交易市场。二要完善市场交易制度，规范交易机制，逐步形成标准化合约交易体系，完善市场价格发现功能。三要适时推出和丰富衍生交易工具，提升市场层次，提高市场的规范化程度和国际化水平，逐步实现获取国际碳交易市场定价权的目标。

（六）努力提升我国碳金融的国际话语权

总体目标是，提升碳资源作为重要战略性资源的地位，实现人民币的碳交易计价权，在开发和丰富碳交易品种的基础上，开展掉期、证券和期货等衍生碳金融产品创新，培育碳金融多层次市场体系，转变低端碳市场

价值链的地位，获取最大的国家战略权益。首先要把碳市场建设和碳金融发展列入国家战略框架，构建碳金融运行风险估算和控制系统，将低碳发展战略细化为政策条款和法律体系，建设有利于低碳经济和碳金融长期成长的国内生态。通过强势市场的建设，为我国碳交易国际话语权的争取打下基础。其次，要实现碳交易的人民币计价与结算，推动人民币国际化。目前，国际上碳交易结算的主要货币为欧元、美元、法郎和英镑。其中，① 欧元计价交易占据了政府投资的93%、混合购买人投资的84%以及私人投资者的60%，在碳计价和结算中具有主导地位。随着碳交易在世界各地的普及和碳金融国际市场的逐步完善，越来越多的国家有意通过碳交易环节提升本币的国际市场地位，为进入国际主导货币圈创造条件。我国应加速推进人民币的国际化进程，通过本币的碳排放权绑定尽快实现这一目标。最后，要抓紧研究国际碳交易规则和定价原则，积极借鉴国际碳交易制度和机制，努力建设多层次、多元化的交易市场体系，不断通过碳金融衍生品创新实现与国际碳交易平台的对接。要引进和消化国际知名碳金融公司和基金的运作经验，积极开展跨平台监管与合作。

（七）运用财税政策推动低碳经济发展，营造公众参与氛围

发展低碳经济存在许多市场失灵的领域，政府在充分尊重低碳经济规律的基础上，要利用政策手段对市场失灵的部分进行纠偏，并根据财税政策效应的特点和趋势，发挥其引导、示范和激励低碳经济的作用。财税政策应坚持多样性、系统性、规范性和稳定性的原则，在推动低碳经济正常发展和增长的同时，要积极营造和强调全新的、专业化的政策氛围，激发全民、全社会参与低碳事业的积极性。要以改革的姿态调整税制结构，遵循公平、效率、调节、税制优化与绿化以及循序渐进原则开征环境税种、改革现行税制和管理体制，实现环保与稳定、稳定与发展共赢。政府要充分利用多样化政策工具，结合必要的法律和经济手段，弥补市场运行的漏洞，推动环保与节能减排。

（八）建立激励机制，推动碳金融发展

激励机制的形成要求国家出台更多的扶植与优惠政策，激发碳金融参

① 尹应凯，崔茂中：《国际碳金融体系构建中的"中国方案"研究》，《国际金融研究》2010年第12期。

与各方的热情。1. 税收优惠。可通过碳金融项目的低税收、延长免税期等政策来提高项目的经济强度。通过减免金融机构碳金融业务的营业税和所得税方式提升金融机构碳事业的积极性。2. 充分利用金融监管的差异化手段来促进金融向碳金融领域拓展，这些手段包括：适当降低碳金融项目贷款中存款准备金的要求；扩大项目贷款的国家指导利率范围；放宽碳金融项目贷款的资本金约束等。

（九）培育中介机构，促进碳金融业务的有效开展

碳金融业务的特点是运行环节复杂、运行周期漫长，而 CDM 项目还涉及境外合作和交易，其中调研、评估、核准以及调整环节均需要跨境各方的参与确定，而后期资金调集和产品交易更是碳金融业务链条的主体。因此，中介机构的发育与运行是碳金融业务正常开展和专业化运作的关键。明确中介机构作为资金中介、评估中介和交易中介的地位与作用，就需要大力发展甚至优先发展中介机构。国家在资金、政策上扶植中介机构的同时，要积极鼓励民间资本和金融资本参与培育中介市场，允许金融机构参与碳交易、购买 CDM 项目或者与业主对 CDM 项目进行联合开发。商业银行要积极研究中国背景下的 CDM 项目特点，在获得 CDM 项目现金流还款承诺、开发挂钩排放权的理财产品的基础上，应围绕碳金融领域探索更多的服务形式，特别是中介业务模式，以满足碳金融和 CDM 项目框架内对资金的多种需求。商业银行业要积极拓展中介服务领域，发展金融租赁业务或与专业租赁公司合作，为 CDM 项目的建设和运行提供设备租赁服务。要利用自身信息优势，为 CDM 项目提供咨询服务，协调 CDM 项目参与各方的业务关系，利用银行支付与清算系统的便捷性，充当 CDM 项目的资金托管人，有效管理资金的流动，并为资金的安全性提供保障。

第五章 低碳发展与库兹涅茨环境曲线的理论与实证研究

环境库兹涅茨倒"U"型曲线是通过研究国家或区域的人均收入与环境污染指标之间的相互关系，来描述国家或区域经济发展对环境污染影响的程度，说明经济发展到一定的水平后，到达某个点后，随着人均收入的增长，环境的污染程度会由重变轻，即"脱钩"现象。但事实上，经济增长不一定导致环境污染程度增大，同时，需要政府、企业、社会采取相应的措施进行政策制度调整，才能促使环境库兹涅茨倒"U"型曲线拐点的出现。碳排放量与经济社会发展呈现负相关关系，实现低碳经济发展，应降低经济社会活动造成的碳排放量，即碳排放量增速小于经济发展的增速，在减排、节能中实现经济的增长。

第一节 环境曲线的经济增长与环境污染关系研究现状

一 国外研究现状

20世纪中叶美国经济学家西蒙·库兹涅茨倒"U"型提出收入差距随着经济发展先扩大后缩小的假说。在基尼系数和人均CDP的二维平面上，这一假说呈现出倒"U"型曲线的形状，因此被称为库兹涅茨倒"U"型曲线。而环境库兹涅茨倒"U"型曲线是收入差距延伸过来的概念，它表示国家或区域经济发展对环境污染影响的程度。比如一个国家或者地区在经济发展水平还处于比较低的时候，那么环境污染的程度就会比较轻，但是随着地区居民的人均收入的不断增加，环境污染就会呈现由低向高的增长趋势，环境污染随着经济增长而不断恶化；但如果经济发展，并增长到一定的水平，达到一个临界点后，区域环境的污染程度会出现慢慢好转的趋势。

Soumyananda（2004）认为环境库兹涅茨倒"U"型曲线的产生源于20世纪60年代开始的经济增长是否存在极限的争论，这一争论的焦点在于生态环境与经济增长之间到底是如何影响的相互关系。罗马俱乐部学派研究学者坚持认为经济增长是直接导致环境极度恶化的根源。环境库兹涅茨倒"U"型曲线（EKC）的提出，最早是 Grossman 和 Krueger 在 1991 年参照库兹涅茨倒"U"型曲线提出并发展出来的概念。在 1991 年，Grossman 和 Krueger 两位学者通过对全球 42 个国家环境污染和经济增长的面板数据的研究分析，发现环境污染确实与经济增长存在长期影响关系：对大多数污染物而言，经济增长与环境污染水平的关系既非简单的此消彼长的矛盾关系，亦非相互促进的和谐关系，而是呈现出倒"U"形关系。[①]

自 20 世纪 90 年代以来，许多污染物的实际排放量如大气污染物和水体污染物的数据可以从全球环境监测系统中收集整理，二氧化碳的排放量可以从 ORNL（Oak Ridge National Laboratory）中获得，加上 70 年代以来统计计量方法在经济学中的广泛应用，这些都为经济增长与环境污染水平关系的实证研究创造了条件。许多学者对两者关系进行了研究。如 Panayotou（2000）认为经济增长是促进环境改善的动力而非导致环境压力的罪魁祸首。David Stern（1996）通过 IPAT 等式证明了通过技术进步可以补偿人口和收入的增长对环境造成的影响，降低环境压力。

二 国内研究现状[②]

国内的相关研究起步于 1990 年代末，而且大多运用时间序列数据进行检验。其中，张晓（1999）认为，环境污染与中国的经济发展状况呈现出微弱的倒"U"型关系。陆虹（2000）利用状态空间模型的分析发现，全国人均二氧化碳排放量表现出随收入上升的特点。Zhao 等人（2005）选用了 1981—2001 年的 6 个关于环境污染影响的指标数据，通过数量分析，研究结果并没有显示出我国的经济发展与环境污染指标之间存在显著的关系。

---

① Grossman G, Krueger A. Economic Growth and the Environment. Quarterly Journal Of Econmics, 1995（2）.

② 盖凯程：《西部生态环境与经济协调发展研究》，西南财经大学，2009。

而彭水军（2006）则运用我国1996—2002年的省际数据，利用面板数据模型分析我国经济增长变量与包括水污染、固体污染排放与大气污染等的涉及环境污染指标之间的相互影响关系，通过实证分析，结果发现，一个区域是否存在环境库兹涅茨倒"U"型曲线关系，一方面取决于污染指标；另一方面取决于估计方法，而且一个地区的人口规模、技术进步、环保政策、贸易开放以及产业结构调整等在内的污染控制变量也分别对一个地区的环境库兹涅茨倒"U"型曲线关系有着重要影响。

关于对各省的研究方面，张捷（2006）利用1985—2003年广东省的数据，分析广东省经济增长与工业"三废"排放量指标之间的互相影响关系，发现广东省的经济增长与工业"三废"排放量之间是"N"型的曲线形态。作者在进一步分析这种现象的原因发现，区域的霍夫曼比率和MS比率与"N"型环境曲线之间有很强的关联性，结果就说明广东省的产业结构存在重型化和制造业比重上升的趋势，而这种趋势也是导致近年来广东省环境质量趋于恶化的重要因素。姚寿福（2008）则通过建立经济增长与环境污染之间的计量分析模型，利用数量方法以四川省为例，分析区域经济增长与环境污染之间的影响关系及其冲击效应，证实了环境库兹涅茨倒"U"型曲线在四川并不存在。殷福才（2008）以安徽省8个典型城市1992—2006年的环境统计数据和工业污染物排放量为基础，利用线性相关、二次曲线和三次曲线拟合8个典型城市的工业COD和二氧化硫排放量与人均GDP的相关性。结果表明，市级经济发展程度越高，环境库兹涅茨倒"U"型曲线特征越明显。

可以看出，目前关于环境库兹涅茨曲线研究分歧较大，不同国家和地区的数据提取、变量确定、模型设定、估计方法各不相同，不同学者的研究结论也迥然不同。本文在前人环境库兹涅茨曲线研究文献的基础上，结合环境库兹涅茨曲线研究的结论以及环境库兹涅茨曲线研究的最新进展情况，将重点研究江西省环境库兹涅茨曲线，不仅验证江西环境库兹涅茨曲线是否存在，并尝试给出合理的理论解释，加强其理论指导性。

第二节　环境库兹涅茨倒"U"型曲线的拓展研究

库兹涅茨倒"U"型曲线本身只是一种特定的历史现象，库兹涅茨使用的是同时代的、不同收入水平国家的数据，而非所有国家的连续数据，谈不上经济学定律，更不是科学规律。一方面，倒"U"型曲线不是必然出现，即经济增长不一定导致收入差距增大。例如在"亚洲四小龙"的经济发展过程中，由于较为恰当地处理了经济增长与收入差距的关系（如中国台湾大力普及教育），并未明显出现倒"U"型曲线。另一方面，倒 U 型曲线的拐点也不一定会自动出现，即在收入差距扩大化后，此差距不会在不施加任何人为作用的情况下自动缩小，而是由于政府采取了相应的缩小收入差距的措施，如政治变革和制度调整。①

同样的，环境库兹涅茨倒"U"型曲线是从历史经验和现实的数据得出研究结论，即相对而言，发达国家要比发展中国家更加注重环境保护问题，这些国家生态环境相对也保护得比较好。但其实我们也发现，发达国家在历史上也经历过环境污染很严重的阶段，比如英国伦敦是历史上有名的雾都。但随着经济发展，国家加大环境治理力度，环境生态水平得到提升。所以，EKC曲线呈现关系，似乎暗示着"先污染，后治理"的发展模式是合理的。但是我们对这种情况却不能保持盲目乐观，必须重新审视其理论的结论和运用范围。

一 对库兹涅茨倒"U"型曲线进行重新审视的必要性

首先，从理论上讲，EKC把环境作为收入的外生变量，即环境恶化并不减缓生产活动进程，生产活动对环境恶化无任何反应，并且环境恶化也未严重到影响未来的收入。但是，实际上环境会对收入产生影响或者说环境是收入的内生变量，低收入阶段环境恶化严重，经济则难以发展到高水平阶段，也达不到使环境改善的转折点。经济增长与环境是互动的大系统，环境恶化也影响经济增长和收入提高。另外，清洁技术和环境规制加强的压力也可能来自国外，来自类似于《京都议定书》的种种国际环境协议，因而与本国收入的关联度降低。一国环境质量也会受制于邻国的污染状况，例如2010年冰岛火山爆发就对欧洲许多国家的经济活动和民众健康造成了不利影响，特别是二氧化硫和氧化氮等污染物易于跨国境传

---

① 张子龙：《欠发达地区资源消耗、环境污染与经济发展耦合关系比较研究》，兰州大学博士论文，2011年。

播，从而淡化了环境质量与本国收入的关系。

其次，EKC 也没有考虑到移位效应，即发达国家将环境高污染的生产环节转移到发展中国家。一些资料表明发达国家污染密集型产业衰退的同时，其污染密集型产品的消费并未同幅下降，说明发达国家生产结构的变化与消费结构的变化并非同步，发达国家环境改善和中低等收入国家环境恶化部分反映了这种国际分工。在特定条件下，污染密集型产业从环境标准高的发达国家向环境标准低的发展中国家转移，后者成为"污染避难所"，促成前者在收入上升过程中改善环境质量。在发展中国家的权衡中，经济增长要比环境质量更重要，它们愿意一定程度上用环境质量的下降来换取经济增长。而这样的结果是，世界范围的污染并非下降了，只是转移了，全球环境污染的净值是增加的。当今的发展中国家在收入提高的过程中，无法如发达国家那样从其他国家进口资源密集型和污染密集型产品，在强化其环境规制时，也无法将污染产业转移出去，将面临严峻的污染挑战，难以在收入水平提高后改善环境。因此，EKC 理论或许能较好地解释已发展中国家过去的发展历程，却不能解释和预期发展中国家当前和未来的发展道路。

最后，污染结构的问题。经济活动不可避免地排放污染物，并且污染物的结构处在变动之中。收入上升过程中一些污染物排放减少只反映出污染结构的变化，一种污染物排放的减少往往与其他污染物排放增加并行，EKC 难以解释这一问题。发达国家伴随着环境规制加强和技术创新，单位产出的污染排放下降了，但废物混合体从硫黄、氮氧化物转向了二氧化碳和固体废物，因而总污染排放仍然很大，人均污染排放并未下降，降低一种污染物的努力会加剧其他污染问题。这就是污染结构与新技术之间的新毒型污染—收入关系，即新技术产生了新污染物，包括致癌化学物、二氧化碳等，原污染物排放减少的同时新污染物排放上升，因而总污染并未下降。众多实证研究证明，某些废弃气体排放例如含硫废气（SO_2）和含氮废气（NO_3）符合这个倒 "U" 型曲线的关系，但是二氧化碳气体排放，并不完全符合这个倒 "U" 型曲线的关系，更何况物种灭绝、生物多样性的损失是不可逆转的。EKC 也无法揭示存量污染的影响。在污染指标上，污染可分为存量污染与流量污染，流量污染物仅对目前环境产生影响，存量污染物经一段时间积累后在将来对环境产生影响。两者的区分视考察时间长短而定，二氧化硫、悬浮物、氧化氮、一氧化碳以及一些水污染物等从短期看可作存量污染物，但从长期来看则是流量污染物。典型的存量污染物是城市废物（因为这些废物在处理场所不断积累）和二氧化碳（存在大约125年）。流量污染物的控制见效快，存量污染物的削减在短期内则难见成效。现实中政府具有短期行为，仅注重削减流量污染，导致经济增长过程中存量污染物一直上升。因此流量污染在经济增长过程中下降也不能代表所有污染物的改变。

二　环境—收入关系的多种形态[①]

除EKC以外，图5.1表示环境随收入上升而恶化，转折点迟迟不能到来。一国环境标准高，提高了其排污成本，使生产成本高于低环境标准国家，驱动一些污染密集型产业移向低环境标准国家，资本外流使高环境标准国家面临放松环境规制的压力，在经济全球化进程中各国以保持竞争力为借口，放松环保规制，形成触底竞争。随着触底竞争的加剧，形成收入提高而污染排放保持不变，曲线趋于平坦，即Dasgupta等所述的触底竞争型，呈倒"L"型。图5.2表示环境随收入增加而改善，这是理想的经济发展与环境保护双赢的发展方式。图5.3表示"U"型关系，收入水平较低阶段，环境随收入上升而改善，收入水平较高阶段，环境随收入上升而恶化，这是富裕后无止境挥霍所造成的噩梦。图5.4表示"N"型关系，收入水平不断上升的过程中，环境质量先恶化再改善，达到特定收入水平后，收入与污染间又呈现同向变动关系，原因在于提高资源利用率的清洁技术被充分利用后，再无潜力可挖，同时减少污染的机会成本提高，收入增加导致污染上升。图5.5表示与"N"型相反，伴随收入水平上升，环境质量先改善再恶化，后复归改善，这可以看作是图5.3的延续，是环境意识回归理性的结果。总之，EKC仅是其中的一种形态，其倒"U"型不能适用于所有的环境—收入关系。

环境库兹涅茨曲线图中应该有一条生态不可逆阈值水平线（见图5.6），库兹涅茨曲线可能很大程度地越过该水平线（A），可能小部分

---

① 张晓第：《环境库兹涅茨倒"U"型曲线在我国的非适用性及对策研究》，《当代经济》2008年第5期。

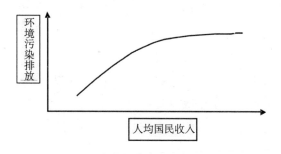

图 5.1　倒"L"型触底竞争

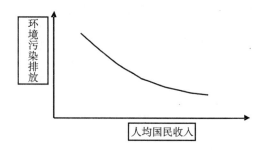

图 5.2　双赢的发展方式

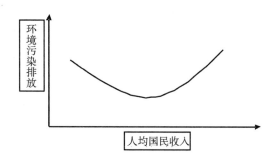

图 5.3　"U"型关系：与 EKC 恰恰相反

越过（B），也可能全部在该水平线以下（C）。如果库兹涅茨倒"U"型曲线 A，说明社会经济的增长没有考虑环境保护问题，经济的增长基本上是以环境的破坏为代价，环境退化很可能远远超出生态不可逆阈值；曲线 B 为部分考虑环境成本的库兹涅茨环境曲线，政府可能通过制定排污标准、排污收费或者排污权交易等手段，使曲线变缓，环境恶化的峰值降低；曲线 C 大部分消除了环境成本的库兹涅环境曲线；通过制定排污标

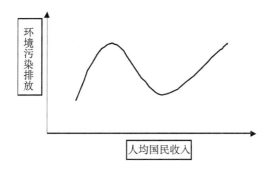

图 5.4　"N"型关系：科技停滞

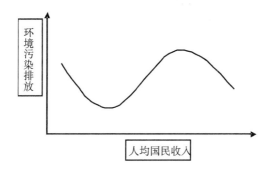

图 5.5　"U"型关系的延续

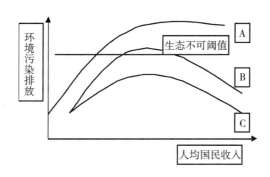

5.6　包含生态不可逆阈值的环境库兹涅茨曲线

准、排污收费或者排污权交易以及除去有害的环境补贴等政策手段，使得曲线峰值进一步降低，经济发展对环境的破坏水平降到最低限，有效防止了经济发展过程中对环境的不可逆转的破坏。所以，在考虑经济增长与环境关系时，应该制定出相应的环境保护措施，使经济增长带来的环境破坏不足以达到生态不可逆阈值。

如图 5.7 所示中国目前的环境曲线，从总体上看正在逼近生态不可逆阈值水平线，局部地区已经越过，在经济发展的动力依然强劲（政局稳定、人口红利、国际产业转移）的情况下，实现环境曲线逆转的任务已经迫在眉睫。经济发展只是为环境政策的出台和有效实施提供了必要条件，如高收入条件下充裕的资本保障了减污投资增加等，但不是充分条件，加快转变发展方式、推动产业结构升级，才能够实现"结构效应"尽快压倒"规模效应"、环境曲线迅速逆转的目标。结构效应暗含着技术效应，发展科学技术、建设创新型国家，实现增效、减排、再利用是提前迎来"拐点"的必由之路。

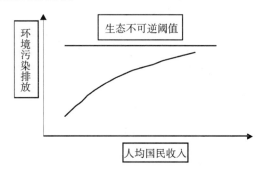

图 5.7　中国目前的环境曲线

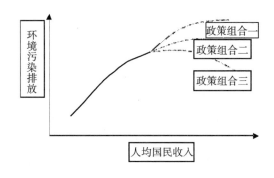

图 5.8　环境曲线束

环境库兹涅茨曲线还应该包含时间维度，否则，由于环境主义的思维停滞经济发展甚至降低国民收入都是可取的。如图 5.8 所示的环境曲线束，有助于我们选择经济政策、环境政策的恰当组合：如果环境污染排放距离生态不可逆阈值比较远，环境压力比较小，则选择政策组合一，加速发展，迅速提高国民收入水平；如果环境污染排放距离生态不可逆阈值比较近，环境压力比较大，则选择政策组合二，适度控制发展速度，维持环境水平；如果环境污染排放已经达到甚至超过生态不可逆阈值，环境压力很大，则选择政策组合三，采取严格的环境政策，迅速降低污染排放，促使环境好转。[①]

第三节　鄱阳湖流域经济增长和环境问题计量分析

一　江西经济增长和环境问题的统计分析

（一）江西省经济增长情况

自改革开放以来，江西省经济取得快速的发展。特别是自 20 世纪 90 年代以来，江西省经济保持强劲增长的势头。1978—1990 年，为江西省经济平稳增长期。1978 年江西省 GDP 总量仅为 87 亿元，而到 1990 年，江西省 GDP 总量达到 428.62 亿元，增长了 3.93 倍。1991—2000 年，为江西省经济快速发展期。江西省的 GDP 从 479.37 亿元增长到 2003.07 亿元，年均增速达到 15.4%。自 21 世纪以来，为江西经济高速发展期。GDP 总量从 2001 年的 2175.68 亿元增加到 2013 年的 14338.5 亿元，年均增速达到 17.0%。同时，江西省的人均 GDP，从 1978 年的 276 元增长到 2013 年的 31771 元，是其 115 倍。（见图 5.9，数据统计按当年价格计算）

（二）江西省产业结构演变情况

伴随着江西省经济快速增长，江西省经济增长质量逐步提高，主要表现在三大产业结构比例上。1978 年，江西省第一产业比重达到 41.6%，而第二产业比重为 38%，其中工业比重仅为 26.6%；第三产业比重达到 20.4%。1980 年代，江西省三大产业结构调整比较缓慢，到 1990 年，江西第二产业比重下降到 31.2%，工业的比重 12 年间仅提高 0.6 个百分点。1990 年代，江西省产业结构调整速度有所加快，但仍然比较缓慢。进入 21 世纪以来，随着江西工业化和城镇化的大力推进，江西产业结构调整

---

① 李周，包晓斌：《中国环境库兹涅茨曲线的估计》，《科技导报》2002 年（4）。

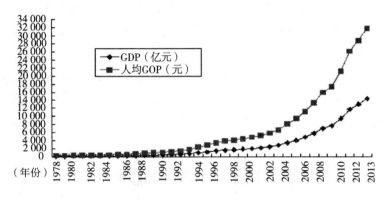

图 5.9　江西省 1978—2013 年经济增长趋势

步伐加快。到 2013 年，第一产业比重下降到 11.4% ，而第二产业比重提

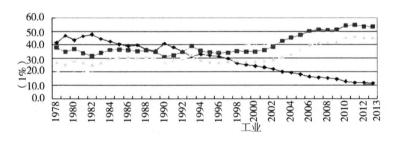

图 5.10　江西省 1978—2013 年产业结构演变趋势

高到 53.5% ，其中工业的比重提高到 44.9% 。（见图 5.10）

（三）经济增长带来环境问题分析

江西省经济的增长、产业结构的调整，也带来环境污染问题。[①] 以江西省工业废气排放为例，1988 年，江西省工业废气排放总量 1608 亿标立方米，而到 2013 年，工业废气排放总量则达到 15574 亿标立方米，是其9.7 倍（详见图 5.11）。在江西省环境污染指标中，我们选择工业废水排放总量、工业废气排放总量、工业固体废物排放量、工业二氧化硫排放量这四个指标。1988—2013 年，其中工业废水排放总量最高达到 81797 万吨，出现在 1988 年；最低为 41507 万吨，出现在 2001 年。工业废气排放总量，最高达到 16102 亿标立方米，出现在 2011 年；而最低为 1608 亿标

---

① 《江西发展蓝皮书》，江西人民出版社 2011 年。

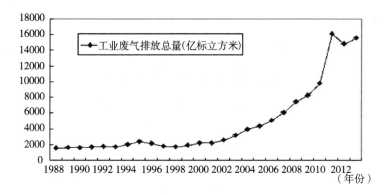

图5.11　江西省1988—2013年工业废气排放趋势

立方米，出现在1988年。工业固体废物物排放量，最高为411万吨，出现在1989年；最低为2万吨，出现在2012年。工业二氧化硫排放量最高为57万吨，出现在2006年和2011年；最低为18万吨，出现在1994年。

表5.1　　　江西省环境污染指标描述性统计分析（1988—2013年）

指　标	最小值	最大值	均值	标准差	中位数
工业废水排放总量（万吨）	41507	81797	62686	12661	66880
工业废气排放总量（亿标立方米）	1608	16102	4344	4056	2231
工业固体废物排放量（万吨）	2	411	58	105	20
工业二氧化硫排放量（万吨）	18	57	37	13	32

二　经济增长与环境问题的计量分析

（一）指标选取和数据来源

目前大量学者在环境污染指标的选取研究上并无统一的标准，主要集中在：大气污染相关的一些指标，比如工业和生活废气指标，包括二氧化硫（SO_2）等；固体废物相关指标，包括工业和生活固体废弃物指标；水污染相关的指标，包括工业生活废水排放量、化学需氧量（COD）、氨氮排放量相关指标，在具体指标数据选取方面，一般学者选择污染排放总量或人均排放量，也有选择选用污染浓度。

根据我们的数据收集结果，考虑到江西省环境污染统计数据的可获得性、研究方法可操作性等因素，本文在研究中主要选择工业废水排放总量指标、工业固体废物排放量指标、工业废气排放总量指标、工业二氧化硫排放量指标 4 个指标作为江西省主要的环境污染指标。同时，对于研究中，经济增长指标的选择方面，一般研究都是选用国家或地区 GDP 总量或人均 GDP 作为被解释变量，因此本文在参考其他学者的研究，选择人均 GDP 作为被解释变量，同时数据平稳性，对其取对数处理。

在具体数据样本的选择上，有些选择研究国家或区域的截面数据，进行环境库兹涅茨曲线分析研究，而也有学者设定一个区域，选择这个区域长时期的时间序列数据。对这个区域的环境污染与经济增长关系进行分析长期相互关系。本文主要采用江西省时间序列数据，计量模型中所用数据主要来自于《江西省统计年鉴（1988—2013）》，所使用的计量统计软件为 Eviews 6.0。

（二）模型设定

针对环境库兹涅茨曲线计量模型，不同学者采用的也不完全相同。有对数一次方模型，有对数二次方模型，也有对数三次方模型，但一般研究都倾向采用的对数平方模型是回归模型。而且根据不同选择的研究结果，即使是同一样本数据，采用的计量回归模型不同，得到研究结论也不同，但是由于不同环境库兹涅茨曲线计量模型，其代表的经济含义以及对现实解释性都是不相同的，所以，我们在具体研究环境污染与经济增长关系上，不能够仅仅考虑一种回归模型形态，而是要考虑到多种回归模型形态，通过对不同模型的检验分析，选取最适合、最科学、最具有解释力的模型。在具体检验方法方面，主要有：各模型拟合优度，可用可决系数来比较；回归方程的显著性水平，可用 F 统计量来比较；回归参数的显著性水平，可用 T 统计量来表示。通过不同模型的检验指标的选择，剔除不符合标准的计量模型，选择最优的回归模型，最后根据得到最优的环境变量与经济增长关系的模型，进行相关的影响结果分析。本文的研究数据都以江西省统计年鉴提供的环境污染数据为基础。

同时为了达使模型渐进性改进的目的，消除可能存在的异方差，对所有指标都进行自然对数处理，采用对数模型：

方程 Ⅰ ：　　$\ln E = a + \beta_1 \ln Y + \mu$ （简单对数线性模型）

方程Ⅱ：　　$\text{In}E = a + \beta_2 \text{In}(Y)^2 + \mu$（对数二次模型）

方程Ⅲ：　　$\text{In}E = a + \beta_2 \text{In}(Y)^2 + \beta_3 \text{In}(Y)^3 + \mu$（对数三次模型）通过对江西省同一样本数据下的各个回归模型回归结果的分析，主要是对各模型拟合优度（可决系数 R2）、回归参数的显著性水平（T 统计量）和回归方程的显著性水平（F 统计量）的检验，剔除未通过检验的回归方程，选出最优回归模型，然后根据这一模型输出的曲线与环境库兹涅茨曲线进行比较分析，得出结论。

（三）实证分析

1. 平稳性检验

鉴于环境库兹涅茨曲线首先是一种理论假说，理论研究的规范要求以此为前提对假说进行检验并寻找可靠的结论。目前国内外环境库兹涅茨曲线研究在运用时序数据时并没有对设定的基本模型进行有效性检验，或者说大多数环境库兹涅茨曲线经验研究是在假定各种环境污染指标与人均收入等时间序列为平稳序列的基础上进行的，亦即假定环境压力与收入变量时间序列是趋势平稳的。环境库兹涅茨曲线基本模型以人均收入水平作为环境压力的解释变量，正是希望揭示经济增长与环境压力的长期均衡关系。但是当各变量的时间序列为包含单位根的非平稳序列，模型中的误差项（随机扰动形）不能保证为白噪声时，得出的环境库兹涅茨曲线很可能是伪回归的结果。为了避免伪回归现象的出现，必须首先对江西省各变量的时间序列进行单位根检验和协整检验。我们在此分别用 ADF（Augmented Dickey – Fuller Test）方法进行单位根和协整检验。由于数据的自然对数变换不改变原有的协整关系并能使其趋势线性化，消除时间序列中存在的异方差现象，所以对所研究序列仍分别取其自然对数。

江西省环境库兹涅茨曲线各时间序列变量的 ADF 检验结果：

以 1988—2012 年江西省人均 GDP 对数（LNRGDP）、平方项（LNRGDP2）和立方项（LNRGDP3）时间序列变量为例，通过设定 Intercept（仅有截距项）、Trend and intercept（既有趋势项和又有截距项）、None（截距项和趋势项都没有）选项和 Lagged differences（滞后期）选项，则可以通过对下述三个自回归模型的研究，确证时间序列的单整性及其阶数。

$$y_t = \beta y_{t-1} + u_t$$

$$y_t = \mu + \beta y_{t-1} + u_t$$

$$y_t = \mu + a_t + \beta y_{t-1} + u_t$$

在此我们采用 ADF 检验法，检验形式（C，T，L）中的 C、T、L 分别表示模型中的常数项、时间趋势项和滞后阶数；单位根检验滞后期的选择以施瓦茨信息准则（Schwarz criterion）为依据，检验结果如下：

表 5.2　　　　　　　　　LNRGDP 原序列的单位根检验

变量	检验形式 （C，T，L）	ADF 值	1% 临界值	5% 临界值	10% 临界值
LNRGDP	（C，0，3）	1.839987	-3.831511	-3.029970	-2.655194
	（C，T，3）	0.871723	-4.532598	-3.673616	-3.277364
	（0，0，3）	2.565123	-2.692358	-1.960171	-1.607051

通过表 5.2 可以看出，对本文的 LNRGDP 序列，在单位根零假设下对其作 ADF 检验发现，通过 ADF 检验结果的 T 统计值均大于 10%、5%、1% 概率条件下的临界值，因此，本文认为序列 LNRGDP 是非平稳的。接着，本文再对 LNRGDP 作一次差分检验，一阶差分后。对序列的 ADF 检验结果如表 5.3 所示：

表 5.3　　　　　　　　　LNRGDP 差分序列的单位根检验

变量	检验形式 （C，T，L）	ADF 值	1% 临界值	5% 临界值	10% 临界值
LNRGDP	（C，0，2）	-1.780779	-3.831511	-3.029970	-2.655194
	（C，T，2）	-2.531008	-4.532598	-3.673616	-3.277364
	（0，0，2）	0.935930	-2.692358	-1.960171	-1.607051

一次差分后，本文在单位根零假设下作 ADF 检验时，发现 ADF 检验结果表明：LNRGDP 一阶差分后仍是非平稳时间序列。接着还要对

LNRGDP 序列作二次差分检验，得出二阶差分后的 ADF 检验结果如表 5.4 所示：

表 5.4 LNRGDP 二次差分序列的单位根检验

变量	检验形式 （C，T，L）	ADF 值	1% 临界值	5% 临界值	10% 临界值
LNRGDP	（C，T，L）	− 7.470174	− 3.831511	− 3.029970	− 2.655194
	（C，T，L）	− 7.243828	− 4.532598	− 3.673616	− 3.277364
	（0，0，2）	− 7.230011	− 2.692358	− 1.960171	− 1.607051

二次差分后，本文在单位根零假设下作 ADF 检验时，发现 ADF 检验结果表明：LNRGDP 二阶差分后变成了平稳时间序列。因此，本文得出如下结论 LNRGDP 二阶平稳；LNRGDP2 也是二阶平稳；LNRGDP3 也是二阶平稳。最后，再按上述检验方法继续检验，得到各被解释变量单位根检验结果如表 5.5 所示：

表 5.5 江西省环境质量表征变量单位根检验结果

被解释变量	表达式	单整性
工业废水排放量（对数）	LNGFS	I（1）
工业废气排放量（对数）	LNGFQ	I（1）
工业固体废物排量（对数）	LNGGP	I（1）
工业二氧化硫排放量（对数）	$LNSO_2$	I（1）

根据上述各变量单位根检验结果，可以看出变量之间的存在长期均衡关系，即具有协整性。

2. 回归结果与拟合曲线

（1）江西省工业废水排放环境库兹涅茨曲线

表 5.6   1988—2013 年江西省工业废水排放量与人均 GDP 回归结果

方程	X	β_1	β_2	β_3	修正 R_2	F
I	11.80531 (20.81049) ＊＊＊	－ 0.102947 （－ 1.399716）			0.041779	1.959205
II	42.16929 (9.881145) ＊＊＊	－ 7.981568 （－ 7.222078） ＊＊＊	0.507835 （7.133608） ＊＊＊		0.716136	28.75096
III	51.27373 (0.781496)	－ 11.52449 （－ 0.451944）	0.965626 （0.293284）	－ 0.019642 （－ 0.139076）	0.701500	18.23393

注：＊＊＊、＊＊、＊分别表示在 1%、5%、10% 水平上显著，以下同。

从表 5.6 可以看出，根据 1988—2013 年江西省工业废水排放量对人均 GDP 的回归结果，方程 I 中 α 系数 T 统计量显著，但 β_1 未通过显著性检验，且可决系数太低。方程 III 中 T 统计量不显著。方程 II 中 T 统计量和 F 统计量均显著，通过检验，且修正可决系数比较高，达到了 0.716136，这说明该模型方程对数据的拟合程度比较好较好，且 $\beta_1 < 0$，$\beta_2 > 0$，结果表明江西省的工业废水排放量水平与江西省人均收入之间是存在正"U"型曲线关系。根据研究结果，拟合曲线如图 5.12 所示。

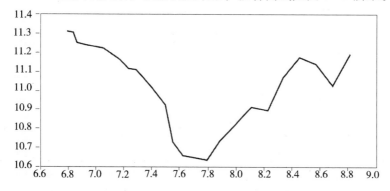

图 5.12   江西省工业废水排放量与人均 GDP 回归拟合曲线

注：横轴表示人均 GDP 对数值；纵轴表示工业废水排放量对数值。

（2）江西省工业废气排放环境库兹涅茨曲线

表 5.7　　1988—2013 年江西省工业废气排放量与人均 GDP 回归结果

方程	α	β_1	β_2	β_3	修正 R_2	F
Ⅰ	1.303238 (2.361057) ＊＊	0.863395 (12.06463) ＊＊＊			0.867912	145.5552
Ⅱ	31.27906 (7.831076) ＊＊＊	－6.914510 (－6.684857) ＊＊＊	0.501343 (7.524514) ＊＊＊		0.963796	293.8376
Ⅲ	38.13723 (0.620955)	－9.583314 (－0.401474)	0.846187 (0.274552)	－0.014796 (－0.111915)	0.961916	186.2240

从表 5.7 可以看出，根据 1988—2013 年，江西省工业废气排放量对江西省的人均 GDP（对数值）的回归结果，表明方程Ⅲ中系数 T 值都不显著，而方程Ⅰ和方程Ⅱ各系数的 T 统计量和 F 统计量都为显著，接着对个方程机械能检验，发现方程Ⅱ的修正后的可决系数比较高，达到了 0.963796，这就说明方程Ⅱ对数据的拟合程度比方程Ⅰ更好。根据拟合曲线，从 1988—2013 年看，说明江西省工业废气排放量与人均收入呈上升趋势。但分阶段来看，1988—1998 年间江西省工业废气排放量与人均收入呈倒"U"曲线；而 1995—2013 年间呈西省工业废气排放量与人均收入呈正"U"曲线，拟合曲线如图 5.13 所示。

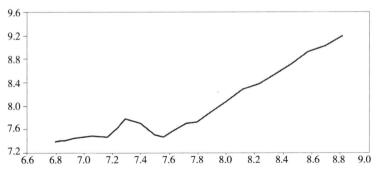

图 5.13　江西省工业废气排放量与人均 GDP 回归拟合曲线

注：横轴表示人均 GDP 对数值；纵轴表示工业废气排放量对数值。

（3）江西省工业固体废弃物排放量环境库兹涅茨曲线

表 5.8   1988—2013 年江西省工业废弃物排放量与人均 GDP 回归结果

方程	α	β_1	β_2	β_3	修正 R_2	F
I	14.25344 (7.317490) ***	−1.421350 (−5.628140) ***			0.582352	31.67597
II	78.10457 (3.311808) ***	−17.98897 (−2.945493) ***	1.067905 (2.714544) **		0.679539	24.32560
III	193.4032 (0.534583)	−62.85650 (−0.447026)	6.865370 (0.378149)	−0.248740 (−0.319406)	0.664475	15.52294

从表 5.8 可以看出，根据 1988—2013 年江西省工业固体废弃物排放量与江西省人均 GDP（对数值）两个变量的模型回归结果分析，方程 I 中，回归结果表明 T 统计量和 F 统计量均显著，但这是这个模型的可决系数太低并且无法协整；而方程 III 中的回归结果的 T 统计量却不是不显著。经过检验结果的比较，我们最终选择对数二次方程比较合理，而且方程 II 通过 T 检验，F 统计量显著，且修正可决系数分别为 0.679539，说明这个方程对数据的拟合程度比较好，从 1988—2013 年数据分析结果来看，说明江西省工业废弃物排放量与江西省人均收入呈下降趋势。但分阶段来看，1988—1998 年间江西省工业废弃物排放量与人均收入呈正 U 曲线，而 1992—2013 年间江西省工业废气排放量与人均收入呈倒 U 曲线，拟合曲线如图 5.14。

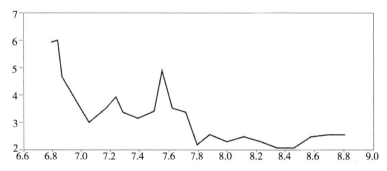

图 5.14   江西省工业废弃物排放量与人均 GDP 回归拟合曲线

注：横轴表示人均 GDP 对数值；纵轴表示工业废气物排放量对数值。

（4）江西省工业 SO_2 排放量环境库兹涅茨曲线

表5.9　　1988—2013 年江西省工业 SO_2 排放量与人均 GDP 回归结果

方程	α	$\beta1$	$\beta2$	$\beta3$	修正 R_2	F
I	0.786191 (1.269093)	0.354470 (4.413333) ***			0.456488	19.47751
II	19.72281 (2.568558) **	-4.559064 (-2.292763) **	0.31671 (2.472650) **		0.562926	15.16737
III	363.5563 (4.143238) ***	-138.3591 (-4.057017) ***	17.60541 (3.998175) ***	-0.741772 (-3.927215) ***	0.746057	22.54456

从表5.9可以看出，根据 1998—2013 年，江西省工业 SO_2 排放量对
人均 GDP（对数值）之间的回归结果分析，结果表明方程 I 中 α 系数 T
统计量和 F 统计量都是不显著，而且可决系数太低。而对方程 II 和方程
III 分析结果，发现各系数 T 值都为显著。通过检验结果分析，本文选择
对数三次这个方程模型，而方程 III 中 T 统计量和 F 统计量都呈现显著，
而其修正可决系数达到 0.746057，这是结果也说明该方程对数据的拟合
程度相对还是较好，且 $\beta_1 < 0$，$\beta_2 > 0$，$\beta_3 < 0$，这说明江西省工业 SO_2 排
放量与人均收入呈倒 U 曲线。拟合曲线如图 5.15 所示。

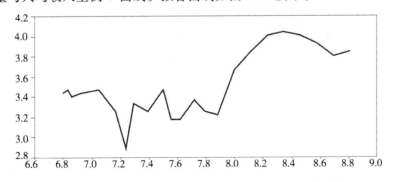

图 5.15　江西省工业 SO_2 排放量与人均 GDP 回归拟合曲线

注明：横轴表示人均 GDP 对数值；纵轴表示工业 SO_2 排放量对数值。

（四）结论分析

1. 环境污染与经济增长存在长期均衡的协整关系[①]

根据协整检验分析表明，尽管江西省的各污染变量（水、大气、固体废弃物等）和人均 GDP 变量都是非平稳时间序列，但是检验结果显示，江西省的各污染变量（水、大气、固体废弃物等）和人均 GDP 之间还是存在长期均衡的协整关系。从长时间角度分析，江西省的各污染变量（水、大气、固体废弃物等）和人均 GDP 变量之间存在着统计学意义上的高度相关性。这个研究结果也说明，从改革开放以来，江西省总体上还是存在着经济增长与环境污染的同步发展趋势。特别是通过线性回归模型分析，研究结果也发现，江西省环境污染状态确实与区域经济增长之间的存在相关关系，研究结果也表明，江西省的部分环境污染指标与经济增长之间还是存在一种长期均衡的关系，这说明区域经济增长确实是引起这部分环境污染指标变化的关键因素，这些变量与经济增长之间存在某些环境库兹涅茨曲线关系形态；同时研究也发现，也有其他的环境污染指标与经济增长之间则不存在着如理论模型所描述的环境库兹涅茨曲线演化的趋势。

2. 江西环境污染变量指标与经济曲线形状各异

通过对 1988—2013 年江西省各污染变量对江西省人均收入的回归结果分析，江西省工业三废的环境库兹涅茨曲线形状各异：江西省工业废水排放量与人均 GDP 之间呈正"U"型曲线；江西省工业废气排放量与人均 GDP 之间关系呈二次曲线关系，根据拟合曲线，江西省工业废气排放量与人均收入呈上升趋势。江西省工业固体废弃物产生量与人均 GDP 之间则呈二次曲线关系。根据拟合曲线，江西省工业废气排放量与人均收入呈下降趋势。江西省工业 SO_2 排放量与人均 GDP 之间总体呈倒"U"型曲线关系。

3. 江西环境库兹涅茨曲线正常拐点暂未出现

从江西省各环境污染变量与经济增长关系曲线可以看出，除了江西省工业废弃物排放量总体呈下降趋势外，其他环境污染变量都是呈

[①]　彭水军：《经济增长与环境污染——环境库兹涅茨曲线假说的中国检验》，《财经问题研究》2006 年第 8 期。

现上升趋势。这说明江西省属于欠发达地区，随着近年来工业化大力推进，通过招商引资以及承接东部沿海产业转移，工业化比重在逐渐上升，无疑会加重江西省环境污染，延迟环境库兹涅茨曲线正常拐点的出现。

第四节　促进经济增长与环境改善的政策建议

经济增长与环境改善既有互相矛盾的一面，也有相互促进的一面，例如丹麦的低碳环保技术出口就占其出口总额的10%。从互相矛盾转向相互促进的拐点不会自然来临，而应该采取适当的经济环境政策组合，标本兼治，一方面，实施有效的环境政策和宣传教育，并且加强环境保护和治理的投入；另一方面，发展教育培训事业，引导和支持人力资本投资，资助和支持科技创新及成果转化应用，实现经济发展由"资本、资源驱动"向"人才、科技驱动"转变。

一　加强环境法制建设

污染是生产和生活的副产品，这种"负外部性"必须采取"内部化"的措施加以约束，以减少"环境搭便车"现象。

第一，利用税收来控制污染可以给污染者提供减少污染的经济激励，促使其寻求改进的方法和手段来清除其排放物，同时也可以防止污染者把其生产成本（污染成本）转嫁给他人，降低了过度生产的激励。

第二，政府通过建立排污许可证制度正式确立起对环境资源的产权，允许产权在市场上交易。随着企业的进入或退出，社会生产规模的变动，排污权交易可以让政府在经济规模与环境保护之间进行动态选择。

第三，生态补偿是发展生态产业和实现环境正义最重要的配套机制。从补偿的运作模式来划分，生态补偿分为政府补偿和市场补偿。政府补偿的主要形式包括财政转移支付、专项基金、优惠政策、对资源综合利用和优化环境予以奖励等，其中最主要的形式是财政转移支付制度和专项基金。市场补偿是由市场交易主体在法律法规的范围内，利用经济手段，通过市场行为改善生态环境的活动的总称，包括生态环境税费补偿、环境产权市场交易补偿、环境责任保险等形式。

二　提升国民环境保护素质

第一，要切实加强环境教育，增强国民环境意识。要以提升国民环境道德素质为根本，推动家庭、单位、组织、个人加强环境保护，鼓励倡导自觉抵制污染行为，实现消费文化由污染性消费向环保型消费、由铺张型消费向适度型消费、由物质型消费向精神型消费的转型。

第二，要高度重视、充分尊重、切实保障国民的环境权益，确保环境信息公开与渠道畅通，保障国民广泛而有效地参与、监督环境问题。要扶持环境 NGO 组织的发展，发挥其覆盖面广、信息及时的优势，促使它们在环境保护中发挥更大的作用。

第三，公众参与环保的社会机制可以从纵向与横向两个维度进行划分。从纵向看，根据参与的不同阶段可分为预案参与机制、过程参与机制、末端参与机制和行为参与机制；从横向看，分为信息传达机制、宣传教育机制、行动协调机制、监督制约机制和激励机制。从活动与管理的视角来看，公众参与环保的社会机制分为两种，一是需要进一步明确公民的环保权利和义务，实行全民环保教育，加大奖励和处罚力度，建立舆论褒扬和谴责甚至环境维权诉讼的机制与制度；二是需要建立和完善环保决策听证制度、环保议案制度、环保信访制度、公众参与环保检查监督机制和制度。

三　加强对环境的投资

"先污染，后治理"的发展模式很可能使环境的退化达到生态不可逆的阈值水平，所以，必须加强对环境的保护，加大对生态环境的投资，要把环保设施建设置于生产生活基础设施同样重要的地位、同步实施。

第一，要奖罚并举，不仅仅是谁污染、谁受罚、谁治理，还要谁保护改善、谁受益受奖，以控制"负外部性"，放大"正外部性"。

第二，要改变现有的 GDP 核算体系，变 GDP 为"绿色 GDP"，将生产消费行为对环境的影响引进到 GDP 的核算中，如果环境污染，则予以扣除，从而纠正 GDP 对经济主体行为的误导，使之不再局限于追求一般

意义上的 GDP 增长率。把 GDP 考核与 3R（减量化、再利用、再循环）
目标有机结合起来，开展环境污染、生态破坏成本以及水、湿地、森林等
资源价值等方面的核算，探索将发展过程中的资源消耗、环境损失和生态
效益纳入经济发展水平的评价体系，为环境税费、生态补偿、自然资源管
理、产业结构调整、产业污染控制政策制定以及公众环境权益维护等提供
科学依据，要求以尽可能少的资源消耗和环境代价实现最大的发展效益。
对于那些 GDP 看起来发展很快，但违背了生态经济理念的政府人员，不
仅不能用传统的考核思想来肯定，而要依据党政领导干部环保政绩考核
制、环保一票否决制、环境保护问责制等进行严肃处理。要把以人为本、
保护环境、提升经济发展质量作为考核重要内容，引导政府人员树立正确
的政绩观，在继续搞好经济调节和市场监管的同时，要更加注重履行社会
管理和公共职能。以推动环境保护工作，促进环境质量的改善，实现生态
与经济协调发展。

四　发展教育培训事业

教育具有最强的正外部性，教育投资应该成为财政支出的主要方向。
要把教育作为国家核心竞争力加以发展，把教育公平作为社会公平的基础
加以重视，延长义务教育年限，实施大规模技能培训，培养高素质、高技
能的国民，依靠发达的教育培训支撑科技的发展，以实现发展方式的
转变。

五　资助和支持科技创新及成果转化应用

第一，增加科技投入，搭建公共科技平台，资助产业共性技术、关键
技术和环保技术、资源节约攻关，鼓励科技创新及成果转化应用，推动产
业结构升级。科技投入让教育投入有了回报，让高素质、高技能的国民有
了充分施展才能的舞台，将引导全社会进行人力资本投资，真正实现发展
方式的转变和经济、环境双赢。

第二，技术路线从以节约人力为主，向以节约资源、减少排放为主转
变，加强生态科技的研发。生态产业关键技术包括资源节约和替代技术、
能量梯级利用技术、有毒有害原材料替代技术、各类废弃物回收处理技
术、废弃物"零排放"技术、可回收利用材料和回收处理技术、中水回

用技术、新材料和新能源开发利用技术、水污染综合治理技术等。要通过科研专项基金、风险投资等制度支持鼓励企业创建生态经济技术重点实验室、研发中心，开展生态经济技术攻关。

第六章 鄱阳湖流域生态与低碳
经济发展现状评估

鄱阳湖生态经济区既肩负着保护"一湖清水"的重大使命，又承载着引领经济社会又好又快发展的重要功能。分析鄱阳湖流域发展生态与低碳经济基础，评估区域低碳经济发展水平，重点对区域经济发展水平、资源消耗与利用水平、生态环境水平、碳产出和消费水平进行评估，通过与东、中、西相关省份比较，明确区域优势和存在的问题，有针对性地以生态经济化、经济生态化的理念发展低碳经济，把生态优势转化为经济优势，最终实现经济发展与生态保护双赢，具有重要的意义。

第一节 鄱阳湖流域发展生态与低碳经济基础

一 生态基础

鄱阳湖地区是江西生态富集之地，鄱阳湖是我国最大的淡水湖，是我国唯一的世界生命湖泊网成员，在我国乃至全球生态格局中具有十分重要的地位；鄱阳湖地区位于沿长江经济带和沿京九经济带的交汇点，是连接南北方、沟通东西部的重要枢纽。以环鄱阳湖城市群、武汉城市圈、环长株潭城市群为主体的长江中游城市群已经上升为国家战略，旨在打造中国经济增长"第四级"，在我国区域发展格局中具有重要地位。20多年来，通过退耕还林、工程造林以及封山育林等举措，加快实施林权制度改革和"森林城乡，绿色通道"工程极大地调动了全社会植树造林的积极性。截至 2013 年年底，全省森林覆盖率达 63.1%，居全国第二位。2013 年江西省深入开展净空、净水、净土行动，全省地表水监测断面水质达标率 80.8%，高出全国平均水平近 10 个百分点，"五河"及东江源头保护区内监测断面保持在Ⅱ类水质，城市集中饮用水源地水质达标率100%，水环境质量良好；鄱阳湖生态经济区38个县市的空气环境质量都达到了国家二级标准，空气质量优良；拥有44个国家级森林公园，15个国家湿地公园，11个国家级自然保护区，生态环境质量位居全国前列，江西生态环境质量位居全国前列。《2014中国省域生态文明建设评价报告》显示，江西省生态文明指数由2013年度的第18位攀升至第6位，得分为88.60分。"山川秀、生态优、环境美"的鄱阳湖生态经济区，正展现出无穷的魅力和活力，生态优势非常显著。

二　产业基础

（一）绿色生态农业在全国领先

发展绿色食品、有机食品是建设"绿色生态江西"的十大工程之一。截至2013年底，鄱阳湖流域"三品一标"总数达2100个，其中无公害农产品1115个、绿色食品480个、有机食品445个、农产品地理标志60个，均位居全国前10名。截至2012年底，全国绿色食品原料标准化生产基地48个，生产基地面积908.8万亩，居全国第二位，国家级绿色食品农业产业化龙头企业15家，省级绿色食品农业产业化龙头企业105家，绿色食品产业主营业务收入1983.7亿元，实现利税总额151.7亿元。在上海、深圳、南宁、武汉等地举办了多种形式的农产品展销会，"生态鄱阳湖、绿色农产品"品牌效应不断扩大。全省农产品出口10亿美元、争取省以上农业项目资金107.2亿元、农业招商实际进资145.5亿元，均创历史新高。柑橘、大米、茶油、水产、茶叶、禽畜等六大产业在全国甚至全世界都具有一定影响力和竞争力。大鄣山"公司＋协会＋基地＋茶农"的绿色食品发展模式和赣南"猪—沼—果"生态农业方式，成为联合国亚太经济合作组织推广的典型范例。

（二）新型工业化迈出积极步伐

一是依托园区办工业，实现产业集聚。鄱阳湖流域地区加大生态工业园区的改革，遴选南昌高新技术产业开发区、九江出口加工区等10个工业园区为首批生态工业园区建设试点单位，组织专家对其建设规划进行了评审，支持和鼓励这10个试点园区建设成为全省生态工业园区的示范窗口，为推进新型工业化奠定了基本平台。二是实施系列重大发展战略，高新技术产业迅速发展。围绕推进新型工业化，先后采取推进"六大支柱产业"、"产业经济十百千亿工程"、"高新矿业工程"、"高新技术产业化工程"等一系列战略举措，工业化进程明显加快，支柱产业和高新技术迅速发展。2013 年，十大战略性新兴工业产业实现主营业务收入 11266.13 亿元，同比增长 17%，拉动全省工业收入增长 6.2 个百分点，贡献率达 37.5%。

（三）现代服务业快速发展

现代服务业和先进的服务模式得到较大发展，对生产和民生形成较强的支撑作用。南昌、九江、赣州、鹰潭等物流集聚区建设初见成效，连锁经营、物流配送、电子商务等现代流通方式得到较大发展，一批工业品、农副产品专业市场和综合市场得到发展。成功引进了招商银行、浦发银行、民生银行、光大银行、汇丰银行、渣打银行、香港大新银行，在将南昌发展成区域性金融中心的目标上迈出重要一步。中介服务业得到全面发展。电子政务、电子商务、公众信息网建设得到长足发展，信息服务业的产业化、社会化和市场化水平提高。开发了绿色摇篮，绿色家园为主题的系列特色旅游产品，完善了旅游基础设施，旅游接待能力和服务水平明显提高。2013 年，全省现代服务业实现增加值 2297.98 亿元，占全省地区 GDP 的比重由 2012 年的 15.34% 上升到 16.03%，提高了 0.69 个百分点。

三　节能降耗基础

鄱阳湖流域地区通过深入贯彻节约资源、保护环境的基本国策，严格执行能耗和环保标准，狠抓节能降耗工作，2013 年鄱阳湖流域万元 GDP 能耗为 0.591 吨标准煤，同比下降 3.6%，全省万元生产总值能耗比全国低 0.146 吨标煤，为中西部能耗最低的省。按照优化增量、调整存量、上大压小、扶优汰劣的原则，从严控制新上"两高一低"项目，加快淘汰钢铁、电力、水泥等行业落后生产能力。2013 年，鄱阳湖流域淘汰落后产能项目 89 个，完成 14 个重金属污染源综合治理项目，主要污染物减排完成国家下达计划任务。江铜冶炼、亚东水泥等大型企业综合能耗达到国内同行业能耗先进水平。在节能的同时，积极发展可再生能源，如都昌矶山湖、庐山区长岭风电项目、麦园垃圾发电项目、鄱阳生物质能源发电项目等。

第二节 鄱阳湖流域低碳发展目标与有益实践

一 鄱阳湖流域的低碳发展的目标

到 2020 年，江西省建设低碳经济社会的目标[①]：一是产业、能源结构趋于合理，生产方式基本实现向低碳型转变。十大优势高新技术产业在整个产业中所占比重显著提高。三次产业的比例更趋于合理，服务业在GDP 中的比重显著提高。能源结构进一步优化，非化石能源占一次能源消费比重达到 15% 以上。二是低碳技术的研发能力全面提升，若干技术和产业规模达到国内领先水平。"鄱阳湖生态经济区科技创新规划"的战略目标全面实现，"江西省十大优势高新技术产业发展规划"的发展目标全面实现。打造出一批支撑低碳经济的高新技术产业、创新型企业、国家级产业基地和国家级研发平台。三是温室气体排放得到有效控制，碳汇能力明显提高。单位 GDP 二氧化碳排放显著下降，单位 GDP 能耗等主要指标达到或超过国家同期标准；低碳型现代农业生态体系基本形成，氧化亚氮、甲烷等主要农业温室气体排放不断下降。湿地保护进一步加强，碳汇林业进一步发展，森林覆盖率达到 63% 以上。四是与低碳经济社会发展相适应的法规、政策和管理体系基本建立。基本建立与低碳经济社会发展相适应的法规保障体系、政策支持体系、技术创新体系和激励约束机制以及碳排放监测、管理体系。五是在低碳领域与国内外交流合作的平台全面建立，国际低碳经济交流合作中心的地位得到确立。在低碳领域建立起若干个重要的与国内外开展科技、人才、资本等交流合作平台。打造"世界低碳与生态经济大会暨技术博览会"品牌，使之成为在国内外具有广泛、持久和重要影响的盛会。

二 鄱阳湖流域低碳发展的实践

（一）通过先行理念进行生态建设

生态优势是江西省最大的财富和最大的潜力。始于 20 世纪 80 年代的

---

① 江西省人民政府发布：《绿色崛起之路——江西省低碳经济社会发展纲要白皮书》，2009 – 11 – 15。

"山江湖"工程，就是江西人民保护鄱阳湖、建设生态江西的成功探索，"既要金山银山，更要绿水青山"理念指导着江西工业化的发展进程。2009年11月，首届世界低碳与生态经济大会在南昌召开，国内首个《绿色崛起之路——江西省低碳经济社会发展纲要》白皮书发表，提出了江西建设低碳经济区域布局和科技创新重点任务；2010年中国鄱阳湖国际生态文化节以"生态中国，绿色江西"为主题创意，实现生态与文化的深度对接；首届环鄱阳湖国际自行车大赛，传递了"健康、低碳、环保"的运动理念。2011年11月11日，第二届世界低碳与生态经济大会《南昌低碳城市发展规划》由商务部、国家发改委、工信部、科技部、财政部、环保部、住建部、国务院国资委、江西省人民政府主办。省第十三次党代会确立了"建设富裕和谐秀美江西"的总目标，2014年年底江西全国生态文明先行示范区建设获得国家批复。一系列的生态保护发展战略和企业、百姓的实践参与，让生态与低碳理念的深入人心，形成全社会关注生态保护、低碳发展的氛围。

（二）通过合理布局进行低碳试验

根据资源环境的承载力，基于国土空间主体功能区划，将鄱阳湖生态经济区分为湖体核心保护区、滨湖控制开发带、高效集约开发区。南昌、新余等构成的环鄱阳湖城市群属于高效集约开发区的重点发展区。

南昌市是全国首批8个低碳试点城市中唯一的省会城市。通过产业改造和结构调整并重，清洁生产和低碳生活并重，制度完善和考核差异并重，在重大低碳示范区建设及低碳国内国际合作等方面初显成效，已成为鄱阳湖生态经济区低碳发展的领航者。

新余是一座新兴工业城市，现已形成新能源、钢铁、新材料三大支柱产业。2009年11月，新余市被正式命名为"国家新能源科技示范城"，这是我国批准建设的第一个以新能源产业为核心的科技示范城。近年来，新余光伏、钢铁两大主导产业受到很大冲击，为走出经济发展困境，新余在改造提升现有产业的同时，积极寻找新的产业增长点，培育壮大钢铁及机械装备制造、光伏、新材料、光电信息等产业集群，形成产业发展新优势。

滨湖控制开发区的鄱阳湖平原，是全国的重要农产品、水产品和粮食生产基地，依托集聚的生态环境、水资源和品牌等优势资源，以绿色食品、有机食品为方向发展优质、生态、安全的低碳高效农业和低碳旅游业。

（三）构建产业体系低碳排放

新能源产业体系。鄱阳湖流域规划建立包括核电、太阳能、风能等多门类的新能源产业体系，目前光伏产业、LED 产业在国内形成了先发优势。在新余、南昌、上饶等地，已形成了以生产晶硅料—多晶硅片—薄膜电池—生产组件上下游一体的全国重要光伏产业基地；大力推进核电。彭泽、万安核电站工程正在规划建设当中；实施鄱阳湖风电工程。全面开发鄱阳湖环湖风能资源，基本形成风力发电、风力发电整机生产和零部件配套齐备的相对完整的产业链条。

战略型新兴产业和生态产业。鄱阳湖流域以新能源、新材料、半导体照明等十大战略性新兴产业为重点发展方向；合理布局生态产业，发展低碳的农业、低碳工业及现代物流和现代商流以及现代旅游业的发展。通过产业调整，促使生产过程的废物污染物资源化和排放的减量化，使生产活动对自然环境的影响降到最低程度，达到生态整体优化。

（四）清洁生产循环发展

对传统产业的低碳化改造。依靠科技进步改造传统产业，实施清洁生产，做好污染控制和废弃物资源化工作，企业的技术创新活动与清洁生产紧密联系起来。特别是对依托江铜、新钢等大型企业，对有色、钢铁、汽车、石化、建材等传统支柱产业的生态化改造，达到"节能、降耗、减污、增效"的效果。截至 2012 年年底，江铜集团、永修云山开发区、华春企业集团等先后列入全国循环经济试点，鹰潭高新技术产业园区、赣州经济技术开发区入选国家循环化改造示范试点，生产过程中产生的废物由"包袱"变成了企业发展的"财富"，实现了生产快速发展和环境保护的双赢。

大力发展循环经济，促进生产、流通、消费各环节资源能源的高效利用。2007 年开始江西着力抓好了 6 个工业园区的循环经济试点、100 家重点企业的资源综合利用、100 家清洁生产企业、100 家重点企业的再生资源回收利用，形成了一批示范工程，带动全省循环经济发展。

（五）建设生态工业园推进项目建设

围绕鄱阳湖生态经济区建设积极推进一批先行项目。2008 年开始江西启动了 85 个县（市）的污水处理设施建设工程；推出农村垃圾无害化处理工程,每年在 5 万个自然村和 500 个集镇探索农村垃圾减量化、资源化、无害化处理的长效机制。

鄱阳湖生态经济区围绕优势产业推进生态工业园建设。从园区绿化、污染控制、物质减量与循环等方面对各地园区生态建设情况进行综合评价,引导工业园区转变发展方式,发展园区循环经济,充分发挥其产业集聚和产业生态效应。自 2008 年启动生态工业园区建设试点以来,截至 2012 年年底全省 94 个工业园区中已有 63 个园区列入省级生态工业园区创建试点,20 个园区被省政府批准命名为省级生态工业园区,2 个园区列入国家生态工业示范园区建设范畴。

第三节 鄱阳湖流域生态与低碳经济发展综合评价指标[①]

一 鄱阳湖生态经济区生态与低碳经济发展综合评价指标体系依据

目前,国内已有一些相关的典型指标体系,例如:2007 年,国家环保总局发布《生态县、生态市、生态省建设指标(修订稿)》,提出建设生态县的评估指标体系涉及 22 个指标,建设生态市的评估指标体系涉及 19 个指标,建设生态省的评估指标体系涉及 16 个指标;同年,国家发改委、环保总局、统计局联合编制发布循环经济评价指标体系,从资源产出、资源消耗、资源综合利用和废物排放四个方面入手,在宏观和工业园区两个层面上分别规定了 22 个和 14 个循环经济评价指标。2008 年,长沙市统计局对长沙"两型"社会建立了统计指标体系,包括经济发展、社会发展、科技进步、环境质量、能源消耗、资源利用六大类 40 个指标。专门针对生态经济的评价指标体系已有非常多的文献,例如何酒维和贾克平提出的生态经济指标体系(1986)[②],吴琼等提出的生态城市指标体系(2005)[③],贵阳市提出的生态文明城市指标体系(2008)等。在低碳经济评价指标体系方面

---

① 李志萌,张宜红:《鄱阳湖流域生态与低碳经济发展综合评价研究》,《鄱阳湖学刊》2011 年第 1 期。

② 何酒维,贾克平:《生态经济指标体系设计和计量方法介评》,《农村生态环境》1986 年第 4 期。

③ 吴琼,王如松,李宏卿,徐晓波:《生态城市指标体系与评价方法》,《生态学报》2005 年第 25 期。

也有一些文献，例如：中国社会科学院提出首个低碳评价指标体系（2009），提出低碳生产力、低碳消费、低碳资源和低碳政策四个层面的评价指标；[1] 李晓燕和邓玲构建了城市低碳经济发展综合评价指标体系（2010），认为评价城市低碳经济从经济系统、科技系统、社会系统和环境系统四个指标准则出发，下设 28 个具体指标，运用模糊层次分析法对我国 4 个直辖市的低碳经济发展进行了综合评价；[2] 任福兵等从横向和纵向路径出发，选取能源利用结构、产业经济、农业发展、科学技术、建筑、交通、消费方式和政策法规八个指标来综合评价低碳经济水平（2009），并得出低碳城市的评价等级标准[3]；龙惟定等提出以人均碳排放量、地均碳排放量、单位 GDP 排放量和人类发展指数四个指标作为我国低碳城市的评价指标（2010）[4]。

鄱阳湖生态经济区建设是江西发展的龙头，本文就以鄱阳湖生态经济区及鄱阳湖生态流域（江西省）为研究对象，在分析区域生态与低碳发展基础上，综合国内已有生态、低碳等相关的指标，构建生态与低碳经济发展综合评价指标体系，并通过与全国东部、中部及西部省份进行横向比较，综合反映鄱阳湖流域特别是鄱阳湖生态经济区的生态与低碳经济发展水平，以期客观认识鄱阳湖生态经济区及全流域生态与低碳经济发展中的优势与差距，及时调整修正战略路径；同时，为全国其他地区科学评估生态与低碳经济发展水平提供借鉴。

二　基本原则

构建评价指标体系，既能反映经济发展、科技进步、社会发展、环境优化同步协调发展的思想，又能反映出低碳经济发展的状态和变化趋势。指标评价体系的设计要符合低碳经济的客观规律和要求，既要科学地概括

---

[1]　潘家华，庄贵阳等：《低碳经济的概念辨识及衡量指标体系》，《环境科学》2009 年第 6 期。

[2]　李晓燕，邓玲：《城市低碳经济综合评价探索——以直辖市为例》，《现代经济探讨》2010 年第 2 期。

[3]　任福兵，吴青芳，郭强：《低碳社会的评价指标体系构建》，《科技与经济》2010 年第 2 期。

[4]　龙惟定等：《低碳城市的城市形态能源愿景》，《建筑科学》2010 年第 2 期。

低碳经济的基本特征，又能对发展现状进行评价，为科学发展决策提供客观依据。按照低碳经济发展目标，低碳经济评价指标体系的构建必须遵循以下原则：

（一）科学性和可操作性原则

指标体系要准确反映和体现生态与低碳经济发展的本质内涵和实质，重点突出新能源产业发展、能源消费、科技进步创新，突出经济、社会与自然和谐，层次清晰、合理。在选择指标时，统筹考虑指标的重要性、相对独立性和代表性，确保重要信息不重不漏，指标体系简明扼要。评价方法力求科学、严谨、规范。生态与低碳经济发展水平评价指标体系应当反映和体现生态与低碳经济发展水平的内涵，使人们能从科学的角度去系统而准确地理解和把握生态与低碳经济发展水平的实质。评价指标体系应建立在充分认识、系统研究的科学基础上，具体指标的概念必须明确，数据来源要准确，处理方法要适当，且具有一定的科学内涵，从而能够客观地反映发展特征，并能较好地度量低碳经济主要目标的实现程度。

（二）全面性与主导性原则

建立一套指标评价体系不可能涵盖所有生态与低碳经济发展水平指标，但必须全面反映当前国民经济发展中迫切需要解决的关键问题。因此，选取指标时需选择那些有代表性、信息量大的指标。评价指标的设计要有一定的超前性、激励性，又应该符合实际的，在应用中能够对低碳经济的发展产生导向性作用。发展生态与低碳经济是一项复杂的系统工程，指标体系选取不但应该分为不同的子系统，从各个不同角度反映出被评价系统的主要特征和状况，而且还要有相同子系统不同主体间相互联系、相互协调的指标，从而有利于对评价对象进行整体性的度量。

构建生态与低碳经济发展水平的指标体系，既要成为考核评价地区生态与低碳经济发展的能力水平的基本工具，更要成为引导地区经济发展、新能源产业发展、科技创新、生态环保协调发展的导向。构建的指标体系作为一个整体应当能够较好地反映生态与低碳经济发展水平的主要方面和主要特征，即通过该指标体系来评价和衡量区域生态与低碳经济发展水平不会出现明显的偏差，也不会产生较大的信息遗漏和失真。

（三）系统性与层次性原则

指标体系作为一个整体，应该较全面系统地反映生态与低碳经济发展的具体特征，即反映社会文化、经济产业、政策法律、科学技术发展的主要状态特征及动态变化、发展趋势，充分认识评价指标体系是一个复杂系统。在确定各方面的具体指标时，必须依据一定的逻辑规则，体现出合理的结构层次。确定指标体系时应该从系统的角度出发，把一系列和生态与低碳经济有关的指标有机地联系起来，注意指标体系的层次性，也要注意同级指标之间的互斥性，以及实现上一级目标时的全面性。指标体系既要综合反映生态与低碳经济发展的总体要求，又要突出反映生态与低碳经济发展所具备的重要条件和要素，还要避免指标之间信息重叠交叉。

生态与低碳经济的发展模式是一个复杂的巨系统，是由许多同一层次中具有不同作用和特点的功能团以及不同层次中复杂程度、作用程度不一的功能团所构成的，应根据系统的结构分解出不同类别支持子系统，同时这些子系统既相互联系、又相互独立。因此选择的指标也应具有层次性，即高层次的指标包含描述低层次的指标不同方面的指标，高层次的指标是低一层次指标的综合并指导低一层次指标的建设；低层次的指标是高层次指标的分解，是高一层次指标建立的基础。

（四）定性与定量相结合原则

指标体系和评价体系应具有可测性和可比性，定性指标应有一定的量化手段，评价指标应尽可能采用量化的指标，但有些指标很难量化，可将它分成若干个等级，将定性指标定量化。

生态与低碳经济发展水平评价指标体系的定量分析是以历史的和当前的数据为基础，在确定区域生态与低碳经济发展水平指标时一定要充分考虑数据的状况，例如：数据能否采集到，数据的口径是否可以满足分析的需要等因素。同时，进行区域生态与低碳经济发展水平评价的目的是为了解决实际问题，所以评价指标体系的选择应切实可行，容易掌握和容易使用，具有较强的可操作性。

（五）动态性与稳定性原则

生态与低碳经济发展水平是动态过程，这主要表现在两方面：一是指标设置的动态性，即指标应随着社会、经济、科技的发展作适当的调整；二是指标权重动态性，同时指标体系在一定时期内的相对稳定。稳定性就是指评价指标体系一经建立，就应该在指标的含义、指标的类型、指标体系的层次、指标的个数等方面在一定时期内保持不变，这样做的目的就是为了便于比较和分析生态与低碳经济发展水平的变化的动态过程，更好地分析其发展变化规律与趋势。所以，设计指标体系需兼顾静态指标和动态指标平衡。既反映经济发展的现状，又反映其动态变化性。生态与低碳经济发展评价指标体系应在充分研究现有的区域经济发展水平的基础上，吸收各种评价体系中可以利用的统计指标并在此基础上有所发展和创新。

三 鄱阳湖生态经济区生态与低碳经济发展综合评价的主要方法

（一）综合指数评价法

综合指数评价法是根据评价对象特点、评价目的要求抽取评价对象的典型性质参数构成评价指标，依据评价指标标准综合衡量系统状态优劣的一种综合指标体系评价方法。综合指数评价法是根据指数分析的基本原理，采用加权算术平均数指数公式进行综合评价，采用每项指标的均值作为评价的标准，把量纲不同的指标化为可比的统计指数，从而使得指标具有可比性。其评价的步骤是：首先，确定评价项目的权数；其次，计算各子系统的综合平均指标；最后，求出综合平均指数。

通过综合指数评价，可以确定一个区域或一个时期的总体水平，并对于多区域或时期数据具有可比性，用于判断发展的阶段等。所以它被广泛地运用于环境质量评价、生态经济研究、综合考核管理等许多领域，特别是在模糊数学、灰色系统等现代数学方法引入到综合评价研究领域之后，更使其成为重要的评价方法。

（二）数据包络分析法

数据包络分析法是在"相对效率评价"概念基础上发展起来的一种新的系统分析评价方法，进行样本的"相对优劣性"的评价。它主要采用数学规划方法，利用观察到的有效样本数据，对决策单元进行生产有效性评价。这里直接把发展系统（某一时间或某一时段）视作数据包络分析中的一个决策单元，它具有特定的输入和输出，在输入和输出的过程中，努力实现系统的可持续发展目标。运用其基本功能评价系统的可持续发展能力建设，系统由非持续发展向可持续发展以及对系统的预测、决策、协调和控制提供依据。

（三）模糊综合评价法

模糊综合评价法就是以模糊数学为基础，应用模糊关系合成的原理，将一些边界不清、不易定量的因素定量化，进行综合评价的一种方法。模糊综合评价法是建立在模糊集合基础上的一种评价方法，它的特点在于其评价方式与人们的正常思维模式很接近，用程度语言描述评价对象。在定性因素的评判过程中，许多模糊现象如低碳经济的社会效果、积极影响等很难明确地划分界限，无法用简单的数字来表达，所以只能用模糊数学来处理。它的数学原理首先考虑到影响低碳经济综合评估值的确定是模糊的，也就是在确定了低碳经济综合评价指标体系之后对不能直接来表示的指标不做定量处理，而是由评估专家对各种因素指标体系标准进行模糊选择，然后统计出专家群体对评估因素指标体系的选择结果，再按照所建立的数学模型进行最后计算。模糊综合评估法的过程中就是先从定性的模糊选择入手，然后通过模糊变换原理进行运算取得的结果。

（四）层次分析法

层次分析法是目前用于发展决策评价较多的一种常用方法，它是整理和综合专家们经验判断的方法，也是将分散的咨询意见数量化与集中化的有效途径。层次分析法的基本原理是把研究的复杂问题看作一个大系统，通过对系统的多个因素的分析，划出各因素间相互联系的有序层次，再请专家对每一层次的各因素进行客观的判断后，相应地给出重要性的定量表示，进而建立数学模型，计算出每一层次全部因素的相对重要性的权值，并加以排序，最后根据排序结果进行规划决策和选择解决问题的措施。

评价生态与低碳经济的主要目的之一是为了发现经济发展中的问题并加以改进。在同一时间段，可能出现的问题是多种多样的，那么有效、有序的进行问题的解决是达到这一目的的主要手段。用层次分析法进行低碳经济发展评价可以综合对出现的问题和状况进行排序，从而更好地实现生态与低碳经济的良性发展。

（五）主成分和因子分析法

主成分分析法是一种多元统计方法，主成分分析方法就是设法将原来变量或指标重新组合成一组新的、互不相关的指标的几个综合变量或指标，同时根据实际需要从中选取几个较少的综合变量或指标来尽可能多地反映原来的变量或指标的信息。这种将多变量或多指标转换为少量几个互不相关的综合变量或综合指标的统计方法叫作主成分分析法。其主要的目的在于简化数据和揭示变量之间的关系。与传统的综合评价方法相比，其优点在于：它所确定的权数是基于数据分析得到的，因此指标间的内在结果关系更具有良好的客观性，并且能有效地剔除不相关的指标的影响，从而使单项指标的选择余地更大。它得到的综合指标（即主成分）之间互相独立，不仅使指标维数降低，而且减少了信息交叉和冗余，对于分析极为有利。

以上方法都有其各自的优势和劣势状态，即要根据评价的对象、环境和目标来确定如何使用。这些方法可以对于区域生态与低碳经济发展情况的不同方面、不同角度、不同层次进行评价。当然要获得全面整体的评价结果，必然要选用多种方法进行评价，本文主要采用综合指数和层次分析法。

四　鄱阳湖生态经济区生态与低碳经济发展综合评价指标体系设置

生态与低碳经济发展水平评价是一个复杂的系统工程，必须综合各方面的因素才能真正客观、正确地反映生态与低碳经济发展的本质。生态与低碳经济发展水平评价指标体系将向着主体多元化、指标综合化的方向发展。由于生态与低碳经济发展水平评价是一项复杂的系统工程，我国目前对生态与低碳经济发展评价缺乏一套广泛适用的低碳经济评价指标体系。生态与低碳经济发展评价的程度受人为主观因素的影响，如何构建有机合理、简单易行的指标体系，使之充分反映生态与低碳经济发展的要求，以及如何选择适当的评价方法，对一地区乃至全国的生态与低碳经济发展程度作出客观的评价，这是急需解决的问题。

（一）评价指标的优选

指标体系的初选过程虽然已经构建了一个指标体系，但指标体系的科学性、合理性、实用性又是获得正确结论的基础和前提条件。为了保证其科学性，在指标体系的初选完成以后，还必须对其科学性进行有针对性的检验，即对初选指标体系进行完善化处理。这一检验过程主要包括两个方面的内容：单体检验和整体检验。

单体检验是检验每个指标的可行性和正确性。可行性主要是检验单体指标（或整体指标体系）的符合实际情况，分析指标数值的可获得性；正确性分析是对指标的计算方法、计算范围内及计算内容的正确与否的分析。

整体检验是对指标体系的指标的重要性、必要性和完整性进行的检验。重要性的检验是根据区域特征来分析应保留哪些重要的指标，剔除那些对评价结果无关紧要的指标。一般利用德尔菲法对初步拟出的指标体系进行匿名评议。必要性的检验是对所拟出的评价指标从全局出发考虑是否都是必不可少的，有无冗余现象。一般采用定量方法来检验。完整的检验是对评价指标体系是否全面、毫无遗漏地反映了最初描述的评价目标与任务。一般通过定性分析来进行判断。

（二）建立具体的评价指标体系

在评价指标优选后，还要通过专家咨询法、主成分分析法和独立性分析把所得的指标进一步筛选。

专家咨询法是在初步提出评价指标的基础上，进一步咨询有关专家意见，对指标进行调整；主成分分析法是通过恰当的数学变换，使新变量主成分成为原变量的线性组合，并选取少数几个在变差总信息量中比例较大的主成分来分析事物的一种多元统计分析方法；独立性分析是验证各个指标是否具有相关性，删除一些不必要的指标，简化评议指标体系。通过以上筛选，选择内涵丰富又相对独立的指标，最终构成具体的生态与低碳经济的评价指标体系。

（三）评价指标和指标参考标准的确定

由各层次的评价目标确定各级评价指标，同时结合生态与低碳经济的发展时期和阶段设置指标参考标准。

1. 指标值的量化和标准化处理

定量指标属性值的量化：由于指标属性值间具有不可共度性，没有统一的度量标准，不便于分析和比较各指标。因此，在进行综合评价前，应先将评价指标的属性值进行统一量化。各指标属性值量化的方法随评价指标的类型不同而不同，一般主要分为效益型、成本型和适中型，在综合评价模型中可以建立各类指标量化时所选择的隶属函数库。量化后的指标具备了可比性，为综合评价创造了必要条件。定性指标属性值的量化：在评价指标体系中，有些指标难以定量描述，只能进行定性的估计和判断。对此可采取专家评议的方法来进行处理，具体处理方式视评价方法而定。

针对选取好的评价指标体系进行各项数据的收集、整理工作。对于已选定的指标体系，由于各个指标的计量单位及数量级相差较大，所以一般不能直接进行简单的综合。必须先将各指标进行标准化处理，变换成无量纲的指数化数值或分值，再按照一定的权重进行综合值的计算。常用的标准化方法主要有：标准化变换法、指数化变换法等。

2. 指标权重的确定

各个指标权重的确定。确定指标权重的方法一般有主观赋权法、客观赋权法和组合赋权法等。主观赋权法由专家组对每个指标进行打分，然后综合指标权重；客观赋权法主要采用数理统计方法，如因子分析法、主成分分析法、聚类分析法……计算得出每个指标的权重；组合赋权法则是主观赋权法和客观赋权法的综合。然而，主观赋权法的定量依据不足，且有可能带来先入为主的概念；而用数理统计方法计算出的指标权重，可能会出现经济意义上不可解释的轻微误差。所以最佳方案是先以客观赋权法算出权重，然后由专家组进行微调。

3. 指标值的综合合成方法

指标值的综合合成方法较多，如线性加权法、乘法合成法、加乘混合合成法等，其中线性加权法是使用广泛、操作简明且含义明确的方法。数据准备工作完成后，确定综合处理各指标值的方法，准确执行指标数据的处理构成，分析指标数据的处理结果，得出生态与低碳经济综合评价目标结果。

对评价结果进行各角度的定性定量分析，得出生态与低碳经济各层面的发展状况、发展趋势及发展中的问题。最后针对分析结果提出相应的生态与低碳经济建议和措施。

（四）指标体系的基本框架

根据生态与低碳经济的本质内涵和构建评价指标体系的总体思路、基本原则及指标选取的方法，立足鄱阳湖生态经济区及全流域特点，将生态与低碳经济发展综合评价总指标分解为四大核心考察领域，即：经济发展水平，资源消耗与利用水平，生态环境水平，碳产出和消费水平。在此基础上，选取设立表现各个考察领域不同侧面的建设水平，具有显示度和数据支撑的 26 个子指标，构建一个包括"总指标—考察领域—具体指标"三层次的生态与低碳经济发展综合评价指标体系框架（见表6.1），以衡量和评价鄱阳湖流域生态与低碳经济发展水平，把生态与低碳经济的发展向社会实践拉近拉实。

表 6.1　　　　　区域生态与低碳经济发展综合评价指标体系

指　标　名　称	单位	权重（%）	指标性质
生态与低碳经济发展（26项）		1	
一、经济发展水平（6项）		0.240	
人均生产总值	元	0.040	正
财政总收入占生产总值的比重	%	0.041	正
第三产业占 GDP 比重	%	0.040	正
高新技术产业增加值占规模以上工业的比重	%	0.040	正
新能源产业主营业务收入	%	0.039	正
环境保护投资占 GDP 的比重	%	0.040	正
二、资源消耗与利用水平（8项）		0.280	
万元生产总值能耗	吨标煤	0.042	逆
万元生产总值水耗	立方米	0.038	逆
工业污水达标排放率	%	0.039	正
工业固体废物综合利用率	%	0.041	正
生活垃圾无害化处理率	%	0.030	正
城市生活污水集中处理率	%	0.030	正
工业污染治理完成投资占工业投资比重	%	0.031	正
万元 GDP 污染直接经济损失额	元	0.029	逆
三、生态环境水平（6项）		0.230	
森林覆盖率	%	0.050	正
主要河流断面1—3级水质的比重	%	0.039	正
省会城市空气质量达到及好于二级的天数	天	0.041	正
自然保护区占辖区面积的比重	%	0.040	正
每平方公里化学需氧量排放量（COD）	公斤	0.029	逆
每平方公里二氧化硫排放量（SO_2）	公斤	0.031	逆
四、碳产出和消费水平（5项）		0.250	
碳生产率	万元/吨碳	0.050	正
碳排放总量	万吨	0.042	逆

续表

指　标　名　称	单位	权重（%）	指标性质
人均碳排放量	吨/人	0.039	逆
人均生活消费碳排放	吨/人	0.038	逆
非化石能源占一次能源比例	%	0.041	正
低碳经济发展规划（包括低碳经济引导政策、信息披露、监管制度等）	—	0.040	正

1. 具体指标选取

（1）经济发展水平的具体指标选取。经济发展是生态与低碳经济发展的物质基础。鄱阳湖生态经济区的特色是生态，发展的重点是经济，关键是转变发展方式，发展生态与低碳经济是绿色崛起的重要途径，只有经济发展才能实现真正意义上生态与低碳经济。转变发展方式，优化经济结构，提高第三产业和高新技术产业比重，提高新能源主营业务收入，加大环保投入，使经济与环境协调发展，是实现区域经济可持续发展的内在要求。本文选取了"人均生产总值""财政总收入占生产总值的比重""第三产业占 GDP 比重""高新技术产业增加值占规模以上工业的比重""新能源产业主营业务收入""环境保护投资占 GDP 的比重"6 个指标。

（2）资源消耗与利用水平的具体指标选取。资源消耗与利用水平是反映生态与低碳经济发展的重要方面。资源消耗水平越低，资源利用水平越高，表明生态与低碳经济发展能力越强。节能降耗、清洁生产，发展循环经济是提高区域生态化与低碳化水平的重要标志，而工业和生活废水、废弃物的达标排放和资源化利用是降低资源消耗水平、提高资源利用水平的关键环节。本文选取了"万元生产总值能耗""万元生产总值水耗""工业污水达标排放率""工业固体废物综合利用率""生活垃圾无害化处理率""城市生活污水集中处理率""工业污染治理完成投资占工业投资比重""万元 GDP 污染直接经济损失额"8 个指标。

（3）生态环境水平的具体指标选取。保持良好的生态环境是生态与低碳经济发展的重要目标。森林覆盖率既是生态环境水平的重要指标，也是碳汇的重要资源。水体、空气的质量是生态与低碳经济发展的直接标志，单位国土面积上的化学需氧量和二氧化硫排放量是影响水体和空气质量的主要因素。生态环境水平选择了"森林覆盖率""主要河流断面1—3级水质的比重""省会城市空气质量达到及好于二级的天数""自然保护区占辖区面积的比重""每平方公里化学需氧量排放量""每平方公里二氧化硫排放量"6个指标。

（4）碳产出和消费水平的具体指标选取。低碳经济的核心是通过能源技术和减排技术创新、产业结构调整和制度创新以及人类生存发展观念的根本性转变，促进能源高效利用和经济可持续发展。这就要求我们必须重视节能减排和环境保护，提高碳生产能力，降低碳排放总量并丰富能源结构，提高非化石能源占一次能源的比例；同时，转变人们的生活方式，降低消费碳排放，出台并实施低碳经济发展规划，加强低碳经济政策引导、信息披露、监管制度，促进低碳经济的发展。为此，碳产出和消费水平选取了"碳生产率""碳排放总量""人均碳排放量""人均生活消费碳排放""非化石能源占一次能源比例""是否有低碳经济发展规划"6个指标。

2. 指标权重的确定

确定多指标综合评价的权重主要有两种方法：一是主观赋权法，如专家群议确定法、德尔菲法、层次分析法；二是客观赋权法，如主成分分析法、因子分析法、熵值法。鄱阳湖生态经济区和全流域生态与低碳经济发展综合评价，按照重要性、重点性原则采用专家群议法、分层构权法和德尔菲法相结合的方法确定。根据"经济发展水平""资源消耗与利用水平""生态环境水平""碳产出和消费水平"四类一级指标所含括的26项二级指标，对鄱阳湖流域生态与低碳经济的影响及重要程度给予相应权重。各指标权重分配详见表6.1。

（1）四类一级指标权重设置。突出节能减排，转变发展方式。经济发展水平权重值为24，资源消耗与利用水平权重值为28，生态环境水平权重值为23，碳产出和消费水平权重值为25。

（2）26项二级指标权重设置。在四类一级指标的权重基础上再细分为若干类，每类设有具体指标值和一定权重，总体突出了生态环境保护及减量化、再利用及再循环"3R"等生态与低碳特色。一是突出了经济发展水平中的第三产业、高新技术、新能源及环保等产业的经济结构调整指标；二是突出资源消耗中的万元生产总值能耗、水耗的权重，它是衡量资源节约程度的重要指标，突出工业固体废物综合利用率、城市生活污水集中处理率（生活污水中化学需氧量比重）等资源综合利用能力的指标；三是突出碳产出和消费水平中碳排放总量、碳生产率以引导总量控制，提高每吨碳产值；四是突出生态环境水平的标志性指标森林覆盖率，自然保护区占辖区面积的比重，每平方公里化学需氧量和二氧化硫排放量，这些指标都是保护良好的生态环境、固碳及碳汇交易的重要资源。

3. 测算方法的选择

生态与低碳经济发展评价指标体系是一个多指标综合评价体系，内容涉及经济发展、资源消耗与利用、生态环境、碳产出和消费四个层面，既需要将所有指标综合成一个指数以便于作出综合评价，又需要从四个方面进行全面评价。为进一步解决 26 个指标量纲不同而无法直接比较的问题，决定采用相对化处理的综合指数法进行评价。具体过程如下：

（1）确定标准值（Si）。在研究生态与低碳经济发展的问题上，为了充分体现科学性和全面性，将鄱阳湖流域（江西）与东部部分发达省份、西部一些欠发达省份、中部其他五省和全国平均水平进行比较。本报告将鄱阳湖流域（江西）、山西、安徽、河南、湖北、湖南、江苏、浙江、广东、陕西、内蒙古、贵州和全国视作 13 个单位，每个指标的标准值取 13 个单位中的最好值。

（2）相对化。用各指标的实际值（Xi）与相应的标准值（Si）进行比较，即将不同性质、不能同度量的各种指标换算成可以同度量的指标。正指标（指标值越高表明水平越高的指标）直接用"Yi = Xi/Si"计算，逆指标（指标值越高表明水平越低的指标）用它的倒数值"Yi = 1/（Xi/Si）"。

（3）将相对化处理值（Yi）乘以指标权重（Wi），再汇总即得到综合指数。在计算综合指数的同时，可以计算四大要素指数。

正指标计算公式为 $Z = \Sigma Yi * Wi/100 = \Sigma（Xi/Si）* Wi/100$；

逆指标计算公式为 $Z = \Sigma Yi * Wi/100 = \Sigma[1/（Xi/Si）] * Wi/100$；

其中，Xi 为各指标实际值，Si 为各指标的标准值，Wi 为指标权重。

第四节 鄱阳湖流域生态与低碳经济发展综合评价分析

本文在构建生态与低碳经济发展综合评价指标体系基础上，确定评价指标的权重和计算方法，通过与东、中、西部省份的比较，对鄱阳湖生态经济区及流域生态与低碳经济发展水平进行综合评价。鄱阳湖生态经济区是全省生态与低碳经济发展先行区，鄱阳湖流域占整个江西全省面积的96%，为了考虑数据的可获得性和可比较性，本文选用了江西省的数据为依据进行省份之间的横向比较。

一　样本的选取与数据来源

（一）对比样本的选取

本文选取东部江苏、浙江、广东3省，中部其他5省，西部陕西、内蒙古和贵州3省作为对比样本。我国区域经济、社会、环境等方面差异较大，东中西部的生态与低碳经济发展差异也很大。东部省份经济发达，发展生态与低碳经济的实力和基础较好；中部地区其他5省同江西省在经济社会环境等各方面具有很大的可比性；西部地区选取陕西、内蒙古和贵州，陕西省、贵阳市分别为国家低碳试点省和市，内蒙古则为近年全国经济发展增速最快的省份之一。

（二）数据来源

本文各项指标的原始数据主要来源于《中国统计年鉴2014》《中国能源统计年鉴2014》、各省2013年国民经济和社会发展统计公报和各省2013年环境公报的数字，部分指标原始数据是经过计算整理所得。

二　综合评价分析

通过公式，对各项具体指标进行换算，以指数值进行比较，具体分析如下。

（一）经济发展水平方面

从表6.2可以看出，鄱阳湖流域（江西）的经济发展水平与全国和东部发达省份、中部其他省份存在较大差距。全国经济平均得分为0.181，而鄱阳湖流域（江西）仅为0.147，仅优于山西和贵州，主要差距在于人均GDP、财政收入占GDP比重和第三产业比重较低。2013年江西人均GDP为31771元，在样本中倒数第三，仅高于安徽和贵州；财政总收入占GDP比重为16.4%，排倒数第五；第三产业占GDP比重为35.1%，排倒数第四。

表 6.2

2013 年经济发展水平比较

地　区	全国	江西	山西	安徽	河南	湖北	湖南	江苏	浙江	广东	陕西	内蒙古	贵州
经济发展水平	0.181	0.147	0.145	0.151	0.148	0.166	0.164	0.224	0.198	0.182	0.158	0.155	0.137
人均生产总值	0.024	0.016	0.022	0.015	0.02	0.027	0.021	0.04	0.036	0.034	0.025	0.039	0.01
财政总收入占生产总值的比重	0.029	0.019	0.027	0.024	0.015	0.018	0.017	0.041	0.026	0.014	0.034	0.022	0.031
第三产业占 GDP 比重	0.038	0.021	0.027	0.019	0.018	0.03	0.032	0.034	0.035	0.036	0.025	0.021	0.04
高新技术产业增加值占规模以上工业的比重	0.04	0.03	0.017	0.035	0.031	0.036	0.039	0.037	0.027	0.028	0.017	0.025	0.011
新能源产业主营业务收入	0.028	0.027	0.021	0.027	0.027	0.023	0.027	0.033	0.034	0.039	0.031	0.022	0.021
环境保护投资占 GDP 的比重	0.022	0.034	0.031	0.031	0.037	0.032	0.028	0.039	0.04	0.031	0.026	0.026	0.024

注：由于新能源产业产值数据难获得，本文选择了新能源产业主营业务收入，其中全国的数据是 31 个省份的平均值。

（二）资源消耗与利用水平方面

从表6.3来看，鄱阳湖流域（江西）的资源消耗与利用水平较低，仅高于内蒙古，资源消耗与利用水平处于劣势，主要差距在万元生产总值水耗，2013年江西省万元生产总值水耗高达184.7立方米，在比较样本中最高；而工业固体废物综合利用率，特别是工业污染治理完成投资占工业投资比重低，仅为0.3%。

（三）生态环境水平方面

从表6.4可以看出，鄱阳湖流域（江西）的生态环境水平明显高于全国平均水平和东中西部其他省份，生态环境优势非常明显。江西2013年森林覆盖率达到63.1%，与福建省并列全国第一，主要河流断面1—3级水质的比重达到80.8%以上，主要污染物排放强度化学需氧量、二氧化硫较低。

（四）碳产出和消费水平

从表6.5来看，鄱阳湖流域（江西）碳产出和消费水平较低，低于东部发达省份，但优于中西部其他省份和全国平均水平，鄱阳湖流域（江西）的碳生产和排放水平得分为0.192，比全国平均水平高出0.036。主要优势表现在碳排总量和人均碳排放量低，分别为5018.3万吨和0.91吨，在样本省份中最低。

（五）综合评价结果

从表6.6来看，鄱阳湖流域（江西）生态与低碳经济发展水平在中部地区列第一位，并高于西部省份和全国平均水平，但低于东部发达省份水平。

表6.6　　　　　　　　2013年生态与低碳经济发展综合比较

地　　区	全国	江西	山西	安徽	河南	湖北	湖南	江苏	浙江	广东	陕西	内蒙古	贵州
综合得分	0.707	0.743	0.634	0.65	0.652	0.689	0.732	0.798	0.799	0.792	0.681	0.651	0.647

三　小结

（一）鄱阳湖流域（江西）生态环境优良，具有巨大发展潜力

鄱阳湖流域（江西）森林覆盖率高，主要河流断面水质、城市空气质量优良，这些指标使江西的生态与低碳水平的综合得分在东、中、西部

表6.3

2013年资源消耗与利用水平比较

地　区	全国	江西	山西	安徽	河南	湖北	湖南	江苏	浙江	广东	陕西	内蒙古	贵州
资源消耗与利用水平	0.203	0.199	0.219	0.202	0.2	0.205	0.215	0.224	0.229	0.212	0.207	0.186	0.203
万元生产总值能耗	0.038	0.039	0.033	0.035	0.034	0.034	0.034	0.035	0.041	0.042	0.035	0.031	0.028
万元生产总值水耗	0.031	0.024	0.038	0.025	0.032	0.028	0.027	0.03	0.036	0.031	0.033	0.028	0.028
工业污水达标排放率	0.035	0.035	0.03	0.035	0.036	0.036	0.035	0.039	0.036	0.034	0.034	0.028	0.027
工业固体废物综合利用率	0.028	0.02	0.025	0.034	0.031	0.032	0.031	0.041	0.037	0.036	0.025	0.023	0.022
生活垃圾无害化处理率	0.022	0.027	0.021	0.021	0.026	0.019	0.021	0.027	0.03	0.022	0.022	0.021	0.024
城市生活污水集中处理率	0.015	0.031	0.02	0.025	0.015	0.018	0.029	0.016	0.014	0.012	0.023	0.024	0.03
工业污染治理完成投资占工业投资比重	0.01	0.003	0.031	0.006	0.005	0.017	0.009	0.007	0.008	0.012	0.016	0.012	0.026
万元GDP污染直接经济损失额	0.024	0.02	0.023	0.021	0.021	0.021	0.029	0.029	0.027	0.023	0.019	0.019	0.018

注：万元生产总值能耗、万元生产总值水耗、万元GDP污染直接经济损失为逆指标，均已经过公式换算，得分越高，优势就越明显

表 6.4

2013 年生态环境水平比较

地 区	全国	江西	山西	安徽	河南	湖北	湖南	江苏	浙江	广东	陕西	内蒙古	贵州
生态环境水平	0.167	0.203	0.147	0.148	0.143	0.153	0.178	0.15	0.17	0.167	0.155	0.161	0.146
森林覆盖率	0.018	0.05	0.014	0.021	0.019	0.026	0.035	0.021	0.048	0.043	0.033	0.015	0.024
主要河流断面 1—3 级水质的比重	0.031	0.038	0.026	0.029	0.025	0.035	0.039	0.036	0.03	0.032	0.029	0.03	0.034
省会城市空气质量达到及好于二级的天数	0.033	0.041	0.034	0.037	0.037	0.036	0.039	0.037	0.038	0.041	0.036	0.038	0.041
自然保护区占辖区面积的比重	0.04	0.023	0.022	0.01	0.011	0.014	0.019	0.016	0.009	0.014	0.017	0.028	0.015
每平方公里化学需氧量排放量（COD）	0.029	0.026	0.029	0.025	0.025	0.017	0.025	0.02	0.022	0.02	0.015	0.019	0.016
每平方公里二氧化硫排放量（SO$_2$）	0.016	0.027	0.022	0.026	0.026	0.025	0.021	0.02	0.023	0.017	0.025	0.031	0.016

注：COD、SO$_2$ 反映主要污染物排放强度，是逆指标，已经过公式换算，得分越高，说明排放强度越低。

表6.5

2013年碳产出和消费水平比较

地　区	全国	江西	山西	安徽	河南	湖北	湖南	江苏	浙江	广东	陕西	内蒙古	贵州
碳产出和消费水平	0.156	0.192	0.121	0.149	0.161	0.165	0.175	0.2	0.202	0.231	0.161	0.149	0.161
碳生产率	0.036	0.041	0.013	0.029	0.021	0.031	0.032	0.05	0.041	0.045	0.029	0.016	0.019
碳排放总量	0.007	0.038	0.021	0.015	0.042	0.025	0.035	0.032	0.031	0.041	0.021	0.014	0.019
人均碳排放量	0.036	0.039	0.03	0.035	0.033	0.035	0.035	0.035	0.033	0.032	0.031	0.032	0.034
人均生活消费碳排放	0.025	0.023	0.011	0.021	0.016	0.017	0.016	0.022	0.026	0.033	0.028	0.035	0.038
非化石能源占一次能源比例	0.013	0.012	0.008	0.011	0.011	0.018	0.019	0.023	0.032	0.041	0.013	0.014	0.012
（包括低碳经济引导政策、信息披露、监管制度等）	0.039	0.039	0.038	0.038	0.038	0.039	0.038	0.038	0.039	0.039	0.039	0.038	0.039

注：1. 碳排放总量、人均排放量、人均生活消费碳排放为逆指标，已经过公式换算，得分越高排放量越低。

2. 由于低碳经济发展规划是软性指标，2010年广东、辽宁、湖北、云南、陕西5省，天津、重庆、深圳、厦门、杭州、南昌、贵阳、保定8市入选全国首批低碳试点地区，我们将入选比较样本设为0.04即满分，各有试点市的省为0.039，其他则为0.038。

比较样本中居首位，远远高于全国平均水平。综合的环境因素是江西未来生态与低碳发展的最大潜力和优势。江西与东部、中部其他省份相比最大的差距在于经济发展水平方面，鄱阳湖流域仍属于欠发达地区。由于经济相对落后，碳排放总量相对较少，具有较大的发展空间。但资源消耗与利用水平处于劣势，非化石能源占一次能源比例较低，这也说明鄱阳湖生态经济区发展低碳环保产业，加快科技进步创新，提高资源的利用率，加快经济增长方式转变的任务还很重。

（二）东部经济实力、技术创新能力优势明显

东部生态与低碳经济发展总体水平全国领先，在人均生产总值、财政总收入占生产总值的比重优势明显，强有力的经济实力是推进经济生态化和低碳化转型的经济基础。2013 年，广东、江苏、浙江的生态低碳环保产业的发展水平均处于全国的前列，如碳生产力水平较高，东、中、西部的样本平均数分别为 5.32、3.45 和 2.38；非化石能源占一次能源比例更高，比较的东部样本平均值为 3.64，分别是中部样本的 2.68 倍、西部样本的 3.72 倍。但由于工业化发展总量大及传统发展模式影响，碳排放总量也相应增大，在碳排放总量控制更为严格的背景下，为了寻找更大的发展空间，东部发达省份加大环保投入，产业向中西部转移的速度在加快，科技对产业结构转变和产业的升级作用越来越明显。

（三）中部地区平均水平高于西部地区，但区域内发展不均衡

从比较样本看，中部 6 省（除山西外）生态与低碳发展平均指数值高于西部，落后于东部地区。同时，区域内发展差异较大。经济发展水平综合指标显示：湖南、湖北分别位于中部前两位，江西仅优于山西处第五位；资源消耗与利用水平综合指标显示：山西位居中部之首，江西则位于中部倒数第一，主要是万元生产总值水耗和万元 GDP 污染直接经济损失额较高，工业污染治理完成投资占工业投资比重 6 省最低；生态环境水平综合指标显示：江西位于中部省份第一，从森林覆盖率、主要河流水质、省会城市空气质量等生态环境因素优势非常明显，山西则位居中部倒数第 2 位；碳产出和消费综合指标显示：江西位于中部第一，碳排放总量较低、人均碳排放和人均生活消费碳排放均最低，碳生产能力最高。山西的碳生产力为中部地区最低，但山西正努力打造可持续的国家新型能源基

地，推进煤炭产业循环发展和高端化利用。

（四）西部经济增长较快，但生态与低碳水平相对落后

西部地区在国家西部大开发政策的支持下，依靠资源和后发优势，内蒙古、陕西等省区的经济增速极为明显，2013 年贵州、陕西和内蒙古GDP 增长速度分别为 12.5%、11.0% 和 9.0%。在低碳发展方面陕西为国家低碳试点省，贵阳市则为国家试点城市，在产业低碳和生态化及企业的循环经济发展上作出了努力，但从比较样本看，在西部地区生态与低碳总体水平相对落后，"有资源则富、无资源则穷"，后发效应依托资源粗放型开发模式比较明显。如内蒙古，煤炭对全区工业利润的贡献率始终保持在一半以上，这种发展模式对一些生态本身就很脆弱的敏感区已造成较大的威胁，粗放型发展方式亟须改变。

第五节 提高鄱阳湖流域生态与低碳水平的对策建议

鉴于客观评估及区域间的比较分析，要提升鄱阳湖流域生态与低碳水平，应以鄱阳湖生态经济区为龙头，以这一国家战略平台，通过试点先行，低碳和生态产业集群发展，投融资机制的创新，节能减排和技术创新和环境保护体系的构建，打造鄱阳湖生态经济区全国生态与低碳经济试点，并以此带动全流域和江西全省生态与低碳经济的发展。

一 规划和试点先行，打造生态与低碳经济发展龙头

结合目前国际国内低碳经济发展趋势，借鉴国内外低碳经济发展的经验，立足江西社会经济发展情景，将鄱阳湖生态经济区目前经济转型与未来生态与低碳经济发展模式有机结合，制定出鄱阳湖生态经济区发展生态与低碳经济的路线图，并研究实现低碳经济所需要的创新制度。利用鄱阳湖流域良好的生态资源，以鄱阳湖生态经济区国家战略平台，重点打造南昌全国"低碳试点城市"和新余"国家新能源科技城"，充分考虑碳减排、能源安全、环境保护的协同效应，有效降低节能减排成本，提高生态与低碳经济效益。

二　合理调整产业布局，逐步形成生态与低碳产业集群

依托鄱阳湖生态经济区这个战略平台，合理布局低碳和生态产业。建立包括核电、太阳能、风能等多门类的新能源产业体系，形成相对完整的产业链；发展战略型新兴产业和生态产业，根据基础和优势布局发展鄱阳湖生态经济区及流域新能源、新材料、半导体照明等十大战略性新兴产业的发展重点；合理布局生态产业，发展低碳农业、低碳工业及现代物流和现代商流以及现代旅游业。通过产业调整，促使生产过程的废物污染物资源化和排放的减量化，使生产活动对自然环境的影响降到最低程度，达到生态整体优化和经济持续发展，并寻求新的利润增长，为生态与低碳经济发展构建经济基础。

三　构建区域金融合作平台，创新生态与低碳经济的投融资机制

促进地方政府、金融管理部门和金融企业的跨区域合作与协调，以金融创新促进鄱阳湖生态经济区资金跨行政区流动。建立低碳与生态经济的投融资机制。一是加大财政资金投入力度，调整财政支出结构，建立相应的资金保障机制，支持低碳与生态经济发展；二是加大技术创新投入力度，加大对资源节约和综合利用关键技术攻关的支持力度，构建节约资源和保护生态环境的技术保障体系；三是建立多元化资金投入保障机制。加大转移支付力度，支持地方发展低碳经济。设立鄱阳湖生态经济区股权（产业）投资基金、区域生态环境保护基金和行业性的创业投资基金，加强与国际金融组织合作，进一步拓宽吸纳环保资金的渠道。

四　加大政策和资金支持，推进节能减排和技术创新

政府要从制度上为企业节能减排创造条件。在为企业提供完整的碳排放信息和稳定的减排支持环境，建立税收优惠、融资优惠等激励机制刺激和引导企业增加对低碳技术的研究和开发投入，或者通过对研发资金的重新分配，来推动低碳技术的发展。企业要注重研发先进能源技术。清洁能源技术和高效能源技术将逐渐成为最具竞争力的技术，通过研发创造有竞争优势的产品，提高自主创新能力，争取在竞争上占据抢先优势。同时应及时掌握和善于利用法律政策中的激励措施，灵活运用

金融、税收投资倾斜、项目扶持等优惠措施抢占先机，加快生态与低碳经济发展。

五　统筹生态保护和经济建设，实现各主体功能区协调统一

实行严格的生态环境保护制度，始终坚持把生态环境保护摆在工业化、城镇化的优先位置，强化鄱阳湖生态经济区内湖体核心保护区、滨湖控制开发带、高效集约发展区的协调统一，设置体现公平、可持续发展的政策制度支持体系。根据各主体功能区划分，实施分类政绩考核评估体系。探索绿色GDP的指标核算，改变地方政府政绩考核体系。在湖体核心保护区、滨湖控制开发带，应突出对生态环境保护工作的评价，把生态建设和保护成效纳入干部考核评价体系之中；在高效集约发展区，要强化对调整结构、节约资源、自主创新等工作的评价，综合评价经济增长、质量效益、工业化和城镇化水平等，以促进区域生态与经济的协调发展。努力把鄱阳湖生态经济区建设成为江西和全国生态文明先行示范区的"龙头"，并以此带动鄱阳湖全流域生态与低碳经济的全面发展。

第七章　鄱阳湖流域（江西）产业
低碳转型与发展

低碳产业就是以减少对地球的温室气体排放为发展目标，以低能耗、低污染为基础的产业发展新模式，按照三大产业划分，低碳产业可划分为低碳农业、低碳工业和低碳服务业。近年来，低碳经济已成为各地区经济转型发展重要路径，低碳产业也越来越得到很多地区的重视并大力推行。鄱阳湖生态经济区作为全国大湖流域综合开发示范区以及长江中下游水生态安全保障区，在保障全国、特别是长江中下游水生态安全方面具有重要作用，所以，大力发展低碳产业，以低碳产业的发展促进经济的转型升级，是鄱阳湖流域生态文明建设战略目标实现的重要一步。

第一节　鄱阳湖流域产业低碳化
的必要性和存在的问题

产业低碳化发展的关键就是转变发展方式，通过大力实施产业的节能、产业的减排、产业的增加值提升以及产业的结构调整等相关措施，来实现区域的碳排放与经济发展目标相分离，由此来改善长期以来的产业发展的高能耗而造成的经济一种不可持续发展的态势。目前，江西省正处于工业化、城市化的高速发展的时期，因此，产业结构重型化特征明显，加快发展与资源环境约束的矛盾十分突出。实现产业低碳化转型是区域低碳经济发展的内在要求，也是建设资源节约型、环境友好型社会的必然选择。

一　鄱阳湖生态经济区产业低碳化的必要性

（一）产业低碳化是顺应世界经济发展潮流的迫切需要

产业低碳化是世界经济发展的大趋势。发达国家一方面通过大力发展低碳技术，以及向发展中国家转移高碳型的产业，为其大力发展低碳经济和实施经济转型提供了空间，最终形成产业结构得到极大优化的低碳经济发展模式；另一方面，西方国家要求我国减少碳排放、实现碳平衡的压力不断加大。在这种国际背景下，江西省如不能实现产业低碳化转型，发展低碳经济，将失去参与国际竞争的主动权，在国内外竞争中处于不利的地位。

（二）产业低碳化是确保"十二五"节能减排目标实现的迫切需要

江西"十二五"规划中明确提出，"十二五"时期，规模以上工业单位增加值能耗年均下降4%，力争"十二五"累计下降20%；通过实施"工业千万吨标煤"节能工程，即全省工业领域要实现节能量达到1000万吨标准煤的结果。这对于重化工业和城市化在处于加速发展的江西省来说，任务确实非常。这是因为一方面，经济的快速发展，就是需要以重化工业快速发展作为发展支撑；而另一方面，以化石能源消耗为基础的重化工业的大力发展，又不可避免地会带来区域的高能耗、高污染、高排放的状态。当前，江西省的高碳经济发展特征十分明显。我们知道，产业结构状况决定了工业产业中属于制造业的重化工业占比会较大，而制造业在工业产业内部的能耗是最大的，大约占到占整个工业产业能耗的85%和整个能源消费总量的62%，这就是说，这些高耗能、高污染、高排放的重化产业发展，必将成为未来区域大力发展低碳经济，实现产业低碳化转型的首要障碍。因此，通过产业低碳化转型，大力提高能源利用的效率，使经济发展的单位GDP的能源消耗和碳排放在未来阶段得到逐步降低，推动高碳产业、落后产业转型，实现低碳化创新和转型则变得十分迫切和必要。

（三）产业低碳化是推进鄱阳湖生态经济区建设的迫切需要

要保护好鄱阳湖"一湖清水"，探索大湖流域生态与经济协调发展的新模式，就必须秉承"在保护中发展，在发展中保护"的可持续发展理念，正确处理经济发展与环境保护的关系，而实现产业低碳化转型，可以促进粗放型经济向集约型经济转变、实现碳排放与经济发展相分离、经济增长与环境退化脱钩，改善江西产业高能耗和经济不可持续发展的态势，实现生态保护与经济社会发展互动协调。

（四）产业低碳化是改善民生、促进社会和谐的迫切需要

当前，国家正在大力实施社会主义和谐社会的建设。而实现产业低碳化，努力坚持节约发展、清洁发展、安全发展的发展原则，那就一定能缓解当前能源资源瓶颈，使生态环境得到不断改善，实现区域经济社会的可持续发展，从而能够为居民提供优美的适宜的生产生活环境，为人民生活质量的提高和和谐社会的构建创造条件。

二　鄱阳湖流域产业低碳化转型的困境

（一）以煤为主的能源结构是江西产业低碳化转型的长期约束因素

目前来看，江西正处于工业化和城市化快速发展的时期，重工业化态势比较明显。而重工业化这种状况导致对重化工产品的需求急剧增加，进而转化为对能源的需求的急剧增加。从能源消费数据可以看出，江西能源年均消费量都呈现上升趋势，可以从江西能源消费数据可以看出，能源年均消费量都呈现持续快速增长的趋势。在2000年的时候，江西能源消耗总量仅仅为2505万吨标准煤，2013年则达到7672.7万吨标准煤（见图7.1），13年间增长了2.06倍。从能源消费结构看，煤炭占能源消费总量的比重近10年来维持在67.8%—74.5%之间（见图7.2）。2013年，煤炭、石油、天然气之和占能源消费总量的89.5%，其中煤炭所占比重达到70.7%，远远高于发达国家的平均水平。有研究做个预测，预计到2020年，整个煤炭在能源中的比重仍然将维持在60%的水平以上。煤炭消费量大力急剧增加，必将直接导致二氧化碳排放强度的快速提高。此外，根据我国已经探明的能源储量，在现有的一次性消耗的能源数量结构中，煤炭消耗所占的比重竟然高达94%的程度，而清洁能源比如石油和天然气消耗，分别仅仅只占到5.4%和0.6%的水平。我国这种"富煤、贫油、少气"的能源资源消费结构，也就决定了在未来很长一段时间内，江西的能源消费仍然将以"高碳排放"特征的这种煤炭消费形态为主，这将是江西向低碳发展模式转变的长期制约因素。

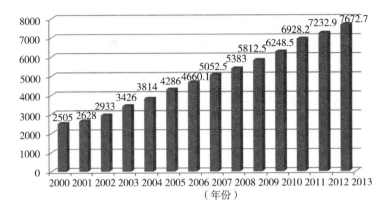

图 7.1　江西省 2000—2013 年能源消费总量变动图　（单位：万吨标煤）

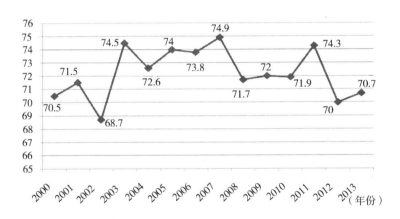

图 7.2　煤炭消费占能源总消费的比重图

（二）高能耗的产业结构在短期内难以改变

由于江西正处于工业化、城市化的快速发展阶段，三次产业结构中第二产业的占比不断加大，2000 年三次产业结构为 24.2∶35.0∶40.8，2013 年三次产业结构为 11.4∶53.5∶35.1，与全国三次产业结构相比，第二产业比重高出全国平均水平 9.8 个百分点；第三产业比重低 11.8 个百分点。并且，在第二产业中，工业特别是能耗强度大的重化工业比重又特别大。这种产业结构状况使江西对能源的需求和温室气体排放呈不断增长趋势。从三次产业的碳排放量来看，三次产业中，第二产业的碳排放远高于第一产业和第三产业（见表 7.1）。

表 7.1　　　　　　　　　三次产业能耗和碳排放情况

三产业	第一产业	第二产业	第三产业
平均能耗强度（吨/万元）	0.11	0.85	0.43
碳排量	低	高	中

2012—2013 年，江西第一产业的平均能耗强度为 0.11 吨标煤/ 万元增加值；第二产业为 0.85 吨标煤/万元增加值；第三产业为 0.43 吨标煤/万元增加值。即第二产业的能耗强度为第一产业的 7.7 倍多，为第三产业的 2 倍多。

目前，江西工业部门的能源消费量占全部消费量的 73.72%，其中钢铁、水泥、电力、有色金属冶炼、化工等六大高耗能行业占工业经济总量的 44%，能源消耗占工业能源消费量的 85%。江西要建设大量的城市基础设施和工业化基础设施，而这些都需要大量的钢铁、水泥、机械等一系列的高耗能的产品。这也就造成了近年来高耗能行业的比重比较高且以一种较快的速度在发展。而大量的高耗能行业的发展，必然会带来碳排放量的急剧增加。但是，江西这些高能耗工业部门，规模大，大都是国民经济的发展的支柱性产业。一方面，经济要实现快速发展，人民也有快速提高生活水平的要求，还依赖于这些产业发展。特别是短期在就业压力和税收压力较重的双重压力的情况下，想要在短期内实现产业结构的根本性调整，能够有力地淘汰落后产能，而实现产业结构快速调整，仍存在相当大的难度。另一方面，作为工业节能减排主体的企业，尤其是大量中小企业，在更新改造、节能减排的资金实力方面还很弱，缺乏节能减排的主动性和积极性。因此，江西在加快发展和调整产业结构方面存在着一定的矛盾，这使得产业低碳化的任务异常艰巨。

（三）低碳技术发展缓慢

要实现低碳经济的快速发展，第一就是要依靠技术的发展。只有国家和地区或企业获得先进技术，实现低碳排放的经济发展模式才有可能性。作为欠发达地区，江西经济发展要实现"高碳"发展模式向"低碳"发展模式的转变，目前最大的制约因素就是江西省的产业发展整体科技水平还不高，相比其他省份，还比较落后。以科技投入强度指标来分析，2013 年，江西省的 R&D 经费支出仅仅为 136 亿元，占全省 GDP

的 0.95%，比全国平均水平还要低 1.05 个百分点。再就技术转让情况来分析，一方面国际上低碳技术的相对封锁，客观上造成江西低碳转型的难度；另一方面，江西人才比较缺乏，而且先进技术转让费也比较昂贵，政策和法律体系不完善等，这些都是造成国际技术转让的障碍因素。此外，尽管近年来江西的科学技术有了突飞猛进的发展和进步，但是就低碳技术开发应用而言，江西的技术还与世界发达国家有很大的差距。比如江西在可再生能源、新能源、二氧化碳捕获与埋存、煤层气的勘探开发、煤炭的清洁高效使用等低碳技术和设备才刚刚起步，还面临很大的挑战。

（四）企业节能减排动力不足造成能源使用率低下

从江西能源强度数据来看，江西经济发展处于粗放式的增长特征，经济发展对能源和资源依赖程度都较高，所以在单位 GDP 能耗指标虽然低于全国水平，但与北京、浙江、江苏、广东等省市相比，能耗强度还有一定的差距，与世界先进水平相比更是相距甚远（见表 7.2）。虽然早在"九五"时期，国家就提出要促进经济增长方式由粗放型经济增长向集约型的经济增长方式转变。可惜的是，直至目前，这种以粗放型为主的增长方式仍然没有根本改变。江西一些产业工艺水平和装备都非常落后，许多资源利用率低的中小型企业普遍存在，所以，这些高投入、高能耗、低效率的发展问题仍相当突出。江西在能源开采、供应与转换，以及输配技术、工业生产技术和其他能源终端使用技术等方面，与世界先进水平相比，差距都比较大。甚至与国内发达地区相比也有一定的差距。同时作为区域发展低碳经济的主体，江西企业，在实施"低碳战略"方面，也面临着自身和市场机制等一些困难和问题：一是企业节能减排的成本比较大，即使有新型实用的节能减排装备、设施和技术，也可能因资金缺乏也难以及时进行更新；二是节能减排项目融资难，中小企业获得银行贷款的比例远低于国有大中型企业；三是发展成本压力增大，节能减排方面的投入将加大企业的产品成本，从而影响到其市场竞争力，等等。这些问题不解决，那么企业自愿参与到区域的低碳发展中来，甚至高效地使用能源的积极性就难以调动起来。

（五）相关法制制度与市场制度不完善

长期以来，为实现经济和工业发展转型，我国政府先后出台了一系列

表 7.2　　江西省能源强度与全国及先进地区平均水平的比较

单位：吨标煤/万元 GDP

年份	2005	2006	2007	2008	2009	2010	2011	2012	2013
全国平均水平	1.28	1.20	1.06	0.93	0.90	0.97	0.76	0.70	0.66
江西	1.06	1.02	0.98	0.93	0.88	0.85	0.65	0.65	0.59
广东	0.75	0.77	0.75	0.71	0.68	0.66	0.56	0.56	0.51
上海	0.88	0.87	0.83	0.80	0.73	0.71	0.62	0.62	0.60
北京	0.80	0.76	0.71	0.66	0.61	0.58	0.46	0.46	0.45
浙江	0.90	0.86	0.83	0.78	0.74	0.72	0.59	0.59	0.53
江苏	0.92	0.89	0.85	0.80	0.76	0.73	0.60	0.57	0.55
福建	0.94	0.91	0.88	0.84	0.81	0.78	0.64	0.64	0.61

数据来源：《全国统计年鉴》、各省统计年鉴。

与产业低碳发展直接相关的法律文件，包括《国务院关于做好建设节约型社会近期重点工作的通知》、《国务院关于加快发展循环经济的若干意见》、《国家发展改革委关于加快推进产业结构调整遏制高耗能行业再度盲目扩张的紧急通知》、《中华人民共和国循环经济促进法》、《节能技术改造财政奖励资金管理办法》、《淘汰落后产能中央财政奖励资金管理办法》、《合同能源管理财政奖励资金管理暂行办法》、《工业企业能源管理中心建设示范项目财政补贴财政奖励资金管理暂行办法》等系列文件。不过就法律法规完善来说，我国在促进低碳经济发展的相关法律法规政策体系方面仍处于不完善的阶段，我国在关于碳排放的实施控制的措施防范，还是大多处于依靠政府的一些行政指导和行政指令的基础上，一些相应配套的法律法规体系还没有建立。低碳经济的发展还是缺乏保障机制。各级政府部门、企业和个人在生产活动方面如何实施低碳发展还是缺乏比较强有力的硬性约束。与此同时，各个产业、产品节能减排标准体系也不健全，大量设备、设施、工艺流程能耗标准缺乏，使得节能监测、管理缺位的问题十分明显。到目前为止，江西还没有出现一家省级层面的交易市场和机构，由于缺少排污权的市场调节机制，当排污主体将排污水平削减到政府规定或赋予配额以下时，差额部分不能在市场进行交易获得利益；反之，当排污主体的排污水平超过政府规定或赋予配额时无须购买污染物排放额度而接受严厉的处罚，市场机制对资源能源的高效配置作用无法发挥。这也给江西产业低碳化转型造成障碍。

第二节　鄱阳湖流域低碳产业区域布局

一　发挥鄱阳湖生态经济区的龙头带动作用

（一）建设"四大生产区"和"八大生产基地"为核心的低碳农业产业群

在鄱阳湖生态经济区应建设以"四大生产区"和"八大生产基地"为核心的低碳农业产业群。通过特色农业的聚集，发展精准农业、绿色农业和现代农产品物流，形成高产、优质、高效、生态、安全的低碳农业产业群，提升农业的减排和碳汇能力。通过龙头企业的带动，形成产供销一条龙，提高农产品附加值，增加农民收入，确保食品安全①。

1. 四大生产区：南部平原优质粮食和无公害蔬菜生产区；北部平原优质棉花、油菜生产区；环湖水域高效渔业生产区；丘陵山地高效林业、牧业、果业生产区。

2. 八大生产基地：鄱阳湖大型优质粮食生产基地、鄱阳湖淡水养殖基地、棉花种植基地、油菜种植基地、有机茶生产基地、无公害蔬菜生产基地、畜禽养殖基地、早熟梨种植基地。

（二）建设以"六大发展区"和"八大工业基地"为核心的低碳工业产业群

以工业园区为平台，以骨干企业为依托，推广循环经济发展模式，推进节能降耗减排，形成科技含量高、经济效益好、资源消耗低、环境污染少的工业产业体系。

1. 六大发展区：装备制造、石油化工产业发展区；陶瓷产业发展区；铜产业发展区；医药、食品产业发展区；建材、光伏产业发展区。

2. 八大工业基地：光电产业基地；新能源产业及设备制造基地；铜冶炼及深加工基地；优质钢材深加工基地、炼油及化工产业基地；航空产业基地；汽车及零部件生产基地。

（三）建设发展以"四大功能区"和"两大精品路线"为核心的现代旅游产业群②

突出"红色摇篮、绿色家园"品牌和文化优势，大力开发湿地生态游、陶瓷艺术游、健身养生游、宗教朝觐游等产品，构建以鄱阳湖为核心的大旅游网络，打造国内外知名的红色旅游目的地、生态旅游目的地和休闲度假目的地。

（四）发挥南昌示范城市的带动作用

推行以生态保护为主基调的城市建设布局。以"八湖两河"水系综合整治为重点，切实保护水资源；加强湿地修复维护，加快建设大型公共绿地，建设山区、平原、城市绿化隔离带，形成内、中、外三个层次的绿

---

① 江西省统计局：《江西：高效发展低碳经济 实现区域绿色崛起》2010 - 08 - 30。

② "四大功能区"：北部山水揽胜旅游区；中部湖泊生态旅游区；东部特色文化旅游区；南部人文景观旅游区。"两大精品线路"：鄱阳湖区的精品线路，跨省旅游精品线路。

化体系；加快建设南昌湾里生态区。

1. 推行以低碳产业为主导的城市经济增长模式。加快推动传统产业向低碳型产业的转变；加快发展新兴能源产业和服务业；加快提高火力发电效率和清洁煤利用水平；加快提升农林牧业适应气候变化的能力。

2. 推行以低碳发展为理念的城市规划和交通模式。将低碳理念融入城市规划、改造和建筑设计，建立与碳排放量相适应的城市绿化量；加快建立现代交通系统，使用低碳排放和零碳排放的交通工具。

3. 创建以低碳经济为主线的社会环境。率先掀起市民"低碳化"生活和消费的新时尚；率先推动"低碳化"公共管理与服务体系的建立；率先完善"低碳化"生产的标准和制度。

二 发挥"一带五都五城"重点城市的辐射作用

1. 打造九江"沿江产业带"。加快建设永修星火有机硅产业园区，打造上千亿规模的有机硅产业带；稳步推进核电、风电建设；打造赣北区域现代化港口旅游城市、区域性物流枢纽；推进中芬数字生态城建设，使其成为中欧生态经济、技术合作的示范区。

2. 打造南昌"世界光电之都"①。加快建设南昌光伏产业基地，形成涵盖硅料、硅片、电池片、电池模组件、应用系统 5 个环节，上、中、下游产品齐全的光伏产业链，最终形成规模宏大、分工合理、配套完善的光伏产业集群，把光伏产业打造千亿产业。打造 LED 产业基地，形成以外延片为上游产业、芯片制造为中游产业，光源、灯具、LED 显示屏、手机背光源等为下游产业的完整产业链，最终实现以金沙江 LED 产业园为核心的 LED 产业群，形成年销售收入约 1000 亿元的规模。同时，以自主创新为制高点，产业集群化为方向，积极拓展应用领域，加强地区与国际合作，瞄准世界光伏光电产业发展趋势，形成江西特色的产业链和南昌优势的光伏光电产业集群，从而在整体上提高我省光伏光电产业的科技创新能力和核心竞争力，打造"世界光电之都"。

3. 打造景德镇"绿色瓷都"。依托产业基础和品牌优势，积极推进资源枯竭型城市转型，调整和优化产业和能源结构，大力发展功能陶瓷、结

① 《绿色崛起之路——江西省低碳经济社会发展纲要》2009 年 11 月。

构陶瓷、生物陶瓷、工艺陶瓷和精品建筑陶瓷，培育陶瓷文化创意产业。

4. 打造鹰潭"世界铜都"。充分发挥江西铜资源丰富、产业集聚度高的优势，改进生产工艺，降低能耗，不断提高铜冶炼水平和精深加工能力，大力发展高精铜材产业。

5. 打造赣州"世界钨都·稀土王国"。依托优势资源，加快钨、稀土产业集聚，不断提高深加工能力，改造传统工艺，有效降低能源消耗和资源浪费，打造世界知名的永磁材料及永磁电机生产基地、硬质合金及刀钻具生产基地。

6. 打造宜春"亚洲锂都"。依托丰富的锂资源，加速推进锂电千亿工程建设，积极筹划建设江西省锂电新能源产业基地，加快发展锂矿石采选产业链、正极材料产业链、锂离子电池产业链。

7. 打造新余"国家新能源科技示范城"。加快建设从高纯硅料、硅晶片、太阳能电池组件及配套产品的完整产业体系，建成国内一流的光伏产业基地和新能源发电设备制造基地。

8. 打造上饶"中国光学产业城"。充分发挥光学制造领域的技术和产业优势，以照相器材、光机配套、光学引擎为重点，强化创新能力，完善产业链，加快形成产业集群，建设全国性的光学仪器生产和交易中心。

9. 打造吉安"绿色产业示范城"。大力发展以井冈山为带动的红色旅游、生态旅游、文化旅游产业，不断提高旅游产业附加值；规范水电开发，形成以万安水电站、峡江水利枢纽为核心的水电开发体系；科学引导、积极发展风电设备制造业，优化产业结构，增强自主创新能力和竞争力。

10. 打造抚州"绿色农产品示范城"。充分发挥农业特色优势，推进优质粮、蜜橘、生猪等特色优质农产品基地建设；加大推广种植非粮燃料乙醇植物，打造面向海西经济区的绿色农产品供应基地和新型绿色燃料基地。

11. 打造萍乡"循环经济试验城"。加快循环经济试验步伐，加快淘汰煤炭、钢铁、水泥等行业的落后产能和生产工艺，加快用高新技术和先进适用技术改造传统产业，促进传统产业向低碳型产业转变。

第三节　战略性新兴低碳产业发展与传统产业转型

一　战略性新兴低碳产业发展

战略性新兴产业指在国民经济具有战略地位，对经济社会发展具有重大和长远影响的行业，它必须掌握关键核心技术，具有市场需求前景，具备资源能耗低、带动系数大、就业机会多、综合效益好的特征，具有成为一个地区未来经济发展支柱产业可能性。战略性新兴产业涵盖范围很广，2010 年江西省确定的鄱阳湖生态经济区战略性新兴产业包括光伏、风能核能、新能源汽车与动力电池、航空、半导体照明、金属新材料、非金属新材料、生物、绿色食品、文化及创意等十大产业。2013 年 1 月将十大战略性新兴产业进行了微调，调整之后的十大战略性新型产业分别为：光伏、新材料、锂电与电动汽车、绿色光源、生物和医药、航空制造、先进装备制造、电子信息、绿色食品、文化及创意。随着经济形势、产业技术、市场需求等的发展变化，特别是近年来国家先后出台了战略性新兴产业发展规划和重点产品与服务目录。为适应新形势、新要求，2014 年 4 月，江西进一步对战略性新兴产业进行调整，确定节能环保、新能源、新材料、生物和新医药、航空产业、先进装备制造、新一代信息技术、锂电及电动汽车、文化暨创意、绿色食品等①。

（一）节能环保

1. 加快节能技术装备业发展。要着力推进节能低碳技术与装备产业化，大力发展换热设备、蓄热式燃烧、高效机电及拖动设备、高效变压器等重点技术装备，大力支持节能机动车及相关零部件、配套装备产品制造，大力推广节能型牵引车和挂车，推动低功耗高光效 LED 光源、IC 驱动智能微汞高效电子节能灯等高效照明技术产业化。

2. 加快环保技术装备业发展。推进大气污染治理技术设备产业化，推进污水垃圾处理技术设备产业化，推广反渗透膜技术和中空纤维膜技术，研发生产乡镇分散式生活污水处理、垃圾焚烧和裂解气化、烟气净化、污泥处理、垃圾渗滤液和餐厨垃圾处理等技术和装备。

3. 发展资源循环利用技术装备。推广应用报废汽车和废旧电器破碎分选、塑料改性和混合废塑料高效分拣、废电池全组分回收利用等技术装备，推动再生资源清洁化回收、规模化利用和产业化发展。②

①　《江西省人民政府办公厅关于印发 2014 年战略性新兴产业推进工作指导意见的通知》。

②　《江西打造十大节能基地，助推节能技术产业发展》http：//www.jxcn.cn/525/2010 - 9 - 18/30124@768614.htm。

（二）新能源

1. 大力发展风电、水电产业。"十三五"时期，要全面推进江西省25个风电场的建设，全面提升装机总量，重点提升庐山长岭风电场、都昌矶山湖风电场等；进一步完善石虎塘、峡江等大中型水电项目建设，有效提升修河、信江、饶河、赣江、抚河开发程度。

2. 推动光电产业的发展。江西光电产业发展具有一定的比较优势，要围绕南昌国家级半导体照明产业基地，推动粒硅衬底芯片及器件镍氢动力电池等一系列项目的建设。

3. 推动新能源汽车产业发展有新突破。积极研发生产永磁电机、锂电池、超级电容和整车控制系统，带动锂电池正负极材料、电解液、隔膜等产品的生产，提升锂矿矿产采选冶水平，形成较完整的产业链。积极研发生产城市出租车、公交车、城市功能专用车等多种类型的新能源汽车。

（三）新材料

1. 推动稀土新型功能材料产业化。充分利用江西省的稀土优势，加快发展稀土永磁材料、发光材料，实现稀土镁、稀土铝等稀土新型功能材料的产业化。

2. 推动铜产业向下游延伸。巩固现有产业基础，着力抓好电解铜箔、铜板带、电子引线框架等铜精深加工项目，重点发展高纯铜及铜合金、超强超导铜材料、超薄铜箔材料和高技术档次的线材等高新技术产品。

3. 拓展钨产品应用领域。研究和推广应用低成本高效率制取高纯稀有金属及其化合物的新工艺、新技术，重点开发纳米级钨超细粉体材料、新型硬质合金及高性能电容级钽粉、钽丝产品，拓展研究应用领域。

4. 推动非金属产业提升。大力发展电子陶瓷新材料、传感器陶瓷产品、复合陶瓷材料、梯度功能材料等功能陶瓷、结构陶瓷新产品。

（四）生物和新医药

1. 形成完整产业链。江西生物医药产业应该形成完整的产业链条，重点发展现代中药、生物制药、原料药及中间体制造等，形成从生物医药到生物医疗器械、生物医学工程、生物农业的完整产业链。

2. 做大做强中药产业。加大对江西传统名优中成药进行二次开发，形成真正的核心技术优势，壮大优势品种，继承和发扬光大"樟帮"和"建昌帮"传统中药饮片炮制技术，开展江西省道地中药材及特色品种中药饮片的规范化炮制、中药免煎颗粒、中药标准提取物研究及其产业化应用研究，开展中药提取技术、分离技术、纯化技术、干燥技术及包合技术等中药关键技术产业化应用和新型辅料的应用研究，整体提升中药产业的技术水平和竞争力。

3. 积极探索化学制药产业开发。支持抢仿专利到期的全球知名品牌畅销药物，突破优势大宗原料药和医药中间体的关键生产技术，提高其市场核心竞争力，重点实施应用缓释与控释制剂、靶向制剂、经皮吸收制剂等现代制剂产业化，提高产品的附加值。

4. 推动医疗器械产业跨越发展。在巩固现有输注器具、卫生材料、血细胞分析仪及体外诊断试剂产业优势的基础上，通过招商引资，吸引有能力的知名医疗器械企业进驻江西，重点开展临床需求大、应用面广的医学影像、放射治疗、微创介入、外科植入、体外诊断试剂等产品的研发，推进核心部件、关键技术的国产化。

（五）航空产业

1. 做大航空主力机种规模。以"一城两园区"（南昌航空工业城、景德镇航空产业园、九江红鹰飞机产业园）为主要发展平台和载体，推动骨干企业本地化与国家化联合。进一步做大洪都航空，继续推动昌飞公司直8、直11、CA109、AC310等机型的发展；不断壮大九江红鹰飞机制造公司直升机和固定翼飞机的生产能力，巩固和提升我省直升机、教练飞机、通用飞机、无人直升机等主力机种发展实力。

2. 重点推进五大关联产品体系建设。结合区内科研生产水平和现有航空产业基础，突出发展大飞机零部件，着力开发航空陶瓷、高分子材料及其他新型航空材料，加快锻铸造新技术工程化进度，大力引进全机橡胶及塑料件加工、整机内饰件及内饰改装、航电产品、随机备件、仪表板等航空零部件、重点发展飞机航空系统、机电系统等机载设备，不断构建较为完整的航空关联产品体系。

（六）先进装备制造

1. 积极推动智能装备业发展。要做大做强智能装备业研究平台，2014年12月29日，江西省智能机器人工程技术研究中心与重点实验室在中航工业洪都正式成立，并首次发布中航工业洪都智能移动控制器技术。江西要充分利用这一研究平台，一方面，联合省内高校，进行技术攻关；另一方面，加大力度对接世界一流研究团队，壮大江西智能机器人的研发能力。

2. 突破关键核心技术。围绕系统集成、设计、制造、试验检测等核心技术，以及伺服电机、精密减速器、伺服驱动器、末端执行器等关键零部件技术，新型传感原理和工艺、高精度运动控制、高可靠智能控制等基础关键技术，加大技术研究和重点攻关，争取在相关重点领域和关键环节取得重大技术突破，提升江西省高端装备制造业的整体竞争力和影响力。

（七）新一代信息技术

1. 抢占大数据产业发展先机。加快大数据基地建设。江西应该在若干具有良好基础的工业园内开展大数据基地建设，推动中国电信、中国移动、中国联通江西数据中心建设，支持金融机构和企业在我省建设数据中心，支持有条件的市、县建设大数据应用服务园区；大力引进和培育大数据企业。通过引进行业领先企业与培育本地企业相结合的模式，着力拓展大数据产业链。推进数据中心集群建设，开展数据存储服务，形成数据资源洼地。

2. 推动移动互联网产业发展。重点围绕新一代移动通信、光纤接入、无线宽带接入、光传输以及专网通信等领域，支持下一代信息网络的终端和设备制造，以及网络运营管理系统、信息安全产品、业务测量分析仪器和网络优化工具的产业化，鼓励通信设备制造商、互联网增值业务提供商联合开发具有自主知识产权的移动智能终端操作系统。三是推动物联网产业发展。重点围绕射频识别与传感节点技术、组网与协同处理技术、系统集成技术等领域。

（八）锂电及电动汽车

以纯电动汽车（含低速电动车）、插电式混合动力汽车作为重点技术研发对象，研究整车分布式控制系统，掌握基于新型电机集成驱动的底盘动力学控制、整车控制系统、智能交通、车网融合（V2G）等前沿技术；研究电动汽车制动能量回收的分析与控制系统，优化产品性能，提高产品的可靠性、实用性，逐步实现新能源汽车的产业化。重点突破动力电池核心技术，提高电池性能和寿命，降低成本。开发新型正极材料和高容量合金负极材料，加强电池管理可靠性研究和轻量化设计，提高电池比能量；改进电极材料循环性能，开发长寿命电池体系；提升电池体系低成本制备技术，推进电池零配件和系统组合件的标准化和规模化，进一步降低成本①。

---

① 江西省发改委：《江西省节能与新能源汽车及动力电池产业"十二五"发展规划》。

（九）文化暨创意

1. 大力推动传统文化产业跨越发展。积极推动文化演出、娱乐休闲、文化旅游等传统文化产业以及软件信息服务业、数字广播影视业、数字动漫业、数字媒体与出版、数字艺术典藏、数字影音、数据服务业、远程教育、网络内容增值服务和移动内容增值服务等产业发展，形成区域差异化的核心竞争力。

2. 推动文化暨创意集聚发展。依托铁路、公路、水路等交通干线，培育和壮大沿京九、浙赣、昌九、沿江、环鄱阳湖为主轴的生产力布局，逐步形成赣东北、赣中南、赣西三大文化创意产业体系集聚区域，构建全省点线面相互支撑、相互促进的综合文化创意产业空间格局。重点打造南昌、景德镇、九江、赣州、萍乡、抚州六市文化及创意产业基地。着力构建共青城影视基地；南昌市综合型创意产业基地及传统书画艺术基地；赣州民间工艺创意基地；景德镇陶瓷艺术创意基地；萍乡网络游戏与动漫基地；抚州传统工艺基地。

3. 着力发展文化创意新兴产业。大力发展文化艺术传媒、创意产业设计、软件及服务外包和动漫四大产业。文化艺术传媒等传统文化产业：以市场需求为导向，深度开发丰富多彩的文化创意产品和服务，形成以演出为核心的多元产业链；整合资源，积极引导和扶持出版创意业做大做强。创意设计产业：重点发展工业设计、广告设计，大力发展建筑设计、工程设计、平面设计、工艺美术设计，积极培育服饰设计、咨询策划；支持共性技术和关键技术研发，加快创意设计产业公共平台建设。

（十）绿色食品[①]

1. 着力发展绿色稻米产业。开展稻米高产创建活动，建设绿色水稻标准化生产基地、优质良种繁育基地和高产基因库，努力推进水稻良田良制、良种良法、农机农艺的有机结合。提高副产物综合利用水平，充分利用碎米、米胚、稻壳和米糠等稻谷加工副产品。推进大米新产品研发，鼓励生产留胚米、调理食用糙米等充分利用稻谷天然营养资源的营养型大米产品，促进粮食加工企业的规模化、集群化、联合化发展，形成上下游紧密相连的产品链企业集群。

2. 大力发展绿色水果产业。培育引进名特优新品种，改造低产低质果园，推进优质、高效、生态标准果园建设。加快现代化果品加工企业建

---

① 《江西绿色农业发展规划（2013—2020）》，江西农业厅网站，2013 – 09 – 30。

设，加强柑橘、甜柚、梨等水果加工技术的改造、升级，推进综合加工利用技术研发，突破关键瓶颈技术，提高精深加工和综合利用水平。

3. 大力发展绿色家禽标准化生产基地。建设生猪标准化养殖场和养殖小区，发展健康养殖。支持生猪加工业做大做强，加速传统肉制品加工企业进行现代化技术改造，积极推进传统肉制品工业化生产的步伐，提高机械化屠宰的比重，加快传统肉制品的发展。优化肉类食品结构，扩大发酵肉制品、调理肉制品、低温肉制品、功能性肉制品的生产，大力发展冷却肉、分割肉和直接食用的各类熟肉制品，提高熟肉制品在肉类消费中的比重，扩大小包装分割肉的生产，加强肉制品的精深加工。

4. 以建设生态高效优质标准茶园为目标。加快低产低质茶园改造，推进绿色茶叶生产基地建设。大力发展茶叶深加工产业，提高茶产品技术含量和附加值，依托现有资源和地方产业优势，培育壮大产业化龙头企业，加强知名茶叶品牌建设，尽快形成全国有影响力的知名品牌。以发展名优绿茶为重点，大力发展茶叶精深加工，提高茶叶加工自动化水平，建设大宗红绿茶精制加工和出口绿茶拼配厂，依托婺源绿茶、庐山云雾、宁红、双井绿、浮梁茶、浮红、狗牯脑等名优特色品牌，加速区域品牌整合，开拓红绿茶出口市场。

二　传统产业的低碳转型

依据现有产业目录和产业发展重点，江西传统产业主要有：钢铁产业、食品产业、陶瓷产业、造纸产业、纺织产业、石化产业、有色金属产业等七大产业，推动这七大产业的低碳转型，必须从各个产业的特点和鄱阳湖生态经济区的区情出发，有的放矢，合理、有效、科学推进，以达到鄱阳湖生态经济区传统产业全面低碳转型的目的。

（一）钢铁产业：能源集约化低碳转型

以技术改造、企业重组、优化布局、淘汰落后为重点，推动钢铁产业结构调整和优化升级，增强企业素质和竞争力，钢铁的支柱产业地位得到进一步巩固和加强。对钢铁产业低碳转型，应做到以下几个方面：

1. 推进企业重组。发挥骨干企业带动作用，推动省属国有钢铁企业实质性重组。鼓励省内各种所有制钢铁企业以资产为纽带进行联合重组。支持钢铁企业靠大联大实施兼并重组。力争形成两家产能超 1000 万吨，具有较强区域性竞争力的大型钢铁企业。

2. 优化产业布局。依托新钢，大力发展板带、优质线材、重轨、电工钢、钢管、金属制品等产品，将新余建设成为国内重要的精品板材、电工钢、金属制品和线材生产基地；利用九江港口优势，结合中心城市钢铁企业的搬迁改造，淘汰落后产能，建设九江沿江千万吨级先进钢铁生产基地。

3. 加大技改力度。鼓励钢铁企业开展技术改造、技术研发和技术引进，支持高附加值产品、发展循环经济、节能减排项目。推进300万吨薄板、120万吨中厚板、100万吨重轨、100万吨大型管坯，洪钢50万吨核电用钢管和超超临界电站锅炉用钢管、40万吨高精度合金钢带、80万吨弹簧钢、50万吨电工钢、50万吨金属制品、3万套汽车空气悬挂总成、1万套汽车底盘总成、600万吨优质建筑用钢等项目建设。

4. 提升产品档次。发展高强度汽车用钢、4米以上高强度船板和大线能焊接船板、压力容器用钢板、建筑和工程机械用高强度结构钢板、不锈无缝钢管和高合金无缝钢管、高强度弹簧钢、预应力钢绞线、无取向硅钢、优质合金结构钢、齿轮钢、轴承钢等。支持开发高速铁路用钢、X80级以上管线钢、高磁感低铁损取向硅钢、高档次电力用钢、宽幅冷轧不锈钢薄板、特殊大锻材等品种。

5. 淘汰落后产能。按照国家下达的淘汰落后计划，在"十二五"期间，在已经淘汰炼铁262万吨、炼钢138万吨的基础上，2015年年底再淘汰炼铁30万吨、炼钢25万吨。

（二）陶瓷产业：技术化低碳转型

加快整合各类陶瓷科研资源，支持国家陶瓷工程技术中心建设，启动一批振兴陶瓷重大科研项目，支持省部共建陶瓷科技城，建设陶瓷科技园，打造以陶瓷新材料技术为核心、陶瓷应用工程技术为特色的陶瓷新技术研发基地。重点方向：发展高档日用瓷、高档艺术瓷和高技术陶瓷。

1. 日用陶瓷要发挥景德镇千年瓷都品牌效应。做大"红叶"、"玉风"等知名品牌，不断推出新材质、新器型、新花面、新品种，积极发展强化瓷、自灭菌纳米日用瓷、耐热瓷和中温瓷，着力提高产品档次和市场占有率。

2. 艺术陶瓷进一步巩固在国内外市场的领先地位。重点发展高附加值和集艺术性、装饰性、观赏性、实用性于一体的工艺陶瓷，鼓励不同装饰方法、不同艺术风格陶瓷的发展，努力提高产品的欣赏性、实用性、价值性。

3. 高技术陶瓷要提高技术含量。采用自主开发、联合开发、技术引进等多种方式，加快发展高压及超高压电瓷、结构陶瓷、电子陶瓷、稀土陶瓷、功能陶瓷等工业陶瓷产品。

4. 建筑陶瓷领域，发挥江西省比较优势。按照产业集中布局的要求，承接沿海发达地区陶瓷产业转移。在产业转移中，优化生产工艺，提升技术水平，推进节能减排，促进产业升级。重点建设好高安、丰城两大建筑陶瓷产业基地。

（三）造纸产业：集聚化低碳转型

支持骨干企业兼并、重组省内造纸企业，全面淘汰年产3.4万吨以下草浆生产装置和年产1.7万吨以下化学制浆生产线，关闭排放不达标、年产1万吨以下以废纸为原料的造纸厂。重点以晨鸣纸业为依托，以高档造纸为重点，形成进口纸浆—纸或纸板—高档纸制品的造纸产业链，特种纸进一步开发高技术含量、高附加值、低耗、低污染或无污染产品。重点发展高档文化用纸、中高级生活用纸、包装用纸及特种用纸等产品。

1. 文化用纸。主要开发高档次彩色胶印新闻纸、低定量涂布纸、双面胶版纸、胶印书刊纸、高档书写纸、干法静电复印纸、铜版纸、传真纸、电脑打印纸等办公用纸。

2. 包装用纸。主要开发高档次牛皮挂面箱纸板、高强度低定量瓦楞原纸、牛皮卡纸、涂布白纸板、涂布白卡纸、薄页包装纸、精制牛皮纸及特种包装纸等产品。

3. 生活用纸。主要开发一次性高档纸巾纸、卫生纸、纸杯纸以及纸餐盒等产品。

4. 特种纸方面。主要开发高档次装饰原纸、彩色喷墨打印纸、卷烟纸、无碳复写纸、防伪票证纸、证券纸、防近视彩色高档纸、扑克牌纸板等特种纸及其他特殊工业用纸。

（四）石化产业：规模化低碳转型

壮大骨干企业，培育产业基地，增强竞争力，推进石化产业向大型化、集约化、精细化、系列化方向发展。"十二五"期间，加快实施九江石化油品质量提升工程，原油加工能力达到 1000 万吨/年，成为国内千万吨级大型石化基地。

1. 扩大石油化工规模。支持九江石化完善二次加工配套设施建设，力争原油加工能力达到 1000 万吨/年，成为国内千万吨级大型石化基地。延伸产品链，提高附加值，扩大聚丙烯的生产能力，新上芳烃生产项目。重点推进 II 套常减压装置 500 吨/年和 I 套催化裂化装置 200 万吨/年节能改造、140 万吨/年连续重整、120 万吨/年渣油加氢裂化、80 万吨/年芳烃等项目建设，逐步提高深加工产品产值比重。

2. 培育盐化产业优势。加快全省岩盐资源整合，形成统一开采、集中供卤格局。充分利用我省丰富的岩盐资源，大力发展氯碱、有机氯等高附加值的盐深加工产品，延伸盐化工下游产业链，开发技术含量高、附加值高的精细化工产品。重点推进樟树、新干两大盐产业基地发展，支持省盐业集团年产 30 万吨离子膜烧碱、江西碱业公司年产 120 万吨联碱、江西宏宇公司年产 60 万吨联碱等项目建设。

3. 提高化肥工业竞争力。氮肥行业重点支持九江石化、江氨公司、双强化工采用煤气化技术等先进可靠的技术对生产线进行改造，降低生产成本。磷肥行业重点支持贵溪化肥公司实施磷酸二铵改扩建项目，扩大生产能力。其他小化肥企业根据植物、土壤差异和市场需求，开发新型复合肥料品种，发展各种专用肥、BB 肥、微量元素肥、有机—无机复合肥、液体肥料等。推进江铜与贵化等企业进行资产重组与并购，争取我省化肥骨干生产企业参与磷铵和尿素的国家化肥储备，完善化肥综合补贴动态调整机制。

（五）有色金属产业：产业链延伸低碳转型

以铜精深加工产品为重点，充分利用国内外市场需求，着重在产业链延伸和深度加工上拓展重大项目。

1. 铜工业。在稳步扩大铜冶炼能力的基础上，大力发展铜精深加工，江铜集团要在建设好电解铜箔、铜板带、电子引线框架、变压器用铜带、内螺纹铜管、特种漆包线等铜精深加工项目的同时，积极发展硫化工和金、银、碲、铋等稀贵金属的深加工产业，保持江铜在全国同行业中领头羊的地位，向世界一流公司迈进。

2. 稀土、钨、钽铌工业。控制钨、稀土矿产品总量，提高资源利用率，积极调整产品结构，鼓励开发深度加工、终端高附加值的应用产品，重点发展稀土储氢材料、稀土永磁材料、稀土发光材料、超粗或超细粒级钨粉体材料、硬质合金及高性能钨材，以及高性能电容器级钽粉、钽丝等高新技术产品。

第四节　鄱阳湖流域产业低碳化的路径选择

一　通过调整优化产业结构实现产业低碳化

（一）促进三大产业内部结构优化升级，调整产业链向低碳化转型

1. 积极探索低碳农业发展道路。首先，可通过秸秆还田、使用农家肥、生物农药、可降解的农用薄膜等技术手段，降低农业生产过程对化石能源的依赖；推广沼气技术，利用人畜粪便及稻草秸秆发酵产生的沼气做饭、照明、取暖，剩下的沼渣作优质无公害的肥料。其次，进一步调整农业内部结构，使农林牧副渔保持合理的比例，同时，还要加快荒山荒坡植树造林步伐，增加森林碳汇功能，以此冲抵二氧化碳的增加量。最后，大力发展循环水养殖、生态养殖和贝藻类养殖，以减少水资源消耗。

2. 坚持走工业低碳化发展之路。首先，要通过关停并转、"上大压小"等重要举措，清除一些规模小、能耗高，能源利用效率低的经营单位，提高产业集中度，降低工业能耗水平。其次，要提高工业内一些高耗能产业进入门槛，逐步降低高碳产业特别是"重化工业"的比重。重点要加强钢铁、有色金属冶炼、建材、化工等高耗能产业新项目的审批，优先发展新能源汽车、航空航天、新材料、绿色照明（LED）等低耗能、低污染的高新技术产业，特别是战略性新兴产业，在实现总量规模扩张的同时，持续降低工业增加值的单位能耗，进而控制工业总能耗的增长。最后，走工业化与信息化融合发展道路，通过信息技术，改造提升纺织、食品、医药等传统产业，控制传统产业的污染排放水平。同时，推进产业和产品向"微笑曲线"的两端延伸，提高研发设计能力和品牌营销能力，提高产业核心竞争力，最终使工业结构逐步趋向低碳经济的标准。

3. 大力发展低碳服务业。现代服务业是一个能耗低、污染小、就业容量大的低碳产业。目前，江西现代服务业在经济总量中的占比还比较低，因此，我们应该鼓励发展整体能耗相对较低的现代服务业，特别是现

代物流、金融服务、信息服务、科技服务及中介服务等生产性服务业，软件及服务外包、文化创意产业等新兴服务业和高端服务业，努力提升发展现代旅游、社区服务等生活性服务业，逐步提高它们在服务业中的比重，逐步构建绿色服务业体系，降低服务业能耗和环境污染，有效破解江西经济发展中的资源约束与环境压力，实现江西经济的可持续发展。

（二）发展低碳能源产业体系，优化能源产业结构

低碳能源是低碳经济的前提和基本保障。鉴于江西能源结构中煤炭所占比例高、煤炭利用效率低、以煤为主的能源结构在未来相当长时期内难以改变的客观现实，发展低碳能源的路径有三条：一是鼓励发展煤炭洗选、加工转化、先进燃烧、烟气净化技术，加快研发煤炭制氢技术、氢气储存与运输技术，通过广泛推广洁净煤等先进能源技术，实现煤炭的清洁高效利用，有效减少污染物的排放。二是加快新能源的开发，逐步降低煤炭在能源中的比例，逐步形成以煤炭为主体，石油天然气、核能、太阳能、风能、地热能等可再生能源全面发展的能源结构，力争到 2020 年，清洁能源的比例达到 15% 以上。三是全面推进农业和农村废弃物能源化、资源化利用，走生物质能源发展道路，减少污染物排放。

二 强化低碳化产业技术的研发与创新

低碳技术是产业低碳化的重要支撑，江西要致力低碳技术的研发与集成创新，以此推动产业低碳化发展。

（一）致力于低碳技术的研发与技术储备

遵循技术可行、经济合理的原则，研究提出江西低碳经济发展的技术路线图，并制定中长期发展规划，组织多方力量开展低碳经济关键技术的科技攻关，促进高能效、低排放的技术研发和推广应用，逐步建立起节能和高能效、洁净煤和清洁能源、新能源和可再生能源以及自然碳汇等多元化的低碳技术体系。加快对燃煤高效发电技术、先进核能、碳捕集和封存、高性能电力存储等先进低碳技术的研发，形成技术储备，为产业低碳化转型提供强有力的技术支撑。

（二）搭建产学研技术合作平台

构建以企业为主体、市场为导向、产学研相结合的低碳技术创新体系，充分发挥高等院校与科研机构的低碳技术研发方面的积极作用，组织

三方力量对共性、关键和前沿节能低碳技术的科研开发，优先支持拥有自主知识产权的节能共性技术和关键技术的研发推广，不断推动钢铁、有色、化工、建材等重点行业工艺结构、能源消耗结构的调整，实现传统高碳产业的低碳化转型。

（三）加大低碳技术研发的投入力度

政府在安排财政预算时，可按一定的比例设立低碳技术发展专项资金，为低碳技术的研发提供长期有效的资金保障。同时，政府可通过购买服务的方式，鼓励民间资本涉足低碳技术研发领域，理顺民营企业风险投融资机制，鼓励企业开展低碳技术研发，并通过发行债券、上市、设立碳基金等方式，拓宽科技型民营企业的融资渠道，解决企业低碳技术研发（R&D）的资金需要。

（四）完善低碳技术创新中介服务体系

加快低碳技术信息、咨询等服务体系建设，鼓励发展低碳技术创新培养示范基地和扩散中心。低碳技术服务体系，应及时向社会发布低碳技术发展前沿技术与政策管理等方面的信息，开展低碳信息咨询、低碳技术推广、低碳技术宣传等，以提高低碳技术创新信息传递的时效性和准确率，降低低碳技术创新的学习成本，提高创新效率，进而加快低碳技术的扩散步伐。

（五）加强国际低碳技术的合作与交流

由于低碳技术在江西的发展还处于起步阶段，仅仅依靠自身的技术实力，很难在短时期内获得重大突破，因此，应加强国际低碳技术的合作与交流。我们当前的路径，一是要加大与低碳技术发展较好的发达国家，如美国、欧盟成员国、日本之间的交流与合作，积极建立与这些国家之间、企业之间、学术机构、研究院所、管理机构、培训机构之间的合作伙伴关系，引进成熟的节能技术、提高效能的技术和可再生能源技术，提升引进消化和再创新能力，推动产业低碳化发展。二是要借助联合国、国际环境与发展委员会、国际货币基金组织、世界银行以及众多的非政府组织（NGO）和研究机构，来推动江西低碳经济的发展。

三　以产业低碳化为前提承接国际产业转移

江西在积极承接发达国家产业转移的时候，要注意招商选资，尽量承接环境友好型产业转移，避免引入高污染高排放产业。

（一）提高"高碳"产业准入门槛，做到国际产业承接增量低碳化

根据产业低碳化转型发展的要求，强化招商引资的结构导向机制，尽快制定各类产业的能效准入标准和污染排放准入标准，设立"产业门槛"、"能效门槛"和"环境准入门槛"，变"招商引资"为"招商选资"①。引导鼓励外资企业进入新能源汽车、航空制造、新一代信息技术、机器人和智能装备、有色金属新材料、节能环保等低碳产业和战略性新兴产业，以及高端服务业，特别是生产性服务业，严禁外资进入产能过剩的高碳产业，避免承接发达国家的高碳产业转移，以达到国际产业承接增量低碳化的目的。

（二）运用多种手段，推动高碳产业中外资存量的低碳化改造

对已经进入高碳产业的外资企业，要综合运用经济手段、法律手段和必要的行政手段来加强对其生产过程的监管，促使外资企业加大节能减排力度，减少二氧化碳的排放。同时，为应对发达国家的绿色贸易壁垒，江西可探索对出口的某些高碳产品征收一定的碳税，促使出口企业加快低碳化改造步伐，或者利用"一带一路"机会"走出去"，在境外建立生产基地，减少省内的排放。

四 完善企业低碳化转型的激励约束机制

（一）制定惩罚与激励政策，促进企业进行低碳化生产经营

对不采用低碳技术发展生产，造成资源浪费和环境污染的企业，征收一定的排污费，促使其进行清洁生产；对于那些积极采用绿色生产模式的企事业单位，给予财政补贴、税收减免、绿色信贷、绿色保险和优先上市融资等，通过建立奖惩机制，推动产业低碳化转型发展。

（二）广泛推广低碳标识，规模化应用低碳经济

低碳标志，是国际上广泛采用的促进低碳发展的政策手段，它不仅有利于消费者选择低碳产品，倒逼企业进行低碳生产与销售，而且有利于树立企业低碳意识，激发企业低碳化生产和经营的积极性。江西应借鉴国际经验，广泛推广低碳标识。

---

① 伍华佳：《中国高碳产业低碳化转型产业政策路径探索》，《社会科学》2010 年第 10 期。

（三）完善政府绿色采购制度，激励企业进行低碳化生产经营

绿色采购制度对产业低碳发展具有重要的引导作用，江西要进一步完善政府绿色采购制度，加大对环保节能产品的绿色支持力度，健全政府采购的立法及实施机制，扩大政府绿色采购范围，规范绿色采购过程，建立相关的绩效考评机制，扩大政府环保产品采购的引导和示范效应，为企业从事绿色产品的生产和销售提供良好的外部环境。

五　构建产业低碳化转型的地方法规和政策体系

（一）建立产业低碳化发展的政策体系

结合江西省国民经济和社会发展"十三五"规划及各专项规划，把发展低碳经济列入各类发展规划中，研究出台低碳经济背景下产业低碳化发展的财税、金融、土地、技术政策体系。为企业积极推行清洁生产，实现产业低碳化转型提供重要的政策保障。

（二）建立和完善有利于产业低碳化发展的地方法规体系

近年来，中国先后出台了一系列有利于低碳经济发展的法律法规，但还很不完善，同时，有些也不十分切合江西的实际。为了推动产业低碳化转型，江西可根据省情，因地制宜地出台一些有利于节能减排的地方法规，以及重点耗能产业、产品的能耗标准，以此加强对产业低碳化发展的规范和指导。

（三）加强产业低碳化政策法规的落实

要加强低碳发展政策法规的贯彻落实，对名录中需要淘汰的落后企业和技术坚决取缔，维护法律的权威性；同时，要积极稳妥地推进资源能源价格改革，形成能够反映能源资源稀缺程度、市场供求关系和污染治理成本的价格形成机制，发挥价格在市场资源配置中的积极作用。另外，要进一步落实绿色发展考评机制，通过绿色指挥棒，引导各级政府走生态与经济协调发展之路。

六　构建产业低碳化转型的市场机制

（一）适时开征二氧化碳税，即碳税

作为全国生态文明先行示范区，江西应在建立绿色发展机制上先行先试，在发达国家酝酿征收碳关税的国际背景下，可率先对高耗能产品开征

碳税，这种做法虽然在短期内会提高省内"两高一资"产品的成本，但对于建立绿色低碳化生产体系，避免将来被发达国家征收"碳关税"是有帮助的。而且，这会促使江西企业加快转变经济发展模式，积极采用低碳技术，不断提高资源的产出效率，降低单位产值的能源消耗，提升产品附加值和核心竞争力。最终，达到调整优化产业结构，推动产业低碳化转型的目的。

（二）尽快建立碳排放交易市场

基于科斯定理的排污权交易制度是当前受到世界各国最为广泛关注的环境经济政策之一，基于碳市场的政策机制构建可以有效提高政府运作效率，运用市场"看不见的手"合理配置节能减排资源，在低成本下实现地区总体产业低碳化发展。目前，江西高能耗、高排放的钢铁、水泥、能源化工业、有色金属冶炼业等在经济比重较大，且多为国民经济的支柱产业；同时江西的航空航天、新能源汽车、清洁能源、有色金属深加工、生物医药、绿色光源等战略性新兴产业也具有发展优势，以市场机制化创新实现地区的低碳经济，市场容量大，具有很强的可行性和必要性。因此，江西省建立碳排放市场应以产业低碳化为重点，不但要将碳排放总量比重较大的产业纳入，还要将鼓励发展的战略性新兴产业也纳入，为体现机制运作效率和发挥交易单位的自主积极性，交易主体应设定为纳入产业的规模以上企业，配额机制应以各产业历史的单位产值能耗为依据，结合政策引导方向，碳强度作为配额指标，同时制定相关的履约机制和核查机制。只有如此，江西产业的低碳化发展才能在机制上得到保障。

第八章　低碳经济与新能源产业发展

我国已成为全球排放二氧化碳最多的国家，年排放总量超过 70 亿吨，大体是以占世界 20% 的能源消费，排放占世界 20% 的二氧化碳，创造 13% 的经济总量，其中发电行业的排放量占 40%—50%，燃煤发电是我国主要的二氧化碳排放源。因此，要发展低碳经济就必须调整能源结构，大力发展碳排放量少的可再生能源和其他清洁能源。

第一节　国内外新能源产业发展的现状、趋势与意义

一　新能源的概念

新能源是相对于传统能源而言的，到目前为止，全世界一次性能源仍主要使用煤炭、石油、天然气等矿物性能源，所占比例近 90%，由于这些矿物能源需要经过长期的地质作用才能生成，储量有限，根据探明储量，以现在的年消耗量计算，石油、天然气只够使用 50—60 年，煤炭只够使用 100 多年。因此，许多国家为了本国的能源安全，都把着力点放在水能、风能、太阳能、生物能、地热能等可再生能源的开发利用。水能是传统能源，又是清洁的可再生能源；近 20 年来，页岩气等非常规油气资源开发利用受到重视，资源也很丰富；核能虽然是矿物能源，但核能的碳排放量少，是一种清洁能源和新型能源。由于这些能源是在近二三十年才发展起来并广泛利用的，所以又称为新型能源。新型能源是一个交叉性能源的概念，基本特点必须是清洁能源，而且在开发利用中使用了新技术，既包括可再生能源，也包括利用矿物铀为原料的核能。此外，传统的矿物能源通过洁净技术，也可以把非清洁能源变为清洁能源，如煤炭通过煤气化技术、煤液化技术，使煤炭变为清洁能源，我国在煤气化、液化技术方

面,已取得了一批有自主知识产权的创新技术,并在实践中得到广泛应用。

二 发展新能源的重要意义

（一）使用清洁的新能源有利于改善全球生态环境

全球气候变化和自然灾害频发,源于二氧化碳的大量排放,而地球上二氧化碳的来源,主要是使用矿物石化燃料。据美国能源部资料测算：2010 年全球排放的二氧化碳达到 335 亿吨,而只有 54% 被土地和海洋自然吸收,比 50 年前下降了 6 个百分点,多余的二氧化碳积累在大气中,是地球变暖导致温室效应的原因。为此,削减二氧化碳排放,建立低碳经济结构和推行低碳消费方式已成为全球共同的需求,于是在 1997 年产生了《京都议定书》,提议将工业国家的碳排放控制在 1990 年的水平上,到 2012 年减少 5% 的目标。我国政府在 2009 年举行的哥本哈根会议上承诺以 2005 年为基数,2020 年单位 GDP 二氧化碳排放强度下降 40%。要实现这一目标,必须从调整能源结构入手,减少煤炭、石油等矿物能源的使用,发展以可再生能源为主的新型能源。据我国《可再生能源中长期发展规划》指出,到 2020 年可再生能源的消费占总能源消费量比重要求达到 15%,相当于能够替代 6 亿吨标准煤,减少二氧化碳排放量 12 亿吨,[1] 即减少 1 吨煤炭的使用,就可以减排 2 吨二氧化碳。又据《中国能源发展报告 2009 年》提供的资料显示,每增加 1 千瓦时的可再生能源,与燃煤发电比较,水能可减碳 265.2 克,风能可减碳 236.3 克,太阳能减碳 235.3 克,核能可减碳 264.3 克。[2] 因此,必须以能源结构的调整为契机建立低碳经济,以能源可持续发展支撑经济可持续发展。

（二）可再生能源已成为全球新一轮产业革命的引擎

在全世界经济发展史上,经历了四次产业革命,每一次产业革命都有一个新型朝阳产业作为带动经济发展的引擎,第一次产业革命是以蒸汽机和纺织机的应用;第二次产业革命是以电、磁在工业上的应用为标志;第三次产业革命是以原子能的应用为标志;第四次产业革命是以电子计算

---

[1] 国家发改委：《中国可再生能源中长期发展规划纲要（2008—2020）》。

[2] 国家能源局：《中国能源发展报告》2009、2012。

机、网络技术的应用为标志。新一轮产业革命将以清洁能源、可再生能源为主的新型能源替代传统的非清洁能源。

新型能源存在巨大的商机。据世界能源委员会报告，未来一段时间绿色能源产业年增长率将超过20%，到2020年，可再生能源的市场商机将达到2万亿美元，发达国家依据先进的技术和雄厚的经济实力，将加大对新型能源开发的投资力度，美国奥巴马政府就提出能源新政作为应对金融危机的举措，并通过200亿美元的补贴和税收优惠，支持新能源的研发和生产应用，拨款320亿美元更新电力系统，为使用绿色能源创造条件，美国计划加大对新能源的投入，创造150万个就业机会，以减缓金融危机的冲击。发展中国家也意识到不能再走发达国家走过的传统工业化老路，必须实施新型工业化战略，走可持续发展的道路。越来越多的迹象表明，以可再生能源为主要内容的新型能源，是未来世界各国投资的热点。据国家能源局2014年发表的报告中指出：全球新增发电装机中有56%来自可再生能源，特别是新兴经济体保持强劲的发展势头。

（三）发展新能源是转变经济发展方式的关键

发达国家在实现工业化以后，进行了两次结构调整，一次是以三次产业结构调整为中心，建立以第三产业为主的国民经济体系，第三产业成为经济增长的主体，能源、资源的消耗总量下降，这个目标已基本实现；第二次结构调整，将是以能源结构的调整为中心，实现以清洁能源为主的新型能源结构，这个调整方兴未艾，全球能源结构的调整至少要50年以上才能基本实现，发达国家可以更早实现这一目标。只有使用清洁能源、可再生能源，全球生态环境才能根本好转。只有完成这两次结构调整，才能真正建立低碳经济，实现发展方式的转变，资源节约型、环境友好型的社会才能真正确立。

与发达国家不同，我国目前处于工业化中期，在未来20年，我国经济仍将快速发展，工业化、城镇化水平继续提高，目前的发展方式仍是粗放的，我国经济总量占世界13%，但钢铁和有色金属的消耗占全球30%以上，水泥消耗占40%以上。国际经验表明，工业化阶段都会出现能源资源的高消耗，并带来工业三废的高排放，资源环境压力还会不断加大。在这种情况下，必须转变经济发展方式，发展低碳经济，最关键的是要调整能源结构，只有能源是清洁的，整个国民经济的生产、流通、消费才能是清洁的。

（四）大力发展新能源是调整我国能源结构的必然选择

2013 年，我国能源消费结构分布如下：煤炭占 67.50%，石油 17.79%，水电占 7.25%，天然气占 5.10%，可再生能源占 1.50%，核能占 0.88%；而能源资源分布状况是：煤炭和水能资源相对丰富，煤炭可采储量占世界 13%，居世界第三位，水能资源居世界第一位，但人均煤炭和水能资源只相当于世界平均水平的一半，石油和天然气相对不足，人均占有量相当于世界平均水平的 10%。我国能源不仅人均资源量低，而且分布不均，开发难度大，远离负荷中心，形成了"北煤南运、北油南运、西气东输、西电东送"的格局。要使这种格局得到缓解，必须在人口和经济密度较大的东部和南方地区，大力发展可再生能源，使能源生产和消费的区域布局趋于合理。

三　新能源发展概况

早在 20 世纪 70 年代出现石油危机时，许多国家从长远的能源安全出发，就开始研究和发展可再生能源，逐步积累了可再生能源开发利用技术，但真正使可再生能源规模化、产业化发展，还是从 20 世纪 90 年代开始。21 世纪以来，可再生能源进入快速发展期，但增速波动较大。据中国石油新闻中心的资料显示：到 2007 年，除大型水电以外，全球可再生能源的发电能力已达到 2370 亿瓦，约占世界总发电能力的 5.5%；而 2012 年世界可再生能源发展现状报告指出：可再生能源（包括水电）发电装机容量 14.7 亿千瓦，占世界总装机的 26%，发电量占世界总量的 21%。

我国从 20 世纪 80 年代开始重视发展可再生能源，那时主要着重解决大电网不能覆盖的边远山区和农村用电为主要目标。直到"十五"期间，我国才开始重视可再生能源的产业化发展，"十五"规划把可再生能源和新型清洁能源的发展提高到实施能源可持续发展战略的高度，特别是 2005 年 2 月出台的《中华人民共和国可再生能源法》，从法律和政策配套上给予发展可再生能源以大力扶持。2007 年国家发改委发布《可再生能源中长期发展规划纲要（2004—2020 年）》，提出了我国发展可再生能源的目标、任务和重点。至此，我国可再生能源正式步入快速发展轨道。

（一）太阳能开发利用

太阳能既清洁又有巨大的辐射能，据科学家计算，太阳每秒钟照射到地球上的能量就相当于 500 万吨标准煤。对太阳能的利用主要有两种形式：一种是对太阳能的光热利用，如太阳能热水器、太阳灶、太阳温室、太阳热发电等，是目前最为普遍的利用形式；另一种是光电利用，即将太阳能通过半导体器件的光伏效应，转化为电能，即现在通常所说的光伏发电。

1. 国外太阳能开发利用和发展趋势

对太阳能的光热利用已有几千年的历史，最初级的利用形式是利用太阳能来干燥农产品，提高室温、水温，发展种养殖业，到 17 世纪欧洲进行产业革命时，开始利用太阳能水泵进行抽水。将太阳能转化为电能的现代利用形式，是从 20 世纪 70 年代开始，80 年代迅速发展，90 年代联合国制定了太阳能发展战略规划，设立国际太阳能开发利用基金，促进了太阳能光电利用的迅速发展。据欧洲光伏产业协会公布的数字显示：光伏电池产量从 1995 年的 78.6MW（兆瓦），发展到 2005 年的 1727MW，10 年间年均增速 32%，2010 年全球太阳能安装总量累计达到 15 吉瓦，其中欧洲占 78%，西班牙和德国处于太阳能利用的世界领先水平，美国和韩国近几年发展迅速。其共同点：一是给予大力的政策支持和财政补贴，如德国实施 0.38—0.49 欧元/度的电价补贴，西班牙实施 0.23—0.44 欧元/度的电价补贴，美国则拨款 200 亿美元作为可再生能源的扣抵税额，促进了这些国家大规模利用光伏发电；二是在应用方式上主要采取光伏发电和建筑业相结合，或称光伏—建筑一体化方式，如美国制定了庞大的"光伏屋顶计划"，2010 年在屋顶安装太阳能发电装置 100 万套，总发电达到 3025MW，每年可减少二氧化碳排放 350 万吨。日本规划到 2030 年将 30% 的家庭屋顶安装太阳能电地板。

由于世界各国对本国能源安全的长远考虑，越来越重视对太阳能的开发利用，并制定了长远的发展规划，全球光伏发电装机规划：2010 年将达到 140 亿瓦（注：实际在 2008 年就超过规划数）比 2004 年增长 2.5 倍，2012 年实际达到 1000 亿瓦，2020 年规划达到 2000 亿瓦，比 2010 年增长 13.3 倍[1]，光伏发电呈加速发展的趋势。主要国家的光伏发电装机

---

① 国家能源局：《中国可再生能源年度报告》2007—2008、2013—2014。

规划如表8.1所示：

表8.1 　　　　2004、2010—2020年光伏发电装机预测 　　　（单位：亿瓦）

年份\国家	2004	2010	2020	备 注
日本	12	48	300	
欧盟	12	30	410	
美国	3.4	21	360	世界2008年就达到2010年规划数
中国	0.65	3.0	18	
其他国家	11.9	38	912	
世界	40	140	2000	

　　资料来源：2007—2008年中国可再生能源年度报告。

2. 国内太阳能开发利用状况和发展趋势

我国是世界上太阳能资源最丰富的国家之一，有2/3以上的国土面积，年日照时数超过2000小时。太阳能资源丰富的地区，主要分布在新疆、西藏、内蒙古、青海等西部省份。根据科学实验和模型计算，我国陆地表面每年接受的太阳能相当于49000亿吨标煤，等于2008年全国能源消费总量28.5亿吨标煤的1719倍；有专家进行过我国光伏发电资源潜力估算，我国有108万平方公里的荒漠面积，只要利用全部荒漠面积的1.28%，就可以提供相当于我国2002年全部用电量。我国对太阳能的利用形式主要有：

（1）太阳能热水器利用。我国第一台太阳能热水器生产于1958年。虽然比世界上最早的太阳能热水器晚几十年，但在应用推广方面走在世界前列，是世界上最大的太阳能热水器生产国和最大的应用市场。据中国能源发展形势报告的资料显示：2013年，我国太阳能热水器保有量达到31000万平方米[①]，占世界的2/3，但我国人口多显得普及率仍然很低，而日本和以色列的太阳能热水器产量远不及中国，但普及率分别达到20%和80%。说明我国在太阳能热电利用方面还比较落后，但利用太阳能的潜力很大。江西近几年大力推广太阳能热资源利用，取得明显进展，

---

① 路甬祥：《清洁可再生能源利用的回顾与展望》，《新华文摘》2015年第2期。

2013 年太阳能热水器集热面积达到 100 万平方米。

（2）太阳能光伏产业。我国太阳能光伏利用最初是为解决国家电网不能覆盖的边远山区和广大农村地区而发展起来的。进入 21 世纪以后，国家实施西部大开发战略，利用西部丰富的太阳能资源，光伏产业有了较快发展，但受国产硅材料生产能力不足的影响，绝大部分硅材料需从国外高价进口，光伏发电规模较小。到 2004 年以后，发达国家多晶硅材料开始大量需求，导致国际市场上多晶硅材料价格暴涨，在国内外市场强力拉动下，我国光伏产业迅速崛起。2007 年我国光伏电池产量超过美国，成为世界第三大光伏电池生产国，2008 年成为第一大光伏电池生产国，产量达 1.78GW（吉瓦），占全球 15%，多晶硅产品达到 2573 兆瓦，占全球总量 1/4；到 2009 年，我国光伏产业企业数达到 580 多家，从业人员 30 万人，2009 年我国多晶硅、硅片、太阳能电池及组件的产能占世界产能分别为 25%、65%、51%、61%，出口创汇 158 亿美元，居世界第一；2010 年太阳能电池组件生产量达到 10 吉瓦，占世界产量的 40%，但安装量只有 0.9 吉瓦，显得微不足道，90% 以上供给出口，由于光伏市场在外，近年来欧美市场受金融危机的影响需求量减少，而国内又盲目发展，至 2011 年底我国各地规划的千亿元光伏产业园就达 20 多个，规划产值 2 万多亿元，而据预测，2015 年全球光伏市场需求约 4000 多亿元，明显供大于求，导致 2012 年我国光伏产业受到重创，一些大企业面临破产，光伏产业进入低谷，这个经验教训必须认真总结。近两年我国光伏产业进行了调整，淘汰落后产能，开拓国内外市场，2013 年四季度开始复苏，2014 年表现稳中向好的态势，2014 年底光伏发电装机累计达到 2805 万千瓦，同比增长 60%，其中 2014 年新增装机 1060 万千瓦，占全球新增装机的 20%[①]，全部装机中光伏电站 2338 万千瓦，分布式 467 万千瓦，年发电量 250 亿千瓦时。但从总体看，我国光伏产业技术上还不成熟，表现为成本高，市场不稳定，热效率低，上网还存在一些技术问题。如以煤电成本为 1，则水电为 1.2，生物能为 1.5，风电为 1.7，光伏发电为 10 以上，在总体上处于亏损状态，还需要国家大量补贴才能推广应用，因此目前对光伏产业发展的预期不能过高。

---

① 国家能源局：《中国可再生能源年度报告》2007—2008、2013—2014。

（二）风能开发利用

我国是世界风力资源最丰富的国家之一，据全国气象站陆地上10米高度气象资料初步估算：全国陆地上可开发利用的风能储量2.53亿千瓦，居世界首位；以近海区域离海面10米高度层的风力资源估算，可开发利用的风能储量是7.5亿千瓦，合计10亿千瓦，远远超过可利用水能资源的3.78亿千瓦。

我国风力资源最丰富的地区是三北（东北、华北、西北）和东南沿海各省，其中以东南沿海10公里地带的陆地和近海面的风力资源为最佳利用地区，因为该区域离经济发达的电力负荷中心很近，利用效率较高。

全球风电发展的速度很快，2010年全球风电累计装机达199500兆瓦；2012发展到283000兆瓦，我国是全球风电发展速度最快的国家；2011年全国风电装机达到47000兆瓦，2014年达到96370兆瓦[①]，占全球风电装机1/4，增幅也居世界首位。如表8.2所示：

表8.2　　　　　　近几年主要国家风电装机容量发展情况　　　　　　单位：兆瓦

年份 国家	2004		2006		2008		2013
	装机容量	排名	装机容量	排名	装机容量	排名	装机容量
德国	16629	1	20622	1	23903	2	34250
美国	6740	2	11603	3	25170	1	61091
西班牙	8263	3	11615	2	16754	3	22959
丹麦	3117	4	3136	5	3180	9	4772
印度	3000	5	6270	4	9645	5	20150
中国	764	8	2599	6	12210	4	91424

资料来源：黄为一：《可再生能源开发利用及投融资》第17页，2013年数据是本文作者所加。

由于我国风电起步晚，技术水平仍然落后于发达国家，而且风电占比低，仅占全国发电量的3%，替代传统能源的程度很低。而西欧发达国家风电占比已经达到10%—15%，其中丹麦的风电2002年就占电力总装机的18%，北欧三国的风电已基本能满足居民生活用电的需要，其开发和

_____

① 国家能源局：《中国可再生能源年度报告》2007—2008、2013—2014。

替代传统能源的程度都居世界领先水平。

（三）生物质能源开发利用

随着世界石化能源资源的短缺和价格上涨，作为清洁和可再生的生物质能源的开发利用，已经成为我国能源发展战略的重要组成部分，《中共中央国务院关于积极发展现代农业　扎实推进社会主义新农村建设的若干意见》指出："以生物能源、生物质产品和生物质原料为主要内容的生物质产业，是拓展农业功能，促进资源利用的朝阳产业。"鼓励有条件的地方利用荒山荒地等资源，发展生物质原料种植。可以预料，生物质能源的开发利用将进入快速发展期。随着生物质能源开发利用方法的现代化，人们认为，利用清洁和可再生的生物质能源，是生态文明和经济社会可持续发展的重要标志之一。

1. 国外生物质能源开发利用概况

据有关资料显示，发达国家早在 2006 年就投入 20 亿美元，利用其丰富的土地资源，生物质能源开发利用的规模和技术都居世界领先水平，例如巴西实施"糖能并举"的方针，其甘蔗生产中的 50% 用于生产生物乙醇，能够替代本国 40% 的汽油需要。美国也因土地资源丰富，将大量的粮食用于生产乙醇，以替代石油进口，由于粮油比价不合理，美国认为用粮食生产乙醇，比进口石油在经济上更为合算，除投入大量资金用于生物质能源的技术研发外，对相关企业提供财政补贴、减免税收优惠，美国规定生物质能源生产企业，自投产后 10 年内享受减免个人和企业所得税优惠，为降低企业研发风险，政府的补贴达到 50%。但是美国将大量的粮食用于生产生物质能源，也受到国际社会的批评。

欧盟国家对生物能源的开发利用，主要利用植物油料为原料制造生物柴油，用于汽车燃料，以替代石化汽油。德国、英国、法国、意大利等欧盟主要国家，实施了严格的汽车尾气排放标准，以此鼓励对生物柴油的使用，德国对生产生物柴油的企业还实行免税和提供低息贷款政策，以提高生物柴油与石化汽油的竞争能力。北欧三国（瑞典、芬兰、挪威）利用丰富的森林资源，采用木质等能源发电技术，发展生物发电，为支持木质能源发电，对石化燃料征收碳和硫化物排放污染税，使木质能源发电成本低于石化能源，促进了生物质能源的发展。日本对畜禽养殖场利用粪便和废弃物开发生物能项目的资金，按照中央政府出资 1/2，地方政府出资 1/4，农场主出资 1/4 的比例进行投资建设。欧美等国主要推出生物固体成型燃料，瑞典人均用量达到 200 多公斤，2012 年全球固体成型燃料达到 3305 万吨，主要是欧美国家，我国只占 2.7%。总之，世界发达国家都对生物质能源的开发利用给予积极的支持。

2. 国内对生物质能源的开发利用

至 2011 年年底，全国并网生物质能发电装机容量达到 436.39 万千瓦，占并网新能源的 8.46%，发电量达到 191.21 亿千瓦时，占并网新能源发电量的 20.48%。规划到 2020 年中国生物质发电总装机达到 3000 万千瓦。国内对生物质能源的开发利用，根据其资源特征和开发利用形式不同，大体分为以下三类：

（1）固体生物质燃料农作物秸秆能源化利用

我国是农业大国，农作物秸秆资源十分丰富，对这一资源的利用也极为重视，其利用方式主要有以下几种：一是直接燃烧，主要在农村作为生活能源利用；二是秸秆固化成型燃料，作为城乡居民的生活燃料；三是秸秆气化燃料，以秸秆、稻谷壳、木屑等为原料生产燃气发电。我国农作物秸秆资源量约 7 亿吨，除用于饲料外，可作为能源用途的按 3 亿吨计算，可折合 1.5 亿吨标煤。江西是我国农业主产区之一，全省农作物秸秆2000 多万吨，按 1000 万吨秸秆用于能源开发，可替代 500 万吨标煤。可见，我国农作物秸秆资源的利用潜力很大。

（2）气体生物质燃料沼气开发利用

沼气是生物质能利用的主要形式之一，全国有畜禽粪便 8.4 亿吨，垃圾 1 亿多吨，是产生沼气的主要原料，沼气利用在我国农村较早，如江西农村沼气利用始于 20 世纪 70 年代，是全国沼气开发利用较早的省份之一，经过几十年的发展，利用技术已比较成熟。

第一，农村户用沼气池。农村户用沼气池的推广应用已比较普遍，总量在世界居领先水平，目前全国已近 3 亿农民用沼气作生活燃料，年生产利用沼气 400 多亿立方米。[1]

第二，大中型沼气池。随着我国农村畜牧业饲养的规模化和集约化经营，全国畜禽粪便的资源产出比较集中，为发展大中型沼气池创造了条

---

① 路甬祥：《清洁可再生能源利用的回顾与展望》，《新华文摘》2015 年第 2 期。

件。2008年，蒙牛集团建成了全国最大的沼气发电厂，年发电量可达1000万度，并接入国家电网。我们还可利用食品加工厂、制糖厂、酿酒厂、淀粉厂的副产品和下脚料，发展大中型沼气池，应用技术比较成熟。此外，近几年随着工业化水平不断提高，城市已普遍建立了一定规模的污水处理厂，而依据污水处理厂废水处理所建立的大中型沼气池也开始发展起来。

（3）生物液体燃料的开发利用

利用木本和草本油料植物制造生物液体燃料，是发展生物质能源的重要方向。

第一，野生油料植物的开发利用。我国森林资源丰富，根据森林资源普查资料，我国野生油料植物中，含油率达到40%以上的植物有150多种。江西的野生油料植物资源也很丰富，含油率达到30%以上的植物有87种，达到50%以上的有38种，超过60%的有15种。我国在技术上已经具备了利用野生植物油料生产生物柴油的能力。国家林业局和中国石油公司联合在江西实施"林油一体化"项目，在江西已建设4万亩生物柴油原料林基地。

第二，非食用木本粮食和淀粉植物利用。全国有丰富的淀粉植物资源，据森林资源普查，仅江西的木本粮食和淀粉植物就有63种，利用淀粉植物生产燃料乙醇，在技术上虽然已经具备，但由于不能大面积集中种植，目前还难以大规模利用。

第三，食品工业、餐饮业地沟油利用。我国食品工业、餐饮业规模较大，但所产出的地沟油已非法作为食用油利用，严重危害人民的健康，正确利用地沟油是作为生产生物柴油的原料，在这方面潜力很大。

（四）地热能开发利用

地热是蕴藏于地下的热能资源的简称，地球是一个巨大的地热库，因而也是取之不尽、用之不竭的可再生能源，但受技术上的限制，能够为我们所利用的只是其中很小的部分，地热资源在科学合理利用的情况下，才是一种清洁、环保的可再生能源。

地热资源的开发利用有发电和热利用两种形式，地热资源按介质温度分为高温（>150℃）、中温（90℃—150℃）、低温（<90℃）三种，高温地热资源主要用于发电，中温地热资源主要用于烘干、发电，低温地热

资源用于采暖、洗浴、医疗、农业温室等。根据《2005 年中国地质环境公报》资料显示：全世界地热发电装机总量为 9167.2 兆瓦，装机容量最多的国家依次为美国、菲律宾、墨西哥、印度尼西亚、意大利、日本，但对地热资源利用程度最高的是一个只有 30 万人口且地热资源丰富的国家冰岛共和国，全国有 85% 的住宅都利用地热供暖，20% 的电力来自地热发电。

我国地热资源丰富，主要分布在福建、台湾、环渤海地区、滇藏地区等。据中国国土资源统计年鉴资料显示，目前全国已正式勘查并经国土资源部门审批的地热田有 103 处，已进行初审的有 214 处，按目前开发利用水平估算，全国每年可开发利用的潜力，地热水总量约 68.45 亿立方米，折合 3284.8 万吨标准煤，目前实际利用只有 10% 左右，主要用于供暖、洗浴、医疗和农业温室。北京、天津和咸阳是利用地热规模较大的城市，但全国地热发电装机总量不大，主要集中在西藏羊八井。

第二节　鄱阳湖流域新能源发展现状与战略构想

一　鄱阳湖流域新能源发展现状与战略构想

鄱阳湖生态经济区生物能和地热能开发利用起步较早，但利用方式比较传统，利用方式主要是薪柴和沼气利用，基本上用于农村生活能源。地热能、太阳能和风能的利用，起步晚，但发展迅速，利用方式比较现代，特别是太阳能光伏产业的发展已经成为鄱阳湖生态经济区的战略性新兴产业。

（一）鄱阳湖地区将成为我国重要的光伏产业基地

与我国西部地区比较，江西的日照时数较少，但鄱阳湖区年平均日照时数为 1760—2105 小时，处于全省相对较高值区。每年 7—8 月间是日照高期，由于鄱阳湖区存在相对的高值期和高值区，为江西利用太阳能创造了便利条件，在全国太阳能利用区划中，江西鄱阳湖区属于太阳能资源较丰富的地区，具有较好的开发利用潜力。

我国原有的光伏产业主要分布在江苏、浙江等省，前几年江苏规划打造千亿光伏产业链，并拥有无锡尚德这一世界知名企业，掌握了光伏产业的核心技术。随后，江西新余赛维 LDK 企业崛起，并在美国纳斯达克证券市场成功上市，当年融资 4 亿美元。江西省委省政府对其进行大力的支持，为光伏产业发展创造良好的环境，通过招商引资，已形成了以新余塞维 LDK 为核心的光伏产业集群。随后，南昌、上饶、九江把光伏产业列入新兴战略性产业，新余、南昌将建成高纯硅材料、太阳能电池组件与发电系统生产基地，上饶建成薄膜太阳能电池生产基地，九江、南昌、新余在"十二五"期间实施太阳能利用示范工程，这些项目的建成，使江西鄱阳湖地区将成为我国重要的光伏产业基地的比较优势已初步显现。

1. 产业链优势

光伏产业链主要有硅原料、硅材料、电池组件、发电应用系统、光伏设备制造。江西的硅原料——粉石英储量丰富，稀土及锂等相关矿产资源的优势也比较明显。2009 年，江西光伏产业实现主营业务收入 210.91 亿元，居全国第二位，采取"突破上游，做大中游，集聚下游，完善配套"的方针，大力发展光伏产业。2011 年江西光伏产业主营业务收入突破 800 亿元，居全国第二位。

2. 科技和人才优势

光伏产业的上游产业要求掌握高纯度多晶硅生产技术，这种技术一直为发达国家所垄断，不会轻易向国外转让。我国以前所需要的高纯度多晶硅材料基本依靠高价进口。江西生产的多晶硅锭和多晶硅片达到国际先进水平，一定程度上打破了国外的技术垄断。太阳能电池技术启动并取得进展，目前江西努力成为国家太阳能发电工程技术研发中心，着手建立国家级光伏产品实验室，制定若干光伏产品技术的国家标准，进一步巩固提高江西发展光伏产业的技术优势。

技术优势来自人才优势，发展光伏产业关键是江西通过各种方式引进和培养人才，建立了一支不同层次的人才科技队伍，聘请国内光伏产业的权威专家作为省政府的技术顾问，吸引了一批外国专家为江西发展光伏产业服务。同时根据江西发展光伏产业的长远需要，在南昌大学设立光伏学院，建立了从研究生、本科生、高职生、中职生不同技术层次的人才培训体系，从整体上提高光伏产业劳动者素质。

3. 政策支持优势

江西省委省政府从能源安全、生态安全的高度出发，举全省之力，创造良好的光伏产业发展环境：

——成立领导小组。加强和协调对发展光伏产业的领导，使全省对光伏产业的支持形成合力。成立由核心企业牵头的光伏产业行业协会，进行合理布局、分工协作，形成科学高效的产业链，为企业发展提供电力和用地保障。

——落实财税政策。对有知识产权的项目研发和试验，优先提供科技三项经费支持，对符合高新技术条件的企业和产品，按国家规定落实税费减免。市、县政府对光伏企业上缴的增值税、所得税中地方分享的部分，奖励给企业用于发展光伏产业的扩大再生产投入。

——建立多种融资渠道，对企业融资提供信贷担保，建立由政府、企业、社会出资的光伏产业发展基金。为企业上市提供支持，发行信托产品，为企业融资提供多渠道支持。

——加强招商引资力度，吸引国内外资金和技术投资于发展光伏产业，对企业产品进出口过程中的收汇、结汇、用汇按特殊企业处理，提高外汇资金的使用效率。

——对光伏产品的市场开拓给予支持，支持光伏产品列入政府采购计划，启动照明示范工程，鼓励使用节能产品，争取国家支持在江西建立太阳能电站，实现并网发电。

（二）鄱阳湖生态经济区的风能利用

江西虽然是内陆省份，但是特殊的湖泊地形，形成了江西鄱阳湖区的丰富风力资源，据多年气象观测资料记载，本区年平均风速为 2.4—4.8 米/秒，其中都昌县老爷庙最高风速为 7.0 米/秒，从星子县向鄱阳湖水域形成高值区，年平均风速 3.5 米/秒以上，庐山的平均风速达到 5.4 米/秒。根据风能资源区划，鄱阳湖区可分为 4 个区域：一是风能资源丰富区，包括庐山和滨湖水域、沿岸风口，有效风能密度为 160 瓦/平方米，年有效风力时数 3500 小时以上，适宜发展风电，其中老爷庙可发展大型风电场；二是风能资源可利用区，主要是滨湖沿岸地区，有效风能密度为 135—160 瓦/平方米，年有效风力时数为 3000—3500 小时，适宜发展小型风电、风力提水；三是风能资源季节性利用区，主要分布在滨湖各县纵深地区，有效风能密度为 100—135 瓦/平方米，年有效风力时数 2000—3000 小时，该区在秋末到第二年春季利用价值较高；四是风能资源贫乏区。从"十一五"建设的鄱阳湖区长岭、矶山两个风电场运行效果分析，说明鄱阳湖区风电利用有较大的潜力。

根据国家发改委颁布的国内可再生能源中长期发展规划确定的目标：2020年建立初步完整的风力发电产业化体系，形成使风电能够在技术和经济上与常规能源竞争的格局；2020—2030年建立比较成熟的风电产业链，进一步提高风电在总电力中的比重；2030年以后，使风电进入成熟的发展期，并在市场竞争中具有一定的比较优势。到2050年，有可能超过水电成为第二大主力电源。

根据国家风电发展规划，鄱阳湖生态经济区积极应对，至2012年止，已在环鄱阳湖建成5个风电场，总装机22.6万千瓦，可发电4.5亿千瓦时。目前在建的项目2个，装机6.9万千瓦，节能减排效果明显，如都昌矶山风电场装机3万千瓦，发电5500万千瓦时，节约标煤6万吨，减少二氧化碳排放15万吨。在"十二五"规划期间，将建成老爷庙风电场，扩建长岭、大岭风电场，蒋公岭、松门山、九岭山等风电场项目也争取建成发电，总装机达到100万千瓦，使风电成为江西重要的新兴能源。在"十二五"期间，江西风电设备制造也得到相应发展，吉安市将建成风电设备制造基地，形成江西比较完整的风电产业链。

（三）生物质能源开发利用目标和利用方式

国家农业部出台的"十二五"生物质能规划提出，生物质能发电装机达到1300万千瓦，2020年达到3000万千瓦，要求国内生物质能源消费量占整个石油消费量的比重达到20%。在保障国家粮食安全的前提下，围绕拓展农业功能、推进农业生物质能产业健康有序发展，提高农业资源利用效率，降低能源消耗，优化能源结构，减少污染排放，走中国特色的农业生物质能产业发展的道路，为建设社会主义新农村、保障国家能源安全、保护生态环境作出积极贡献。

江西要在鄱阳湖生态经济区建设中，努力拓展农业功能、发展生物质能源产业，并在以下几方面为全国发展生物质能源做出示范：

1. 推进沼气产业化发展。江西农村沼气发展基础较好，目前全省有200多万户农户使用沼气池，沼气作为生态农业的一个重要环节，把农、林、牧、渔各业有机结合在一起，形成了循环农业，以江西赣南农民推广的"猪—沼—果"生态农业模式为例，在采用容积6—8立方米的强回流型半球形沼气池时，平均每天可产沼气2立方米，年产沼气700立方米，每立方米沼气平均热值 5500 大卡，相当于 3 公斤薪柴或 1.5 公斤标准煤，由此可算出每个沼气池一年可替代 2100 公斤薪柴或 1000 公斤标准煤。[①]全省 200 多万个户用沼气池，可替代 200 多万标准煤。

但目前沼气利用主要限于农户自身的生活能源，产业化程度低，今后继续发展户用沼气的同时，重点应利用畜牧养殖场和城市垃圾、污水处理厂发展大中型沼气池，探索沼气产业化商业化发展的新路子。

2. 充分利用江西秸秆资源丰富的条件，发展秸秆气化发电。秸秆气化发电，既是废物利用，又是今后发展生物质能源的重要领域。江西是国内水稻主产区，所产生谷壳 500 多万吨，潜在发电量 50 亿度。2010 年 4 月，国内首座纯稻谷壳电厂在江西新干县金佳谷物生物质能源有限公司建成并发电，年发电 4200 万千瓦时，年消耗稻谷壳 4.15 万吨，可节约 14 万吨标准煤。要在总结新干县利用稻壳发电经验的基础上，进一步完善和推广。

3. 充分发挥江西森林资源丰富的优势，利用非食用木本淀粉和野生油料植物生产生物乙醇和生物柴油。根据普查资料，江西森林中含油率达到 30% 以上的植物有 87 种，木本粮食和淀粉植物 63 种。江西要充分发挥资源优势，加强研发力量，进一步对实施林油一体化经营方面进行探索，为林业产业化经营开拓新的领域。近年来，国内外利用生物乙醇汽油替代石化汽油方面取得良好效果，江西已经与武汉凯迪公司合作，在赣投资 170 亿元，建设 700 万亩能源林基地，配套建设生物质电厂和炼油厂等项目。

（四）地热资源开发利用

江西地热资源利用较早，据调查资料，江西地热温泉点有 100 多处，是温泉点较多的省份之一，其中地热水温度 23℃—40℃的有 54 处，40℃—60℃的有 35 处，60℃以上的有 17 处，最高温度 82℃，平均温度 40.8℃，温泉水总流量为 5.8 万立方米/日，折合标准煤 6.8 万吨。目前，星子、宜春、抚州、遂川是开发利用较早的地区，主要用于旅游项目开发，温泉洗浴和农业温室。

根据国家发改委颁发的《可再生能源中长期发展规划》要求，到

[①] 杨荣俊：《赣南农民首创——"猪沼果"生态农业模式研究》，《江西经济蓝皮书》2004年。

2010 年地热能利用规模要求达到 400 万吨标准煤；2020 年要求达到 1200 万吨标准煤。江西对地热资源的利用，除继续抓好地热点的旅游项目开发和农业利用地热建设温室发展温室农业外，今后将着力推进地热资源与城市住宅建筑相结合的利用方式，以提高地热资源的利用广度和深度。

（五）其他新能源和清洁能源的利用

鄱阳湖生态经济区建设除积极发展以可再生能源为重点的新能源外，其他能源只要是清洁能源，无论是新兴的或是传统的能源（如水电、天然气、煤层气等）我们都要根据自身的资源情况充分科学利用，这些清洁能源主要有：

1. 水电资源开发。水电是一种传统的清洁能源，开发比较充分，2013 年全国一次能源消费中水电只占 7.25%，尚未开发的是难度较大的资源。目前，鄱阳湖生态经济区建设规划中提出的控湖工程，尚在进行论证阶段，已初步得到有关部门的支持，这个项目规划实施完成后，对水资源利用将提高到一个新水平。

2. 核电开发利用。2011 年全国核电装机 1191 万千瓦，占总装机 1.13%，发电量占总量 1.8%。2013 年在全国一次能源消费中比重降至 0.88%。江西铀矿资源丰富，核电虽然是矿物能源，但核电是清洁能源，利用丰富的铀矿资源，积极发展核电，是优化江西能源结构的重要战略思想。目前，江西规划了两个核电项目，即彭泽核电和万安核电，都是采用先进的第三代核电技术，原计划都将在"十二五"开工建设。但日本福岛核电危机后，国家冻结了所有在建项目，暂停了新项目审批，国家政策的重大调整给江西核电发展带来巨大冲击。在江西电力缺口呈扩大趋势的情况下，发展核电显得很必要，需要进行合理的评估。

3. 锂电新能源开发利用。宜春具有丰富的锂电资源，宜春规划建设国家级锂电新能源产业基地，开发锂电池、锂铁电池、新能源汽车等产品，具有良好的发展前景。

4. 天然气利用。江西没有发现天然气资源，但江西积极争取国家支持，利用川气东送江西支线工程和西气东输二线江西境内工程，充分利用天然气这一清洁能源，2011 年江西设区市居民可以全面利用天然气。

5. "绿色煤电"利用。国内煤炭资源非常丰富，但煤炭直接燃烧将排放大量二氧化碳，华能集团提出"绿色煤电"计划，以煤气化循环和碳捕集封存技术为基础，实施联合循环发电，并对污染物进行回收，对二氧化碳进行分离、利用或封存，建成近零排放的"绿色煤电"，其示范工程已在天津开工。另外，利用煤矿瓦斯发电技术，已在江西丰城取得突破，江西丰城建成了目前国内唯一的利用瓦斯发电的企业，总投资4561万元，单位投资7602元/kW，企业年利润400万元。整个企业只有22名职工，实行全自动化、信息化管理。如能全面推广将从根本上解决矿井瓦斯爆炸危及职工安全的问题，而利用它即可发电又造福人民。

第三节　鄱阳湖生态经济区发展新能源存在的问题和对策建议

新能源开发利用，大多起步于20世纪70年代，但大规模的现代开发利用方式是在进入21世纪后才开始的，由于开发利用时间不长，加之投入的研发能力不足，技术上还不够成熟，利用成本较高，与传统能源还无法竞争，在技术利用和市场开拓方面还存在不少问题。本节分别分析对光伏、风电、生物质能、地热能等新型能源利用方式存在的问题及其相关对策建议，在此基础上，对鄱阳湖流域（江西）发展新能源产业提出政策建议。

一　发展光伏产业存在的问题和对策

（一）存在的问题

在国内外市场推动下，光伏产业虽然迅速发展，但发展过程中存在以下几个问题必须引起重视。

1. 光伏产业市场风险加大。前一段时间光伏上游产业（硅片、硅锭）生产能力小，下游产业（光伏电池、封装）生产能力相对较大，多晶硅材料供应不足，导致价格暴涨，从2002—2008年，每公斤多晶硅材料从30—40美元上涨到400—500美元，6年间上涨10多倍，价格偏离生产成本，企业获得暴利，刺激上游产业项目一哄而上。现在变成了上游产业生产能力大，下游产业能力小，而上游产业的销售市场基本上在国外，国外市场又受政策的影响很大，有许多不确定性因素。针对这种情况，国务院有关部门早就指出硅材料产能过剩，供过于求，市场风险加大的问题，但各级地方政府听不进去，仍在搞重复建光伏"大跃进"。2011 年开始，世界光伏市场急转直下，一方面，由于欧债危机，使国内光伏产品主要出口市场的欧洲发达国家大幅减少进口；另一方面，欧美国家对中国光伏产出口提出反倾销反补贴诉讼，更是雪上加霜。目前，国内光伏产业处于最困难时期，一些大型企业的资金链面临断裂，如江西赛维的负债率达到 87%，面临破产边缘，2014 年虽然出现明显复苏，但并不意味着未来的发展会一帆风顺。

2. 生产成本较高，与常规能源比较还缺乏竞争能力。国内光伏市场小的主要原因是每度电生产成本仍然很高，资料显示：如以传统的煤电成本为 1，则水电为 1.2，风电为 1.7，而光伏发电为 10 以上，如果没有政策扶持和大量财政补贴，将严重制约国内光伏市场的拓展。

3. 国家对光伏产业的支持政策有待完善。《可再生能源法》虽然在 2006 年已经生效，但相关的实施细则和配套政策还不够完善，有的规定还缺乏可操作性，或者因地方的财力有限，优惠政策难以执行，例如，对于光伏并网发电，如何执行"成本加合理利润"的上网电价，使企业能得到合理的利润预期，还缺乏保障措施，从而影响到企业投资的积极性。

（二）对策建议

1. 加强对国际光伏市场的供求分析，降低市场风险。根据世界主要国家利用太阳能的长远规划，光伏产业在未来仍将是快速增长的态势，长期市场仍然看好，但短期市场具有许多不确定性因素，各国宏观经济形势和政策影响较大，特别是 2009 年金融危机的影响，使光伏产业经历了过山车式的大起大落。加上近几年新上项目过多，这些项目投产后出现产能过剩，企业竞争加剧，江西作为全国最大的光伏产业生产基地，必须加强国内外市场分析，特别是短期市场分析，及时调整产量和产品结构，在技术不成熟，成本高，市场不稳定的情况下，我省要降低发展光伏产业的预期，作为支柱产业的条件尚未成熟，仍按战略性新型产业给以扶持，使光伏产业持续稳定发展。

2. 加大科技投入，降低成本，提高企业核心竞争能力。制约国内光伏市场发展的主要原因是生产成本高，而要降低生产成本，就必须依靠科技进步，加大科技投入，对关键环节和关键技术实行重点攻关。据相关资料显示，在光伏产品的价格形成过程中，多晶硅材料占整个太阳能电池产品最终价格的比重最大，为56.16%，到硅片环节增值12.33%，太阳能电池再增值15.07%，最终产品太阳能电池组件再增值16.44%。可见，多晶硅材料是影响太阳能电池价格的主要环节，是降低生产成本的关键技术。因此，高纯多晶硅材料的生产技术，是必须攻克的重点技术。此外国内光伏设备多从国外进口，我们要建立以国内制造为主的装备体系，这些技术问题都必须列入重点攻关的内容。今后对光伏产业的扶持要从目前以应用为主转为以技术创新降低生产成本为主。

3. 积极开拓国内光伏产品市场，是我们的最终目标。以清洁的可再生能源逐步替代传统的非清洁能源是国内能源战略的主要目标，因此作为开发利用太阳能的光伏产业，主要市场最终必须在国内，而目前生产的光伏产品出口率2010年达93.7%，国内市场只有6.3%。在开拓国内市场时还要提高光伏发电的并网率，2011年在出口受阻的情况下，国内新增光伏装机达2.5吉瓦，比2010年增加1.5倍，但并网率只有73.4%。建议实施光伏—建筑一体化作为开拓国内市场的重要举措，只有积极开拓国内市场，才能实现国内的能源安全和绿色发展，也是应对出现硅材料产能过剩的根本办法。过度依赖国外市场不是长远之计，也不是发展光伏产业的初衷。再说硅材料的生产环节能耗高污染重，过度出口硅材料等于以牺牲环境来出口能源，不符合国内的产业和环保政策。

4. 进一步完善对光伏产业的法律政策支持体系。《可再生能源法》实施以来，政府虽然出台了相关的配套政策，但执行力度不够，据其原因主要是相关的政策不够细化，有的可操作性不强。建议根据国家中长期规划目标，根据不同地区不同发展阶段，建立强制性的可再生能源市场需求，对上网电价如何在消费用户中均摊，对愿意安装光伏组件的家庭提供适当补贴办法，对符合享受优惠政策的企业，必须制定税收和贷款实施优惠政策的具体细则。总之，只有把国家对发展可再生能源的支持政策进一步具体化并落实到企业，才能吸引更多的国内外资本投资太阳能的开发利用。

二　风电发展存在的问题和对策

（一）存在问题

目前大规模发展风电还存在几个突出问题：一是风电成本虽然有所下降，但仍高于常规火电成本，使风电上网电价仍然较高；二是受技术条件制约，现有的电网系统在接纳大规模风电上网时的技术难题还尚未解决，因为风力资源的间歇性和风向的不确定性，对现有电网系统的安全性、稳定性产生不利影响；三是风电设备制造业的研发水平有待进一步提高，国产风电设备的制造成本和质量与国际先进水平比较仍有较大差距，风电设备的制造成本在整个风电价格构成中占60%—70%，要降低风电价格，关键是要降低风电设备制造成本。

（二）对策建议

1. 加大对风电研发投入，突破关键技术制约。由于对风电技术研发投入不足，使国内风电技术与发达国家比较有较大差距，要加大研发投入，重点提高整机和关键零部件的设计、制造、组装水平，提高国产化率，促进风电快速健康发展。

2. 制定合理的风电上网电价。上网电价是决定投资企业能否得到合理利润的关键，在市场竞争的条件下，上网电价往往由招投标时通过竞价方式确定，如竞价过低，日后往往使项目难以正常运转，因此政府在审批时，要从实际出发，制定合理的竞价标的。

3. 加大政策扶持力度。建立多元化的投融资渠道，要吸引企业、跨国公司、民间资本的投入，政府要创造良好的投资环境，在税收、贷款、用地、政府审批等方面提供高效服务，要把风电项目列入最优先支持的项目，促进风电产业的快速发展。

三　发展生物能源存在的问题和对策

（一）存在问题

目前人们对开发利用生物质能源还缺乏深入的研究，因而对开发利用生物质能源的潜力、前景了解不够，认识不到位，目前江西还没有一个全面可行的科学规划；资金投入不足，相关的技术和装备比较落后，在财税、投融资方面还缺乏有力的支持；开发利用成本较高，很难与常规能源竞争，目前国内开发的生物乙醇与高热值的石化汽油成本相比高1/4左右；生物资源分散，缺乏集中的规模生产，对原料生产、采收、预处理、运输、储藏等环节的技术比较落后等，制约了生物质能源的开发利用。

（二）对策建议

1. 制定全面、可行、科学的规划。正确把握江西发展生物质能源产业的潜力、前景和意义，制定一个全面可行科学的规划，充分发挥江西生物资源和非耕地资源的优势，把发展生物质能源产业列入建设鄱阳湖生态经济区的重要内容。在目标定位上，原则上要走在全国前列，为全国做出示范。

2. 坚持不与人争粮，不与粮争地的原则，走符合国情的生物质能源产业发展的路子。国内人口多，土地资源不足，人均耕地面积只有世界平均水平的30%，粮食安全始终是头等重要的问题，利用耕地资源种植能源植物的做法在国内是行不通的。

3. 拓宽投融资渠道。目前，省内为数不多的生物质能源开发项目主要是以政府投资为主，投资渠道单一，要学习国外投融资多元化的经验，大量吸收大公司、国际金融组织、风险投资和民间资本投资。政府提供政策支持，在税收、贷款担保、上网电价补贴等方面给予生产生物质能源的企业以优惠条件，为投资生物质能源产业创造良好的环境。

4. 实施"林油一体化"、"林能一体化"工程，把发展林业和生物质能源结合起来，为林业产业化探索出一条新路子。加大科技投入，降低生产成本。建立生物质能源工程技术研发中心，研究江西生物质能源植物品种的培育和种植示范基地建设。

四 发展地热资源存在的问题和对策

目前地热资源开发利用存在的主要问题：一是由于勘查力量和经费投入不足，家底不清，难以作出科学全面的规划；二是因地热资源蕴藏在地下，前期投入大、成本高、风险大，如果采点不准确，钻探会形成废井或发生钻井事故，加大了风险；三是利用技术不成熟，热水利用后回灌技术不过关，形成抽上来的水量大，回灌的水量小，尾水中的有害元素如砷、汞、氟等造成环境污染；四是管理体制没有理顺，投资者、开发者、管理者的职责不清，导致资源利用率低，环境污染。

地热资源只有在科学合理开发利用的情况下，才是清洁和可再生、可持续利用的能源。为此建议：一是要在加强勘查、摸清家底的前提下，制定科学可行的开发利用规划；二是加强政府对地热资源的管理，制定相关的法律条例和政策。由于地热资源是集水、热、矿三位一体的资源，要坚持开发与保护并重的原则，坚持高效利用，体现一小多用的综合价值；三

是加强技术攻关，重点解决尾水回灌技术问题，使采集的水和回灌的水大体平衡，减少对环境的污染

五　江西发展可再生能源的几点建议

（一）提高对发展可再生能源的认识

江西正在实施建设鄱阳湖生态经济区战略和生态文明先行示范区，肩负着探索科学发展绿色崛起新路子的重任，而发展可再生能源对优化能源结构、改善生态环境，构建资源节约和环境友好型社会具有重要意义，是建设鄱阳湖生态经济区的重要支撑体系和应有的题中之意。发展可再生能源是世界各国能源发展战略的大趋势，是培育新的经济增长点，促进世界经济复苏的重要引擎。由于可再生能源的开发利用技术逐渐成熟，成本不断降低，强劲的市场需求，许多专家认为未来二三十年，可再生能源年均增长速度20%以上，乃至30%。日本福岛核电危机后德国、奥地利、瑞士等宣布"弃核"计划，意大利重启核计划方案在全民公投中被否决，这给可再生能源的发展带来巨大商机，目前没有任何大产业的发展速度会超过可再生能源，我们也可以预期可再生能源将成为江西的重要新型产业。

（二）科学规划，多元发展

科学规划就是要在全面调查江西发展可再生能源的资源，并对资源开发利用价值进行科学评估的基础上，作出一个全面可行的可再生能源发展中长期规划，作为生态经济区，规划目标的定位既要切实可行，又要处于全国先进水平。国家发改委颁布的《可再生能源中长期发展规划》提出2020年，可再生能源占总能源消费的比重达到15%，江西应当高于这个目标才能为全国做出绿色崛起的示范。

多元发展就是不但要巩固和进一步发展目前的传统能源，提升技术水平，而且要大力发展可再生能源；进一步推广光伏发电和太阳能热利用，江西省农业秸秆资源丰富，森林覆盖率60%以上，居全国第二位，非食用木本粮食和油料植物种类繁多，为发展生物质能源提供了丰富的资源；鄱阳湖区的湖泊地形，形成了风能资源的优势，在沿湖地带风力资源丰富，有条件发展大中型风电场，而且风电的开发利用技术比较成熟，与其他可再生能源相比，成本低，已初步具备了和常规能源竞争的条件，应大力发展；江西的地热温泉点较多，目前利用很不充分。因此，江西可因地

制宜，有序开发，逐步提高可再生能源在能源消费中的比重。

（三）加大政策支持力度，培育可再生能源的消费市场

任何产业的发展都是以市场需求为驱动力，发展可再生能源产业也是如此，如果没有市场需求，这个产业是做不大的，因此要把培育市场放在首位，而培育市场又离不开国家政策的支持，特别是在产业发展初期，开发利用技术尚不成熟的时候，国家政策的支持是至关重要的。根据发达国家的经验和国内江西的具体情况，当前可采取以下几项措施：一是根据国家和省级规划目标，采取强制性市场份额，把发展可再生能源的目标分解到地市，根据各地市经济发展水平和产业结构，确定该地市可再生能源的市场份额；二是科学合理确定可再生能源的上网电价，原则上要使生产可再生能源的企业有合理的利润，如上网电价高于市场常规能源电价，其差额可采取政府补贴、税收和信贷优惠的方式给予补偿，或者将差价分摊到地区或用户；三是对使用可再生能源的用户给予补贴。

在培育和开拓市场时，要处理好以下几个关系：一是国内市场和国外市场的关系。从长远看，要立足于国内市场，我们发展可再生能源的最终目标，是要优化国内的能源结构，逐步提高可再生能源的比重，以替代资源日益枯竭严重污染环境的传统能源。但在目前由于可再生能源的生产使用成本普遍较高，需要国家大量的财政补贴，目前国内还不具备这样的经济实力，特别是江西已经成为世界上最大的太阳能光伏产业生产基地，在今后较长时期内还要以国外市场为主，但在这一过程中，国内市场的份额是不断提高的；二是城乡市场的关系。要根据可再生能源发展的近期和远期目标，处理好城乡市场的关系，在开拓城镇市场时，近期需更加重视农村市场的开拓。在国家大电网没有覆盖的农村边远山区，或者国家电网虽然可以到达，但成本过高的边远山区、零星居民点，这些地方可成为可再生能源的目标市场，要发挥可再生能源在建设社会主义新农村中的作用，培育农村小康社会标准的电气化县。同时要根据不同的能源形态，规划不同的目标市场，例如上网的可再生能源和大规模的热利用，更适合于城市市场。而离网型的风电、分布式光伏发电、生物质能发电和热能、户用沼气、地热能的热利用等形态都是比较适宜于农村市场；三是区域市场的关系。在可再生能源成本居高不下的情况下，欠发达地区的政策支持力度有限，目前应选择经济较发达的地区进行试点和推广。

（四）依靠科技进步，不断降低可再生能源的成本

可再生能源要实现可持续发展，关键是进一步降低上网电价，使它能在与常规能源竞争中处于优势地位。要通过科技攻关，解决影响成本的关键技术和生产环节。如多晶硅材料提纯技术，占光伏电池组件最终产品价格的50%以上，先进的硅材料提纯技术，是降低光伏发电成本的关键。发展沼气提纯技术，可以使粗制沼气中甲烷含量从60%左右提高到97%，使沼气品质达到天然气的水平。目前国内有200多亿立方米的沼气，如果通过提纯达到天然气的品质，就等于增加了100多亿立方米的天然气。风力机械设备占风电成本的60%以上，降低风电设备制造成本，是降低风电成本的途径。生物质能源要着力解决生物质原料的规模生产和规模采集、加工制造的关键技术，江西林业经营可以实施"林能一体化"经营模式，先进行试点，探索经验。只有不断降低可再生能源的生产成本，才能使其稳定快速发展。

（五）建立发展可再生能源的多元投融资体制

可再生能源的开发利用属于创新型技术，属高新技术产业，具有投入大、风险高的特点，特别是前期投入大。由于技术不够成熟，还需要较长时间的研发、中试、示范等阶段，更增加了企业投资和管理风险，因此需要建立具有较强抗风险能力的多元投融资体系。作为地方可再生能源项目，要争取国债项目资金支持，争取经济实力雄厚的央企投资可再生能源。贷款方面政策性银行比商业银行的贷款条件更为优惠。根据国外的经验，也可以采取融资租赁形式，把融资与融物结合起来，可以降低企业购买设备的风险。全球在发展可再生能源方面有较一致的认识，这为争取国际资本的支持创造了条件，许多发达国家的政府、国际组织、国际金融机构有向可再生能源开发投资的意愿。江西发展可再生能源要实施进一步的大开放战略，例如新余赛维LDK迅速发展，与初创时就得到美国资本市场4亿多美元融资支持是分不开的。江西山江湖工程在争取国际组织资金方面也积累了丰富的经验，近几年又根据《京都议定书》推出的清洁发展机制（CDM）也争取到一些项目，为促进江西可再生能源的发展，带来了更多的机遇。

第九章　鄱阳湖生态经济区低碳城市建设

城市作为人类社会经济活动的中心和承载空间，聚集了世界一半以上的人口，消耗了全球 67% 的能源并产生了 75% 的二氧化碳排放[①]。随着城市化的快速推进，人口激增、能源消耗巨大和碳排放快速上升，将远远超出城市环境承载能力，城市发展及其作用将受到严重挑战。目前，城市低碳转型已成为世界各国的现实选择，一些发达国家（或地区）已经根据自身发展实际和战略需要形成了一些典型的各具特色的低碳城市发展模式。我国已开展了两批低碳城市试点，各地根据自身的特点，进行了有益的实践探索，并通过试点逐步形成可复制、可推广的模式和经验。

第一节　低碳城市的内涵、特征及衡量指标

一　内涵

对于如何建设低碳城市，国内外学者已经展开了充分的研究和探讨，但对于什么是低碳城市，学界尚无定论。根据世界自然基金会（The World Wide Fund for Nature，WWF）的定义："低碳城市是指城市在经济高速发展的前提下，保持能源消耗和二氧化碳排放处于较低水平，即经济增长与能源消耗增长及碳排放脱钩。"[②] 这一定义强调了减碳是低碳城市的核心要义，也是有别于"生态城市"、"两型城市"等概念的核心指标。因此，低碳城市应该包括以下几个方面的内容：一是低碳城市能源消耗和

[①]　Stem N. *The Economics of Climate Change：The Stern Review.* Cambridge，UK：Cambridge University Press，2006.

[②]　雷红鹏，庄贵阳，张楚：《把脉中国低碳城市发展——策略与方法》，中国环境科学出版社 2009 年。

碳排放水平较低；二是低碳城市居民践行低碳生活方式；三是低碳城市企业推行低碳生产方式；四是低碳城市政府保障政策低碳化。[①]

二　特征

2009 年，《中国可持续发展战略报告》绿皮书明确将低碳城市的特征概括为经济性、安全性、系统性、动态性、区域性五大特性。（1）经济性，是指在城市中发展低碳经济能够产生巨大的经济效益；（2）安全性，意味着发展消耗低、污染低的产业，对人类和环境具有安全性；（3）系统性，是指在发展低碳城市的过程中，需要政府、企业、金融机构、消费者等各部门的参与，是一个完整的体系，缺少一个环节都不能很好地运转；（4）动态性，低碳城市建设体系是一个动态过程，各个部门分工合作，互相影响，不断推进低碳城市建设的进程；（5）区域性，低碳城市建设受到城市地理位置、自然资源等固有属性的影响，具有明显的区域性特征。[②]

三　衡量指标

目前，我国已经在进行低碳城市试点建设，但如何建设低碳城市，关键是科学确定低碳城市发展的方向目标，重点包括：经济发展低碳化、基础设施低碳化、生活方式低碳、低碳技术发展、低碳环境优良度、低碳政策完善度等六个方面，这也是衡量低碳城市建设重要指标。

表 9.1　　　　　　　　　　衡量低碳城市建设重要指标

发展目标	具体指标
经济发展低碳化	经济高效集约化水平：单位 GDP 能耗、人均 GDP 能耗、能源消耗弹性系数、单位 GDP 水资源消耗和单位 GDP 建设用地占地；产业结构合理度：非农产值比重第三产业比重、高技术产业比重、产业结构高度化
基础设施低碳化	交通低碳化水平、建筑低碳化指标

[①] 付允，汪云林，李丁：《低碳城市的发展路径研究》，《科学对社会的影响》2008 年第 2 期。

[②] 中国社科院可持续发展战略研究组：《2009 中国可持续发展战略报告：探索中国特色的低碳道路》，科学出版社 2009 年。

发展目标	具 体 指 标
生活方式低碳化	社会评价公众对低碳城市的认知率、公众对低碳消费方式的认同率、公众对生态环境的满意度；人均汽车拥有量、人均生活能源消费量、人均生活用电量、旅客运输平均距离、货物运输平均距离、每万人使用公共交通车辆、城镇居民人均居住面积
低碳技术发展	物质减量化能源系统效率、能源加工转换效率、能源消费弹性系数、非常规水源利用率、工业固体废物综合利用率、污染控制
生态环境优良度	年平均气温变化率、二氧化碳浓度、空气综合污染指数、区域空气质量达标率、环境空气质量好于或等于 2 级标准的天数（年）、水环境功能区水质达标率、生物多样性指数 森林覆盖率、人均绿地面积、建成区绿地覆盖率、生活垃圾无害化处理率、城镇生活污水处理率、工业废水达标率
低碳政策完善度	低碳城市建设规划、二氧化碳排放权交易计划、能源税制建设、规模化企业通过 ISO 14000 认证率

第二节　国内外城市低碳发展模式及探索

不同的城市其低碳发展定位、理念和路径选择定有所不同，其所形成的发展模式也各具特色。总体来看，如英国、丹麦、日本、美国等发达国家都比较早地建设低碳城市并取得了一定成效，而我国低碳城市建设尚处于试点阶段，并对低碳城市发展模式进行了一些有益探索。

一　国外先进的城市低碳发展模式

英国是世界上第一个提出"低碳"概念的国家，在发展低碳城乡方面英国做了大量的工作并取得了显著的成效。随着"低碳"发展理念日益深入人心，丹麦、美国、日本等国积极探索低碳城市的发展路径，推动城市的节约、绿色转型。

（一）以低碳社区建设为中心的伦敦模式

英国伦敦是全球低碳城市建设的典范，率先倡导建设了首个"零能耗"社区——伯丁顿低碳社区，它始建于 2002 年，设计初衷是：以最少或"零"资源能源消耗，最大程度地保护生态环境，减少环境破坏，实现能源与废弃物处理循环利用，现已成为引领英国低碳城市可建设的典范，具有广泛的借鉴意义。2008 年，英国政府借鉴推广伯丁顿低碳社区发展的成功经验，专门构建了低碳社区能源规划框架以促进低碳社区的发展。该规划框架将城市划分为城市中心区、中心边缘区、内城区、工业区、郊区和乡村地区六大区域，并根据每个区域实际分别制定相应的社区能源发展中远期规划方案及其规划组合资源配置方式。与此同时，英国伦敦政府从区域、次区域、地区三个层面构建社区能源规划实施机制。由此可见，以低碳社区建设为载体是"伦敦模式"的最主要特点，它非常注重社区内公共住宅的设计和可再生能源的利用，并以此带动整个城市建筑、交通、消费和社会的低碳化发展。发达国家采取此类模式的还有德国的弗莱堡市、瑞典的韦克舍等城市。

（二）以节能零排放为方向的哥本哈根模式[①]

2009 年，丹麦政府提出："到 2025 年，努力将哥本哈根打造成为世界第一个碳中性城市。"因此，哥本哈根每年将要减少 50 万吨 CO_2，才能实现碳零排放城市建设计划。在 1999—2008 年十年间，哥本哈根减少了 20% 的碳排放，主要得益于：哥本哈根大力发展风能和生物质能等新能源，从而减少了碳排放。未来，哥本哈根政府要实现零碳城市，开发新能源和提高能源效率将承担主要减排任务，以自行车为主、公共交通为辅和少量私家小汽车为补充的绿色交通体系以及建筑节能计划承担少量减排任务。由此可见，节能和零碳排放是"哥本哈根模式"主要特点，哥本哈根政府推行"灯塔计划"（Lighthouse Projects），在能源、交通、建筑、低碳政府、市民减排行动、城市合理规划等 6 个领域推出特别措施，为确保政策的实施效果，通过碳核算（Carbon Accounting）以及 2012 年中期评估等方式加以跟进，旨在最终实现城市的低能耗和零碳排放。采取此类模式的典型代表还有阿拉伯联合酋长国在建的马斯达尔生态低碳城。

（三）以产业低碳转型为支撑的伯明翰模式

伯明翰市是英国工业的摇篮，曾是世界上最大的工业城市之一。随着

---

① 宋德勇，张纪录：《中国城市低碳发展的模式选择》，《中国人口·资源与环境》2012 年第 1 期。

制造业逐步衰败，伯明翰大力推进产业转型发展，在利用高新技术改造提升传统制造业的同时，大力发展金融、商业服务、会展、旅游经济、创意产业等高端服务业，经过 20 多年的发展，形成了"高端制造业 + 高端服务业"多元化产业结构，成功实现了产业低碳转型并带动城市低碳发展，美国的波士顿也是这类模式的低碳城市发展的典型代表。

（四）以低碳社会为主体的东京模式

作为《京都议定书》的发起者和倡导者之一，2007 年 6 月，日本在《东京气候变化战略——低碳东京十年计划的基本政策》中明确提出："到 2020 年，温室气体排放比 2000 年减少 25%。"为实现这一目标，东京从企业减排、家庭居民低碳生活、低碳建筑、低碳交通四个方面提出了具体的基本政策：一是成立基金，推行限额贸易系统，以帮助企业实现二氧化碳减排；二是推行低碳生活方式，实现家庭部门二氧化碳减排；三是新建建筑要求高于目前节能标准，以减少城市二氧化碳排放；四是大力推广节油型汽车使用，减少交通二氧化碳排放。"东京模式"也被定义为"综合低碳社会模式"，全方位推进城市低碳化发展是其主要特点，该模式适用条件是城市人口规模较大、经济基础良好。

（五）以绿色减排为主要特色的芝加哥模式

芝加哥通过调动多方面的参与应对碳减排的问题，预期于 2020 年实现基于 1990 年水平的 25% 的碳减排，于 2050 年实现 80% 的碳减排，从而把芝加哥建设成为世界上最绿色、最有生命力的城市。为了建设低碳城市，芝加哥市于 2006 年成立气候变化工作组专门负责探索低碳化发展，于 2008 年发布"气候变化行动计划"开始着手碳减排工作，并于 2009 年制定了一个全面的绿色就业战略计划。在建筑节能方面，芝加哥市推行节能改造、节能标准、一站式服务中心、屋顶花园和家电换购等诸多措施。芝加哥市相当一部分市政建筑已安装了绿色屋顶，如政府大楼的绿色屋顶即可令室内温度降低 3℃—7℃，这为大楼的空调系统至少减少了 10% 的负荷。为了扶植在中心商贸区进行绿色屋顶改造，芝加哥成立了绿色屋顶基金对优秀项目进行支持。财政支持既包括设计阶段也包括施工阶段。根据气候变化应对方案，芝加哥绿色屋顶数量从 2008 年的 400 个将增加到 2020 年的 6000 个。在清洁能源的使用方面，芝加哥市充分利用坐落于该市的全美最大的太阳能发电站来提供低碳能源，并着手进行火电厂的低碳改造。芝加哥市建有18座光伏太阳能发电设施，这使芝加哥成为全美利用太阳能发电最多的城市之一。

二　国内城市低碳发展探索

2010年8月，国家发改委下发《关于开展低碳省区和低碳城市试点工作的通知》，明确将在广东、辽宁、湖北、陕西、云南五省和天津、重庆、深圳、厦门、杭州、南昌、贵阳、保定八市开展低碳试点工作。2012年，国家发改委又确立了北京、上海、海南和石家庄等29个城市和省区成为我国第二批低碳试点。低碳城市建设正成为一种有组织的社会实践。低碳试点在自然资源、经济发展、能源消耗等方面的基础条件不尽相同，在国家低碳试点开展之前，各地区因地制宜，已经探索了不同的发展理念，体现了节约资源、保护环境、绿色生态、家居和谐的思想，为低碳试点工作的开展奠定了良好的社会基础。

从第一批试点城市看显现出应有的特色（见表9.2）。

表9.2　　　　　　第一批试点城市低碳发展特色

城市	低碳发展特色
保定	以新能源制造产业为支柱，拥有多个国家级新能源研发基地，良好的政策、资源与技术优势为保定市建设低碳城市奠定了坚实的基础
天津	在中新天津生态城的建设中全面贯彻循环经济、低碳发展理念，提倡绿色健康的生活方式和消费模式，建设生态宜居城市
重庆	按照"五个重庆"的总体要求，构建低碳能源体系，合理控制能源消费总量，通过打造两江新区等战略新兴产业核心聚集区打造低碳产业体系，积极推动低碳技术创新，创新低碳市场机制
深圳	打造国际低碳城，助推新型产业，注重循环经济，追求更高生态文明，向"深圳质量"跨越
厦门	建设"宜居厦门"，低碳建筑先行，注重城市规划建设，发展低碳交通和低碳生活方式
杭州	着力建设低碳经济、低碳交通、低碳建筑、低碳生活、低碳环境、低碳社会"六位一体"的低碳示范城市，建立低碳产业聚集区，大力发展循环经济，加大可再生能源的利用，重点打造低碳交通体系
贵阳	以循环经济为基础，把低碳理念融入"建设生态文明城市"的重大战略，大力推动会展业、物流业、旅游业等服务业，改造提升资源型产业，着力推进先进制造业

城市	低碳发展特色
南昌	以鄱阳湖生态经济区建设为契机，大力发展服务外包、会展商务、文化旅游等服务业，推广可再生能源的利用，加快推进低碳示范

资料来源：齐晔《中国低碳发展报告（2013）》，北京：社会科学文献出版社2013年。

（一）保定——以新能源为突破口

保定市是首批入选"中国低碳城市发展项目"两大试点城市之一，国内首个被冠以"低碳城市"称谓的城市。保定市抢抓机遇，依靠自身优势，围绕"中国电谷"、"太阳能之城"目标，大力发展新能源和能源设备产业，加快新能源综合应用步伐，已初步形成了光电、风电、节电、储电、输变电和电力电子六大产业体系，成为世界级新能源设备制造业集聚区，成为国家综合利用太阳能示范城市。以新能源的开发和利用为突破口是"保定模式"的主要特点，一方面大力发展新能源产业；另一方面减少传统能源的消耗和污染物排放，提高能源利用效率，力争建设中国首座低碳城市。保定市低碳城市建设的重点和主要政策，如表9.3所示。

表9.3　　　　　　　保定市低碳城市建设的重点和主要政策

基于节能的产业结构调整	发展先进制造业（汽车及零部件）；电子信息及新材料；全面提升现代服务业（旅游、物流、文化创意、动漫）；加快发展现代农业（规模化集约化）；节能改造（电力热力行业、纺织及化纤行业）
新能源产业	积极推进太阳能光伏并网发电工程建设，大力发展太阳能发电与建筑一体化、太阳能照明等分布式太阳能发电应用系统；稳步推进风力发电，积极开展生物质能的利用；加快水资源开发利用
能源消耗结构调整	重点推进燃煤锅炉、传输系统等重点部位节能降碳先进技术的应用，加快淘汰落后的发电机组和小规模、分散式的燃煤锅炉；推动气电、太阳能等可再生能源，以及垃圾和秸秆等生物质能发电。提高电力装备的高效能利用。加快能源消费结构调整，推广清洁能源使用

低碳交通	优先发展公共交通，提倡步行和自行车出行，适度控制小车出行比例，积极调整交通能源结构，大力推进新能源车辆的普及
低碳建筑	推广集中供热、节能电器、建筑热计量设备安装普及
低碳生活	建设低碳示范区（村镇），引领广大群众逐步确立低碳生活方式和低碳消费模式
碳汇能力建设	植树造林活动，建设环城林带、城郊森林公园，推进经济型生态防护林和农田林网建设。加快河流、水库、淀区等水体沿岸和道路两侧的植树造林
低碳政策工具	设立新能源产业发展基金，并对"中国电谷"企业进行资金扶持、税收优惠，保证"中国电谷"项目优先用地；提出保定市低碳产品认证和标准标识制度，选择部分行业和产品初步建立低碳标准和标识的认证制度；启动"黄标车"淘汰机制，分期分批确定 2015 前注册的"黄标车"淘汰期限，并严禁外地高污染、老旧机动车转入；用 1 年时间将市区公交车、用 5 年时间将长途客运车辆单程 300 公里以内且适于使用 LNG 的车辆完成"油"改"气"

（二）天津——发展碳金融市场和建设生态城

作为全国首批低碳试点省市之一的天津，构建低碳城市是转变经济发展方式的目标所在。天津建设低碳城市的主要措施是发展碳金融市场和建设中新天津生态城。2009 年，中美低碳金融研究中心、央行碳金融试点和联合国低碳经济中心相继落户天津。天津将成为中日城市间国际合作低碳经济示范区，重点发展绿色建筑、绿色交通，开发利用新能源，建设中新天津生态城。

1. 发展碳金融市场。2009 年 9 月，天津市政府联合中石油、芝加哥气候交易所共同成立国内第一家碳交易所——天津排放权交易所，并与 2010 年 5 月 19 日成为碳金融的试验平台。截至 2014 年 6 月 30 日，天津排放权交易所已有 54 家会员单位，其中中国船级社质量认证公司天津分公司、兴业银行股份有限公司天津分行、上海浦东发展银行股份有限公司、中国船级社认证公司 4 家会员单位进行了交易，碳交易总成交量达 20 万吨，交易金额达 600 多万元。

2. 建设中新天津生态城。自2008年开工建设以来，中新天津生态城始终坚持绿色发展理念，不断探索生态文明建设的实现路径，在产业促进、生态建设、环境治理、资源节约、科技研发、技术应用、机制创新等方面积极探索，2014年10月，中新天津生态城被国务院批准为首个"国家绿色发展示范区"。截至2014年年底，规划面积30平方公里范围内的基础设施基本完成，8平方公里起步区已初具规模，入住人口突破2万人，一个耸立于贫瘠的海滩土地、绿意间透露出北方城市罕有的雅致与秀美的绿色发展区展示在世人面前。其主要做法可以概括为如下几个方面：一是科学构建评价指标体系。为实现建设目标的量化，中新天津生态城按照绿色发展示范区要求，制定了包括生态环境健康、社会和谐进步、经济蓬勃高效和区域协调整合4个方面的绿色发展指标体系。与此同时，科学有效地构建了指标分解落实机制。二是低碳产业集群发展。中新天津生态城把现代服务业作为主导产业，出台主导产业促进办法，大力推进低碳产业集聚发展，严格按照环保标准制定项目准入条件，规划建设了动漫、影视、科技、信息、节能环保5个产业园区，注册企业超过2000家，注册资金达1000亿元，形成了以文化创意、绿色建筑、信息服务、特色金融、节能环保5大产业集群，走出了一条低碳产业聚集发展之路。三是打造低碳环境。中新天津生态城强制推行低碳建筑，制定了高于国家标准的低碳建筑设计评价标准体系；全面推行垃圾分类收集、气力输送和集中处理，实施分质供水工程，建成了屋顶、道路、小区、广场、绿地全覆盖的雨水收集系统，推进"海绵城市"中新合作重点项目的实施，建成太阳能、风能发电机组以及我国首个智能电网综合示范工程，规划建设以轻轨、清洁能源公交、绿道为主的低碳交通体系。构筑起土地、垃圾、水、能源综合开发和循环利用体系和交通、建筑、产业统筹推进的节能减排体系，处处体现了绿色、循环、低碳的理念。中新天津生态城公共建筑、居民住宅全部按照绿色建筑标准建设，住宅节能率超过70%，垃圾的回收利用率达到62.7%，积存了40多年的工业污水得到有效治理，污染底泥治理技术获得多项国家专利，完成了330万平方米的景观绿色。四是创新体制机制。建立了中新联合协调理事会、联合工作委员会等协调机制以及多层面的工作机制，形成统一、协调、精简、高效、廉洁的"小政府大社会"行政管理新体制。天津市在生态城率先探索建立绿色低碳发展评价机制，将资源消耗、环境损害、生态效益、食品安全等重要指标纳入天津生态城领导干部政绩考核体系并提高相关指标的比重和权重。近年来，天津市低碳城市建设的重点和主要政策，如表9.4所示。

表9.4　　　　　　　　天津市低碳城市建设的重点和主要政策

基于节能的产业结构调整	发展航空航天、石化等产业；生物科技、新材料；生产性服务业、生活性服务业、新兴服务业；促进传统产业低碳化升级改造；积极发展沿海都市型现代农业
新能源产业	发展太阳能、地热、光伏发电、风力发电、生物质能发电、新能源的科技研发和产业化应用
能源消耗结构调整	优先发展非化石能源；提高天然气利用比例；调整优化燃煤锅炉改燃或拆除并网工程，重点推进燃煤锅炉、传输系统等重点部位节能降碳先进技术的应用，加快淘汰落后的发电机组和小规模、分散式的燃煤锅炉
低碳交通	发展公共交通，加大政府对公共交通的投入和补贴力度，完善自行车和步行道路系统，大力发展节能与新能源汽车，建立智能化交通管理系统，完善城市资源配置，探索紧凑型道路的建设
低碳建筑	公共建筑节能改造激励政策
低碳生活	培养低碳消费习惯，低碳社区示范
碳汇能力建设	继续搞好"三北防护林"、沿海防护林建设和京津风沙源治理工程。开展植树造林工作，加快实施道路、河流两侧绿色通道建设。因地制宜，改造低效林和灌木林，增加林业碳汇能力
低碳政策工具	出台《天津市机动车排气污染防治管理办法》、《天津市节约能源条例》、《开展天津市万家企业节能低碳行动》、《鼓励绿色经济、低碳技术发展的财政金融支持办法的通知》等低碳法规政策文件，设立天津市低碳城市建设专项资金，加大对重点项目、低碳技术研发和能力建设的支持力度；滨海新区设立促进经济发展专项资金，自2011年起，连续3年，共拨付18亿元，用于支持新能源产业发展；研究建立低碳发展绩效评估考核机制，落实各区县人民政府、市人民政府各部门低碳发展的目标责任披露考评信息，建立健全社会共同参与和监督机制

（三）重庆——以低碳为特征的产业体系和消费模式为重点

作为全国首批低碳试点城市，重庆市确定了通过发展能源生产产业、电子信息产业、新能源汽车产业、LED 产业、风电装备产业、节能低碳环保产业、建设节能产业等七大新兴行业推动低碳经济发展，形成现代服务业和先进制造业为主的产业结构，降低高耗能产业的比重，逐渐形成低碳产业群。其主要特色：按照"五个重庆"的总体要求，构建低碳能源体系，合理控制能源消费总量，通过打造两江新区等战略新兴产业核心聚集区打造低碳产业体系，积极推动低碳技术创新，创新低碳市场机制。近年来，重庆市低碳城市建设的重点和主要政策，如表 9.5 所示。

表 9.5　　　　　　　　　重庆市低碳城市建设的重点和主要政策

基于节能的产业结构调整	加快转变经济发展方式，调整优化产业结构；发展循环经济，加强资源综合利用和废弃物的资源化利用；大力发展电子信息产业、节能环保装备制造业；支持现代物流及金融、科技、咨询、信息、服务外包等高端生产性服务业发展；发展生物多样性农业；规划建设低碳产业园
新能源产业	挖掘水电开发潜力，新增水电装机容量165万千瓦；合理规划风电项目，大力推进风电场建设；积极推进生物质能发电，发展燃料乙醇等生物质液体燃料示范应用；推进核电发展；鼓励太阳能、小水电、沼气、生物质气化等分布式能源发展
能源消耗结构调整	合理控制能源消费总量，优化能源消费结构，提高非化石能源在一次能源消费中的比重；大力推进煤炭的绿色生产与清洁利用；强化天然气利用，形成以电力为核心，以煤为基础，以天然气为补充的可靠、经济、清洁、低碳的多元化能源保障体系；推动智能电网和分布式供能系统发展
低碳交通	发展快速交通系统，快速推进轨道交通建设，在有条件的地区建立由自行车和步行构成的慢性交通系统，推广应用新能源汽车，建立电动车充电网络，推进智能交通网络体系建设
低碳建筑	编制重庆市低碳建筑标准；推广应用新型节能墙体材料、新型节能建材；优化建筑设计，推行绿色施工；实施建筑运行节能；推广可再生能源建设示范工程

续表

低碳生活	培养公众低碳意识，逐步减少一次性用品；抑制商品过度包装；限制使用塑料购物袋；鼓励家庭和公共场所节能，开展重点绿色低碳小城镇示范工程
碳汇能力建设	建设"森林重庆"。增创森林碳汇，开展绿化长江重庆行动，建设城市森林工程，建设农村森林工程，建设通道森林工程，建设苗木基地工程
低碳政策工具	制定了《产业结构调整指导目录》、《耗能设备淘汰目录》、《固定资产投资项目节能评估和审查办法》和《重庆市工业项目环境准入规定》等产业调整与准入法规政策；启动低碳产品认证试点工作，2011—2015 年设立市级节能专项资金

（四）深圳——低碳绿色化

2010 年，深圳市政府与国家住建部签署框架协议，共建国家低碳生态示范市，其主要特色就是实现低碳绿色化。深圳被誉为"会呼吸的生态园林城市"，据《2014 中国绿色发展指数报告》显示，在 100 个测评城市中，深圳市绿色发展水平排第二位。近年来，摘得"国家园林城市"、联合国环境保护"全球 500 佳"、"国家卫生城市"、"国家环境保护模范城市"、"国家生态园林示范城市"、"保护臭氧层示范市"、"全国绿化模范城市"、"全国优秀旅游城市"等一顶顶华丽的桂冠。取得如此的成果主要得益于深圳市政府规划先行和深圳人的共识与行动自觉。从最初的环境优先发展理念到现在低碳生态示范城市的实践，规划先行是深圳 30 年来推行生态环境建设的一条基本经验。深圳自建市以来，持续坚持规划先行的原则，强化城市规划对城市发展建设的引导和调控作用。深圳市政府已经出台实施《深圳市城市绿化发展规划纲要》，并提出：将通过规划建绿、植树添绿、空中增绿、见缝插绿，大幅提升城市绿化量，实现城市低碳绿色化。到 2020 年，市内各类公园总面积将占到城市总面积比例的 13.2%，建成各类公园 1000 个以上，公园和自然保护区面积 600 平方公里以上；到 2020 年，深圳市绿化覆盖率将达到 50%。近年来，深圳市政府采取了一系列低碳绿色化政策措施以建设低碳城市（详见表 9.6）。

表 9.6 深圳市低碳城市建设的重点和主要政策

基于节能的产业结构调整	大力发展低碳新兴产业，巩固低碳优势产业，推进传统产业低碳化，加快培育发展减碳产业
新能源产业	发展核电、风电等新能源产业
能源消耗结构调整	提高清洁能源利用比例，降低能源生产部门的碳排放，推进电网智能化建设
低碳交通	构建低碳交通网络，推进交通节能减排，大力发展轨道交通、公共交通，推广新能源汽车
低碳建筑	推广绿色建筑和既有建筑节能改造，降低公共机构能耗
低碳生活	促进形成低碳生活方式，开展低碳教育和宣传，开展低碳示范，倡导低碳生活方式
碳汇能力建设	加强生态保护与建设，提升森林碳汇能力，构建城市碳汇体系
低碳政策工具	对新建筑需按照律师建筑标准设计管理，对表现优秀的建筑项目进行奖励（贴息、奖金、容积率奖励），对不符合标准的建筑采取罚款、不得办理手续等措施；设立循环经济与节能减排专项资金；设立全国首个低碳总部基地，入驻低碳总部基地的企业将获得包括租金补贴、科技研发资金补助、税收补贴、科技经费奖励、低息贷款等一揽子优惠政策；出台私人购买新能源汽车补贴政策

（五）厦门——低碳建筑先行

2010 年 7 月，厦门市已在全国率先编制出台《低碳城市总体规划纲要》，将重点从占碳排放总量 90% 以上的交通、建筑、生产等三大领域探索低碳发展模式。该规划的编制完成标志着厦门建设低碳城市已经从抽象的概念走向了具体的实施阶段。"厦门模式"的主要特点是低碳建筑领域先行，其具体做法如下：一是低碳生态新城规划设计。在集美、翔安、同安、海沧等四个新城的建设中，因地制宜，设立低碳示范区，通过统一规划，按照绿色建筑标准进行设计和建设。二是严格实施建筑节能标准。厦门新建建筑已经制定了从设计、施工、监督到验收等环节的全过程监管制度，目前厦门全市新建民用建筑 100% 能达到国家建筑节能标准要求。三是开展大型公共建筑节能改造。对于高于基准线超过 5 公斤标煤/平方米的国家机关办公建筑和大型公共建筑，通过节能改造降低能耗。四是大力推动绿色建筑发展。成立了厦门市绿色建筑与节能专业委员会，2009 年 3 月，由深圳市建筑工程学界的 90 多位专家组成；制定了绿色建筑地方标准，为绿色建筑评价提供技术依据；出台了绿色建筑评价与标识管理办法；2011 年厦门市开始全面推广绿色建筑评价与标识工作。五是可再生能源城市级示范。厦门瑞景公园住宅小区、五缘湾 1 号住宅小区、鲁能·领秀城、香山国际游艇俱乐部、进出口加工区办公楼、科技创新园等 6 个项目被批准为全国可再生能源应用示范项目。六是实施住宅装修一次到位。2010 年厦门岛内开始实行商品住宅装修一次到位；出台了商品房住宅装修一次到位管理办法，在土地招标时注明住宅一次装修到位；继续征集《住宅装修一次到位设计图集》，在网上发布为开发商和业主提供更多选择。

（六）杭州——注重"六位一体"的整体低碳城市建设

2008 年，首个推出城市公交周及无车日活动，在国内率先启动公共自行车交通系统。2009 年起草了 50 条"低碳新政"，提出率先打造低碳经济、低碳建筑、低碳交通、低碳生活、低碳环境、低碳社会等"六位一体"的低碳城市。具体做法：一是成立低碳基金，实施"环境立市"战略；二是构筑绿色农业、节能工业、现代化服务业与杭州特色文化产业协调发展的产业体系；三是实施"阳光屋顶示范工程"和城市"绿屋顶"计划，推进建筑节能改造，打造低碳建筑；四是率先叫响"绿色出行"口号，优先发展公共交通，打造地铁、公交车、出租车、公共自行车、水上巴士"五位一体"的大公交体系；五是倡导低碳生态方式，提倡"减碳饮食"、"低碳着装"，编写低碳生活家庭行为手册，引入碳足迹理念，在相关网站设置碳排放计算器，在全市家庭中推行"绿色居家准则"，打造低碳生活；六是加强生态建设，打造"五水共导"城市，保护好六条生态带，打造低碳环境；七是以"紧凑型城市"为发展理念，重点建设中国杭州低碳科技馆，打造一批标杆性"低碳社区"，加快对政府、商务办公大楼进行低碳化运行改造，积极实施"垃圾清洁直运"杭州模式，打造低碳社会。近年来，杭州市低碳城市建设的重点和主要政策，如表 9.7 所示。

表9.7 杭州市低碳城市建设的重点和主要政策

基于节能的产业结构调整	积极发展十大低碳重点产业；建设一批低碳产业集聚区；改造提升一批传统产业；加快拓展静脉产业集群；开展低碳设计；推动低碳创业
新能源产业	发展风力发电和潮汐发电设备制造产业，巩固发展核电设备制造产业
能源消耗结构调整	推广应用太阳能、空气（地）热能、垃圾综合利用和沼气利用；加强工业节能减排减碳，加快能源结构调整与优化
低碳交通	加快推进"公交优先"战略；大力发展公共自行车，加强交通智能化管理，积极推进交通运输节能，严格执行机动车排放标准
低碳建筑	推动太阳能光电、光热系统与建筑一体化设计、空调节能、水源热泵等技术应用；加强建筑节能专项监督检查，逐步建立建筑能耗统计和建筑能效标识制度
低碳生活	加强舆论宣传，组织开展全民节能减排行动，推进全国第二批再生资源回收体系建设试点城市工作，建设中国杭州低碳科技馆，开展低碳主题科普宣传进校园活动，倡导低碳理念，实行垃圾分类管理
碳汇能力建设	建设国家森林城市，开展全民义务植树活动，建设城市生态带
低碳政策工具	成立"低碳城市专项资金"、50亿元的低碳基金、太阳能光伏发电推广专项资金、低碳产业基金、生态建设专项资金；提出参考ISO 14064和PAS2050标准，研制碳排放测评和管理标准，建立碳排放自助测算平台，制定"低碳企业""低碳产品"认定地方标准规范

（七）贵阳——以低碳理念统领生态文明城市建设

贵阳是西部一个欠发达城市，立足自身优势，优化升级产业结构，创新低碳城市发展保障机制，形成了具有贵阳特色的低碳城市发展模式。

1. 优化升级产业结构。一是大力实施"引金入驻"工程。依托贵阳金融中心，引进近20家大型金融机构入驻。二是全力打造区域性物流中心。依托龙洞堡国际航空物流园和扎佐、清镇、金华三大区域性物流园，加快建设西南国际商贸城、普天现代物流创业园、"马上到"云服务铁路港，建立健全社会化、专业化现代商贸物流服务体系，全力打造区域性物流中心。三是大力发展旅游会展业。唱响"爽爽贵阳、避暑之都"旅游品牌，依托生态文明贵阳国际论坛、中国科协年会、酒博会等重大会展活动，大力发展会展经济。四是优化调整工业结构。实施创新驱动战略，大力发展高新技术产业和现代制造业，推动产业结构优化升级。五是加强示范宣传，鼓励全民参与。设立全国首个低碳日。六是开展低碳社区试点。先后实施了乌当碧水人家、温泉新城一期市级低碳社区试验试点，探索形成具有贵阳特色的低碳社区"G"模式。

2. 创新低碳城市发展保障机制。一是创新组织领导机制。成立由市长任组长的贵阳低碳城市建设领导小组，设立低碳办。二是创新低碳推进机制。建立了低碳试点工作部门联席会议制度，成立低碳发展专家顾问委员会。三是加强顶层设计。编制出台了《贵阳高新技术开发区低碳发展产业规划》、《贵阳市低碳企业创建方案》、《贵阳市低碳社区试点建设方案》、《贵阳市建设生态文明城市条例》等规划、方案、条例，以低碳发展推动生态文明建设。四是创新资金保障机制。增设"低碳科技计划"，用于支持循环经济、节能降耗、低碳排放等科研项目。2013 年，落实扶持资金近 1 亿元，支持低碳项目的建设和技术发展。

（八）南昌——以绿色低碳转型为重点

2009 年，南昌市被列入中部唯一的低碳试点省会城市，并成为两年一届的世界低碳大会举办城市，先后出台了《关于推进"低碳经济、绿色发展"建设的若干意见》、《南昌市发展低碳经济，建设低碳城市行动计划》等具有国际水平的指导性文件，正式提出要成为国家发展低碳、生态经济示范城市，构建低碳生态产业体系，低碳、绿色、生态已经成为南昌经济发展的主旋律。2010 年 10 月，《南昌市国家低碳城市试点工作实施方案》上报国家发改委，方案提出：到 2020 年，单位 GDP 二氧化碳较 2005 年降低 45%—48%，非化石能源占一次能源比重达到 15%，森林覆盖率达到 28%，活立木蓄积量达到 420 万立方米。2012 年由南昌市政府与奥地利国家技术研究院合作编制了《南昌低碳城市发展规划》，使南昌建设低碳城市进一步与国际接轨。近年来，南昌市低碳城市建设重点和主要政策，如表 9.8 所示。

表9.8	南昌市低碳城市建设的重点和主要政策
基于节能的产业结构调整	LED（半导体照明）产业、服务外包产业、文化旅游产业、新能源汽车产业、航空制造产业、现代物流业、新能源装备制造产业、生物与新医药产业、新材料产业
新能源产业	太阳能光伏，新能源装备制造产业
能源消耗结构调整	推广可再生能源（包括太阳能、地热能、生物质能），积极引入核电，提供天然气使用比重
低碳交通	严格执行排放标准，加快轨道交通建设，加速现代水运建设，建设智能交通网络，发展"免费自行车"服务系统
低碳建筑	执行建筑节能标准和相关法规。发展节能型建筑，新建、改建、扩建的民用建筑严格执行节能50%的设计标准
低碳生活	提高低碳意识，优化城市规划，开展教育培训，倡导低碳生活
碳汇能力建设	发展碳汇产业，努力建成国家森林城市，提升碳汇能力。实施"森林城乡、花园南昌"工程
低碳政策工具	修改《南昌市机动车排气污染防治条例》；设立低碳发展专项资金

第三节 鄱阳湖生态经济区低碳城市建设的状况

鄱阳湖生态经济区低碳城市建设以国家低碳试点城市南昌、景德镇和国家新能源科技城新余具有代表性。

一 鄱阳湖生态经济区低碳城市建设现状

（一）南昌

南昌市作为鄱阳湖生态经济区的核心城市，引领了全省低碳城市建设。2009年11月，首届"世界低碳与生态经济大会暨技术博览会"在南昌市举办，2010年2月20日，南昌市被列为第一批国家低碳城市建设试点，从此开启低碳城市建设之路，制定了未来低碳城市发展构想：做强光伏、LED、服务外包三大低碳产业；做优新能源环保电动汽车、绿色家电、环保设备、新型建材、民用航空和生态农业六大产业群，打造红谷滩及扬子洲生态居住和服务业中心区，高新区生态高科技园区，湾里生态园林区，军山湖低碳农业生态旅游区四大生态区域。为了发展低碳经济，南昌市在建设低碳城市的过程中做了多方面的工作。

1. 成立相关机构并制定相应政策

一是成立低碳城市试点工作领导小组。2010年3月，南昌市正式成立了以市长为组长、分管副市长为副组长、相关职能部门为成员的低碳城市试点工作领导小组，负责统筹、协调和推进全市的低碳发展和示范试点工作，解决低碳城市建设中的突出问题。二是制定专门的政策法规。先后出台了《关于推进"低碳经济、绿色发展"建设的若干意见》和《南昌市发展低碳经济，建设低碳城市行动计划》。三是设立低碳试点专项资金。2011年，南昌市政府提出设立低碳发展专项资金，列入财政预算，加大对低碳产业的扶持力度，计划5年内引导投资817.39亿元打造超低碳城市，其中：光伏项目62.85亿元、LED项目108.68亿元、服务外包25.71亿元、文化旅游160.95亿元、低碳技术服务平台6.67亿元、低碳交通331亿元和其他低碳项目121.53亿元。

2. 发展低碳交通和低碳建筑

为打造低碳经济，南昌规划了三大重点区域：把红谷滩和扬子洲打造成生态居住和服务业中心区，把高新开发区打造成生态高科技园区，把湾里区打造成生态园林区。同时，结合南昌地铁一号线和棚户区改造工程，加快推进低碳交通和低碳建筑建设，大力推进新能源和低碳产品的应用。2012年，南昌市推广应用1000辆节能与新能源汽车；争取到2015年，全市LED路灯和隧道灯数量将达到10万盏。

3. 发展低碳产业

南昌市把培育壮大高新技术产业作为转变工业发展方式的关键战略。围绕电子信息、航空、新材料、新能源等高新技术产业，大力开展技术创新，充分发挥南昌高新技术开发区、经济技术开发区的集聚能力和辐射带动作用，创建具有国际水准的创新孵化基地，带动了南昌高新技术产业集聚化、规模化发展。按照"大项目—产业链—产业群—产业基地"的发展方向，南昌出台了一系列扶持政策助推产业配套，引导大企业、大项目及其配套产业向工业园区集中，推动大企业与中小企业的产业配套和产业对接，努力创建分工专业化、技术高新化、生产生态化的产业集群发展新模式。

（二）景德镇

从景德镇市的特色与实际出发，充分发挥国家资源枯竭型城市、国家创新型城市和现代服务业综合试点城市政策优势，积极扩大城市和产业转型成果，发挥国家级高新技术开发区的平台优势，以建设国家级陶瓷科技城、国家级航空科技城等重大项目为抓手，重点培育壮大航空等战略性新兴产业，加快陶瓷等传统产业转型升级，大力发展现代服务及旅游业，形成以陶瓷、航空和旅游产业为主导，以汽车、机械及家电、医药化工等制造业为支撑，以现代服务业和现代农业为新增长点的产业格局。景德镇市在财政资金投入、产业发展、低碳投资等方面大力推进低碳经济发展。

1. 加大财政投入为"低碳经济"保驾护航

自进入"十二五"伊始，景德镇市开始就加大对"低碳经济"的投入扶持力度，突出表现在环境保护方面，尤其是2011年以来，截至2013年年底，景德镇市节能环保支出达35678万元，增长4.8%，是2011年的2.1倍。

2. "低碳经济"投资增势强劲

"十二五"时期，"低碳经济"领域投入力度明显加大，凸显在两个方面：一是八大新兴产业投资增势强劲。截至2013年年底八大新兴产业投资完成额达285.25亿元，是2011年的2.6倍。二是高技术产业投资增势强劲。截至2013年年底高技术产业投资完成额达112.36亿元，是2011年的3倍。

3. "低碳经济"产业蓬勃发展

"十二五"时期，"低碳经济"在生产领域取得了蓬勃发展，尤其是战略性新兴产业的蓬勃发展。2010年，景德镇市政府开始大力发展太阳能光伏产业、LED半导体照明产业、航空制造产业、新材料、高技术陶瓷产业、生物和新医药产业、清洁汽车和动力电池产业、现代农业和有机食品、文化及创意等八大新兴产业。2012年，八大战略性新兴产业实现增加值84.53亿元，比上年增长13.8%；陶瓷工业实现增加值28.84亿元，增长22.2%；航空制造产业实现增加值23.52亿元，增长32.5%。2013年，八大战略性新兴产业实现增加值99.22亿元，比上年增长10.7%；陶瓷工业实现增加值33.05亿元，增长20.2%；航空制造产业实现增加值 28.73 亿元，增长 20.3%。2014 年，八大新兴产业在规模以上工业中，八大战略性新兴产业实现增加值 90.40 亿元，比上年增长 11.1%。在景德镇市工业产业格局中，航空、生物和新医药、绿色食品、文化及创意等战略性新兴产业异军突起，增速均高于全市平均水平，直升机及通航产业工业总产值接近 140 亿元。

（三）新余

新余地处江西中部，是鄱阳湖生态经济区的重要组成部分。作为江西省工业化率、城镇化率最高的城市之一，随着低碳新能源产业的快速发展，曾经因钢立市的新余形成了以新能源、新材料、钢铁三大产业为主体的新型低碳工业体系。新余从 2005 年开始发展低碳新能源产业，并于 2009 年 11 月被科技部授予"国家新能源科技示范城"这一全国唯一的荣誉称号。2010 年，荣获"中国城市科学发展转变经济发展方式示范城市"、"国家森林城市"称号。2014 年新余入选全国第一批 81 家新能源示范城市，将重点发展太阳能和生物质能。依托分布式光伏发电应用示范区建设，积极推动太阳能光热建筑一体化及分布式光伏发电在大型公共建筑、工业厂房、旧城改造过程中的应用，调整能源结构及提高城市可再生能源消费比例。在发展低碳新能源城市的过程中，新余市做了多方面的工作。

1. 打造低碳新能源产业制造基地

新余的低碳新能源产业几年时间内实现了从无到有、从小到大的历史性跨越，形成了以光伏产业为核心、以动力和储能电池、风电和节能减排设备制造形成的新能源经济板块，现已注册新能源企业 35 家，投产企业 22 家，从业人员 3 万余人。其中，光伏产业在全国率先形成了硅料、硅片、电池组建、太阳能应用产品比较完整的产品产业链，成为世界级的光伏产业基地；电池及碳酸产能达到 1 万吨，占到全国近 30% 的份额，华电公司自主研发生产的螺杆膨胀动力机是世界上综合利用硅品质热能的首创技术；立德风电公司是目前中国唯一一家从事兆瓦级永磁风力发电机设计、生产的专业厂家。

2. 打造低碳新能源产业科技创新基地

新余坚持工业立市、科教兴市、人才强市的发展理念，充分发挥研发及产业优势，大力实施科技创新"543211"工程①，积极推进企业自主创新，先后被国家认定为国家硅料及光伏应用产业化基地、国家螺杆膨胀动力机高新技术产业化基地、国家新能源产业基地等；推进产学研一体化，积极与国内外知名高校、科研院所、专业协会合作，引才引智，以人才引领产业，产业聚集人才，大力实施人才引进培养"十百千万"工程，构建人才保障机制，为建设国家新能源科技城构筑发展新平台。

3. 打造低碳新能源产业应用示范基地

新余市注重加大光伏产品的推广应用，实施太阳能屋顶计划，建设了一批示范性小区，示范性道路、示范性小型太阳能电站，推广太阳能路灯量化工程，致力建设光伏市场、光伏网站、光伏刊物。现有3500兆瓦硅片产能如果全部用于发电将至少产生87亿度零排放的绿色电能，相当于每年再造一个1.5万平方公里的森林。

二　鄱阳湖生态经济区低碳城市建设成效

南昌、景德镇、新余三市经过几年的低碳城市建设，成效明显，主要反映在万元GDP能耗和水耗的大幅度下降。一是能耗下降显著。从图9.1可以看出，南昌市万元GDP能耗下降最为明显，从2011年的0.57吨标准煤/万元下降到2013年的0.38吨标准煤/万元，下降1/3；其次是景德镇市，由2011年的0.64吨标准煤/万元下降至2013年的0.51吨标准煤/万元，下降20.3%；新余下降最慢，2013年万元GDP能耗仅比2011年下降了13.4%。二是水耗也有所下降。从图9.2可以看出，南昌市万元GDP水耗下降最大，从2011年的54.07立方米/万元下降到2013年的44.57立方米/万元，下降了18.5%；其次是景德镇市，由2011年的63.93立方米/万元下降至2013年的53.95立方米/万元，下降15.6%；新余下降最慢，2013年万元GDP能耗仅比2011年下降了3.4%。

---

① "543211"工程：组成5个优势高新技术产业，办好4个国家级的高新技术产业特色基地，新建3个国家级研发平台，实施20个重大高新技术成果产业化项目，培育10个创新型企业，组建10个优势科技创新团队。

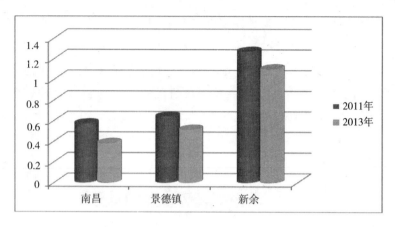

图 9.1　万元 GDP 能耗情况（单位：吨标准煤）

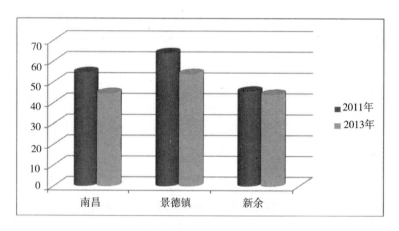

图 9.2　万元 GDP 水耗情况（单位：立方米）

第四节　鄱阳湖生态经济区低碳城市发展路径

鄱阳湖生态经济区低碳城市建设必须结合城市的规模、资源禀赋、产业、区位和发展阶段等特征，选择体现自身优势的低碳发展路径。

一　以政府为主导发展低碳经济

1. 建立健全低碳法律法规体系。加快能源立法步伐，建立健全能源法律体系，加快制定和修改鄱阳湖生态经济区能源法等相关法规，制定与可再生能源法相关配套法规和政策。尽快制定出台鄱阳湖生态经济区能源中长期发展规划，从顶层设计促进能源战略实施。

2. 创新低碳发展体制机制。一是建立健全碳排放交易市场体系。依托自身优势，江西可先行先试与欧盟的碳排放交易市场对接的碳排放交易机制，建议以南昌为中心建立碳排放交易中心，其他设区市建立"碳源—碳汇"交易市场。二是建立健全低碳经济统计、监测、评价和考核体系。建立更完善的能源消费和碳减排统计数据库，将目前统计考评体系之外的大量中小企业及农村地区纳入进来；健全低碳化政策目标与评价指标体系，将地区生产总值能耗降低率和污染物减排作为指标，纳入到地方党政领导班子和领导干部业绩分析评价和提拔任用的考核体系中，并建立责任制和问责制，加大正向激励的力度，调动基层政府和企业的积极性。设立节能警察。建立节能监察机构，对用能单位和节能服务机构的用能行为进行监察。严格执行生态环境保护的法律法规，建立健全污染控制、资源节约、生态环境保护与建设等有关地方性法规规章。严格依法行政，完善行政执法监督机制，加强人大法律监督、政协民主监督，充分发挥新闻舆论和社会公众的监督作用。三是创新重大低碳项目推进机制。加快建立电力、钢铁、有色金属、建材、化工等重点高能耗领域的"总量分配—绩效考评—排污权交易"机制，发挥政府前期引导作用，鄱阳湖生态经济区应充分发挥政府资金投入的引导作用，采取财政贴息、投资补助和安排项目前期经费等手段，支持"低碳经济、绿色发展"重点建设项目，建议由政府注资的产业基金或组建专业创投公司参与产业风险投资，并通过财政补贴机制下的政策性信贷保障产业发展所需资金，尽快实现投资回报和环境、能源等社会资源利用的改善。

3. 尽快建立政府主导下的智库机构支持低碳产业科学发展。低碳产业涉及门类多、范围广，需要明确的职责分工、监管机制及政策扶持，而目前国内低碳经济尚处于起步阶段，部分先期建设项目发展思路局限性问题突出，地方低碳经济发展过程中所遇到的问题也各具特色，此时需要在国家和地方两个层面建立专门的低碳经济研究机构来为低碳经济的发展提供智力支持，包括对能源科技的研发、对区域发展模式的实证研究等方面。

二　促进产业发展低碳化

结合新型工业化、城镇化的推进，按照加快产业结构优化、经济结构调整的要求，大力发展新型的低碳产业，优先发展太阳能光伏、绿色照明、文化旅游三大产业，重点发展服务外包、新能源汽车、现代物流业、航空制造和新能源设备、生物与新医药、新材料等六大产业，构建以低排放为特征的新型产业体系，让这些优势产业集群成为南昌发展低碳经济的助推器。鄱阳湖生态经济区的低碳化发展应具体体现在以下四个方面。

1. 改造和淘汰浪费资源、污染环境、不符合安全生产条件的企业和落后生产能力。不断探索各个产业链条上的技术工艺过程及管理制度革新，加快企业联合重组，改善企业组织结构，组建若干大型企业集团，进一步提高产业集中度。严格按照国家宏观调控和产业政策的要求，避免盲目投资和低水平扩张，实现有序健康的发展。

2. 积极开拓高端服务业、高端制造业和高新技术产业等高端产业，相应地为高端服务业创造良好的市场，带动房地产、餐饮、生态农业、特色旅游、零售、影视、文化艺术和创意设计等行业的发展。

3. "节能优先，效率为主"。大幅度提高能源效率，加大洁净煤技术的推广力度，加快可再生能源的开发利用，尽快进入能源多元化阶段。大力培育可再生能源设备制造业，发展节能节电和低碳环保产业。

4. 抓好节约降耗、资源综合利用和清洁生产，大力提高废旧物资循环利用水平。加强资源综合利用，特别是再生物资的回收利用；全面推行清洁生产，从源头和全过程控制和减少污染物的产生和排放。发展资源再生利用的静脉产业，建立完备的工业化体系。

三　促进城市低碳化运营

以南昌、景德镇国家低碳试点为突破口，推进鄱阳湖生态城市群的低碳发展。

1. 低碳规划。城乡规划明确区域分工，解决工业不集中、居民区和工厂混杂的问题，解决空间格局和社会格局中潜在的巨大浪费环节。有效的节能减排必须以工业相对集中为前提，工业相对集中才能产生专业化分工，提高效率，节省能源；同时催生集群创新，不断产生新技术、新工艺，从而减少物质消耗。

2. 低碳建筑。制定鄱阳湖生态经济区城市低碳建筑的管理规范。应加快建筑节能政策与法规的建立；大型公共建筑，应公开其能源消耗情况；鼓励在建筑中大量应用可再生能源；加大对低碳节能建筑的财政补贴力度；加大对新能源在城市建筑中运用的补贴及奖励力度；加大对"太阳能光伏屋顶项目"的支持力度，必要时可以将新能源以及节能材料的使用作为企业申请用地的重要审批条件。

3. 低碳交通。城市交通工具是温室气体主要排放者，发展低碳交通是未来的方向。一是大力发展以步行和自行车为主的慢速交通系统。二是鼓励发展公共交通系统和快速轨道交通系统。三是限制城市私家汽车作为城市交通工具。此外，应该倡导发展混合燃料汽车、电动汽车、氢气动力车、生物乙醇燃料汽车、太阳能汽车等低碳排放的交通工具，以实现城市运行的低碳化目标。四是要构建城市低碳交通照明体系建设，打造太阳能、风能大道等。五是要借鉴发达国家"弹性工作制"的做法，探索家庭办公的可行性和运作机制，争取逐步试点并推广。

4. 低碳生活。提倡市民的低碳生活方式。引导市民实践低碳生活方式，制定阶段性目标，形成市民共识。政府在政策层面上发挥导向作用。选择有条件的社区作为南昌市低碳生活示范区，在交通管理、建筑节能、绿化建设、小区环保、垃圾利用、资源再生、市民广泛参与等方面进行试点工作。

5. 低碳社区。建设若干低碳社区、低碳商业区和低碳产业园区等低碳发展综合实践区，以促进低碳技术的集成应用，带动低碳经济的发展，为建设低碳城市探索新的发展模式。低碳经济示范区（社区）侧重于倡导形成绿色消费、绿色经营的理念，形成低碳生活方式。提高公众意识和公众参与积极性，兴建低碳或零碳的新城镇及基础设施。

第十章 鄱阳湖流域森林、湿地等
固碳资源的保护与利用

减排和固碳是减少温室气体排放的两种主要形式，而固碳又是最直接、最经济、最有效的途径。固碳包括物理固碳和生物固碳两种方式，生物固碳资源中森林和湿地是国际上公认的重要的固碳资源。本章分析了鄱阳湖流域内森林和湿地等固碳资源的分布现状，并对其开发与利用现状进行阐述，在此基础上，对鄱阳湖流域森林、湿地等固碳资源的价值进行核算，提出了保护和利用森林、湿地等固碳资源的对策建议。

第一节 鄱阳湖流域固碳资源分布

固碳资源的类型是根据生物固碳的方式来确定的，主要包括森林固碳、湿地固碳、草地固碳、耕作土壤固碳，鄱阳湖流域则以森林和湿地两类固碳资源为主。

一 固碳资源的类型

（一）森林固碳

森林是陆地生态系统的主体，以其巨大的生物量储存着大量的碳，是陆地上最大的储碳库。森林固碳的特征：量大、成本低、时间长。2000年联合国政府间气候变化专门委员会发表报告指出，全球植被碳储量的77%由森林植被固定，全球土壤碳储量的39%由森林土壤固定，陆地生态系统碳储量的57%由森林生态系统固定。[①]

---

① 贾治邦：《论森林在应对气候变化中的重大作用》［EB/OL］http：//www.forestry.gov.cn/main/90/content-3679.html，2007-10-12。

（二）湿地固碳

湿地是陆地系统的重要碳库之一。许多研究表明，湿地是具有高净碳汇的陆地生态系统。据研究报道，中国各湖泊湿地的年碳汇速率介于 0.03—1.2 吨碳/公顷/年，沼泽湿地的年碳汇速率介于 0.25—4.4 吨碳/公顷/年。这些均表明：仅湖泊湿地和沼泽湿地的年碳汇量介于 6—70TgC（1TgC = 1012 吨碳）。[1]

（三）草地固碳

草地是陆地植被巨大的碳库。全球 20% 的陆地面积是由天然草地所覆盖，中国草地面积位居世界第二。据相关研究表明，如若措施得当，中国草地固碳将超过美国和加拿大两国的总和。[2] 可见，我国草地固碳潜力巨大。

（四）耕地固碳

耕地具有巨大的固碳潜力，可以运用新技术、新管理方式增加其固碳量。农业是全球温室气体排放的主要来源之一。发达国家通过农业技术和管理方式的改善使农业温室气体排放量下降；但发展中国家由于发展方式仍然较为弱化，农业化学化特征明显，农业温室气体排放量仍将增加，控制农业温室气体排放面临严峻挑战。通过发展绿色、循环、低碳农业，可以起到生物固碳和提高循环碳库的作用，从而减少温室气体排放。

二　鄱阳湖流域固碳资源分布情况

由于森林是陆地上最大的储碳库，森林生态系统碳储量占陆地生态系统碳储量的比例为 57%，湿地是陆地系统的重要碳库之一，湿地碳储量占全球陆地土壤碳库的 1/3，相当于大气碳库和植被碳库的一半，两者是陆地生态系统中主要的固碳资源。因此，本节主要介绍森林和湿地两类固碳资源的分布。

（一）鄱阳湖流域森林资源分布情况[3]

据江西省"十一五"期间森林资源二类调查统计，全省土地总面积

---

[1]　http：//down6. zhulong. com/tech/detailprof595743YL. htm.

[2]　亦云：《生物固碳可为温室气体减排提供重要保障》，《科学时报》2006 – 08 – 15。

[3]　数据来源：江西省林业厅网站。

1669.5万公顷，其中林业用地面积1072.0万公顷，占64.2%；活立木总蓄积44530.5万立方米；森林覆盖率为63.1%。

1. 各类林地面积。按地类划分：有林地面积918.5万公顷，疏林地面积11.2万公顷，灌木林地面积104.2万公顷，未成林地面积23.0万公顷，苗圃地0.3万公顷，无立木林地面积8.7万公顷，宜林地6.1万公顷，辅助生产林地0.04万公顷；按权属划分：国有面积160.4万公顷，集体面积132.0万公顷，民营面积756.4万公顷，其他经营类型面积23.2万公顷。全省非规划林地上乔木林面积8.9万公顷，竹林面积0.4万公顷，经济林面积5.8万公顷。

2. 各类林木蓄积。在活立木总蓄积44530.5万立方米中，乔木林蓄积40971.4万立方米，疏林蓄积87.1万立方米，散生木蓄积2351.6万立方米，四旁树蓄积1120.4万立方米。

3. 乔木林资源。全省乔木林面积829.2万公顷，蓄积40971.4万立方米。按龄组分：幼龄林面积314.0万公顷，蓄积7835.6万立方米；中龄林面积379.7万公顷，蓄积21562.1万立方米；近熟林面积89.8万公顷，蓄积7071.5万立方米；成熟林面积39.1万公顷，蓄积3788.1万立方米；过熟林面积6.6万公顷，蓄积714.1万立方米。按树种分：马尾松面积239.4万公顷，蓄积9142.6万立方米；国外松面积66.10万公顷，蓄积2511.0万立方米；杉木面积259.2万公顷，蓄积14528.7万立方米；硬阔类面积118.9万公顷，蓄积7594.4万立方米；软阔类面积30.5万公顷，蓄积769.9万立方米；混交类面积115.1万公顷，蓄积6424.8万立方米。

4. 竹林资源。全省竹林面积98.6万公顷，其中毛竹林面积96.9万公顷，杂竹面积1.7万公顷。毛竹总株数190870.5万株，其中林分竹179454.1万根，散生竹11416.4万株。

5. 经济林资源。全省经济林面积81.5万公顷。按三级林种划分：果树林24.4万公顷，食用原料林54.8万公顷，林化工业原料林0.4万公顷，药用经济林1.6万公顷，其他经济林0.3万公顷。

（二）鄱阳湖流域湿地资源分布情况

1992年，我国加入了《关于水禽栖息地的国际重要湿地公约》，鄱阳湖是国际重要湿地，其流域是典型的陆地淡水湿地系统，由赣、抚、信、饶、修五河、大小湖泊和水库组成，呈现出几个突出特征：一是类型众多。鄱阳湖流域拥有 23 个类型湿地，其中 14 个天热湿地和 9 个人工湿地，主要以河流、湖泊、沼泽、库塘和水田等 5 大形式呈现。二是面积大。鄱阳湖流域湿地面积达 365.17 万公顷，占江西省面积的 21.9%，其中天然湿地面积达 116.61 万公顷，占国土面积 6.9%。三是湿地系统发育完善。赣、抚、信、饶、修五河最终汇入鄱阳湖，鄱阳湖流域系统大而完整，河流纵横交织，人工湿地星罗棋布，呈现出"众星捧月"和"珠联璧合"的湿地分布格局。四是生物多样性丰富。鄱阳湖湿地以珍稀水禽为主的生物多样性在国际上产生了重要影响。[①] 鄱阳湖流域拥有 12 种国家重点保护植物，如中华水韭、野生水稻等；拥有 66 种国家重点保护动物，其中 I 级 13 种，II 级 53 种，如白鹤、白头鹤、白枕鹤、东方白鹳、中华秋沙鸭等。

第二节　鄱阳湖流域固碳资源开发与利用现状

根据鄱阳湖流域固碳资源（森林和湿地两大类）的分布情况，本节主要分析森林和湿地两类固碳资源的开发与利用现状。

一　鄱阳湖流域森林资源开发与利用现状分析

江西省"十一五"森林资源二类调查结果显示，森林资源利用与开发成效显著。但是，取得成效的同时也存在一些突出的问题。

（一）森林资源质量不高

鄱阳湖流域森林覆盖率位居全国第二位，总量不少，但是当前鄱阳湖流域林业发展面临的突出问题是森林资源质量不高。一是单位面积蓄积量低。根据第 8 次全国森林资源清查结果显示，江西乔木层单位面积蓄积量为 51.7 m^3/hm^2，仅占全国平均水平（89.8 m^3/hm^2）的 57.58%，约为福建省（100.02 m^3/hm^2）的一半。二是优势林分结构和林龄结构不合理。林分平均郁闭度不到 0.5，幼中龄林占 83.7%。三是江西森林结构不合

---

① 中国江西新闻网：《江西省湿地资源概况》，http://www.jxcn.cn/34/2008 - 8 - 18/30103@422565.htm，2008 - 08 - 18。

理，呈现出"五多五少"现象，即纯林多、混交林少，单层林多、复层林少，中幼林多、成过熟林少，小径材多、大径材少，一般用材树种多、珍贵树种少。可见，鄱阳湖流域森林质量在较低水平徘徊。

（二）林业产业发展滞后

鄱阳湖流域林业产业近几年发展较快，2013年，鄱阳湖流域林业总产值达2006亿元，同比增长23%，但与发达省份相比，发展差距仍然较大。2013年，鄱阳湖流域林业一、二、三产业结构为37.2∶40.2∶22.6①，初级林业产业特征明显。林业产业链条短，林业产品单一，林木种苗花卉、森林旅游、森林食品、森林药材、野生动物驯养等森林生态产业没有形成规模，缺乏林业精深加工产品，附加值低；林业产业龙头企业数量少、规模小，加之林业产业市场管理混乱，营销薄弱，致使林业产业缺乏拳头产品品牌和市场竞争力。

（三）林业基础设施落后

长期以来，鄱阳湖流域林业发展主要依靠政府投资，单一的林业投融资渠道，导致林业公路、基层工作站、"三防"体系、科研技术推广体系等基础设施建设投入严重不足，缺乏必要的林业资源与环境的监测和保护设施，林业信息化基础设施更为落后，难以适应新形势下林业发展的要求。

（四）林业科技的贡献率不高

鄱阳湖流域缺乏必要的林业科技创新平台，自主创新能力远远满足不了林业发展需要，科技成果储备不够。林业科技的激励机制不活，科技成果转化率不高，林业科研与生产脱节，真正适用型技术不多，林业科技贡献率只有35.8%。由于对林业科技人才培养不够重视，加之林业从业人员待遇普遍偏低，导致林业科技人才匮乏且结构不甚合理。因此，江西省有必要加快培养林业科技人才，缩小与发达地区和国际林业科技水平的差距。

二　鄱阳湖流域湿地资源开发与利用现状分析

随着气候变化，社会经济快速发展和人类生产生活的干扰，以及对鄱

---

① 吕永来：《2013年全国各省（区、市）林业产业总产值及其结构分析》，http：//www.forestry.gov.cn/main/72/content - 694474.html。

阳湖流域进行过度的开发和利用，使鄱阳湖流域湿地生态环境受到严重的威胁，主要表现在以下几个方面。

（一）生物多样性破坏严重

随着经济社会发展和人类水上活动频繁，鄱阳湖流域湿地遭到了严重破坏，湿地植被分布面积逐年减少，生物量逐年下降。以湿地植被保存较好的蚌湖为例，其洲滩苔草群落生物量，1965 年为 2.5 千克/平方米，1989 年为 2.416 千克/平方米，1993—1994 年调查为 1.7167 千克/平方米，30 年间下降了 0.7833 千克/平方米之多。植物种群结构破坏同样严重，一些植物种类正在消失或严重退化，据相关研究表明：鄱阳湖湿地植物由 20 世纪 60 年代的 119 种降为 20 世纪 80 年代的 102 种。更甚者是鄱阳湖渔业资源的快速枯竭，渔获物群体结构低龄化和个体小型化，当年鱼和一年龄鱼占 97.5%，虾、蟹类产量大幅度下降；珍稀水生动物数量大幅度减少甚至濒临灭绝，如鄱阳湖白鳍豚。[①]

（二）调蓄洪水功能下降

根据资料统计，1950—1999 年的 50 年间，鄱阳湖湖口水位超过 20 米高水位的年份，前 25 年共 4 次，平均每 6.3 年一次；后 25 年 11 次，平均 2.3 年一次。特别是 20 世纪末 10 年间就发生了 8 次，平均 1.3 年一次[②]，21 世纪开始几乎是每年一次，表明鄱阳湖出现高水位年份的几率在增加，水位整体是一个逐渐上升的趋势，洪水威胁日趋严重。泥沙的淤积使湖库行蓄防洪能力降低，同时，由于汛期长江洪水对鄱阳湖水的顶托作用，使得在汛期往往出现"小流量、高水位；小洪水，大灾情"，加大了防汛的压力，加剧了水患灾害。

（三）水环境质量呈下降趋势

近年来，鄱阳湖水环境总体趋好，但局部水环境污染却是逐渐在加重，湖体水质恶化趋势明显。据江西省水环境监测部门监测数据显示，2002 年鄱阳湖水质Ⅱ类以上水的比例占 99.7%，比"九五"期间有所改善，2006 年下降到 82.1%，2013 年鄱阳湖水质监测断面全年优于或符合

① 朱宏富，金锋，李荣日方：《鄱阳湖调蓄功能与防灾综合治理研究》，气象出版社 2002 年。

② 刘影，彭薇：《鄱阳湖湿地生态系统退化的社会经济驱动力分析》，《江西社会科学》 2003 年第 10 期，第 231—233 页。

Ⅲ类水的占64.2%，主要污染物为总磷、氨、氮，总体呈逐年下降趋势。值得注意的是，鄱阳湖水质富营养化趋势明显，1989年鄱阳湖为贫营养化状态，2013年4~9月鄱阳湖水质富营养化评分值为49，属中营养。[①]

（四）土壤肥力下降、沙化、污染

据全国农业区划委员会的研究资料显示，鄱阳湖区农田土壤肥力呈不断下降的趋势。根据统计，20世纪50年代鄱阳湖区耕地耕作层土壤有机质含量在3%以上，而到如今其有机质含量仅为1.5%—2.0%左右。根据江西省气象科学研究所"鄱阳湖区土地利用遥感调查"资料显示，鄱阳湖区土地沙化现象严重，土地沙化面积由1988年1.86万平方公里增加到目前的3.33万平方公里以上。另外，近30多年以来，鄱阳湖区农业发展成就主要依靠大量施用化肥、农药而取得，乡村环境治理进程缓慢，加之工业和城市垃圾"上山下乡"，鄱阳湖区农业面源污染形势严峻，农田土壤污染不容小觑。[②]

第三节　鄱阳湖流域主要固碳资源的生态系统服务功能价值核算

生态服务功能至今没有一个统一的科学的分类，但是生态功能服务价值核算却已有生产函数法、替代/恢复成本法、避免成本法、旅行成本法、享受价格法、条件价值法等，本文根据森林和湿地生态系统功能选择相应的方法进行生态服务功能价值核算。

一　鄱阳湖流域森林生态系统服务功能价值核算[③]

本文利用江西省"十一五"期间森林资源二类调查数据，国家权威机构发布的社会公共资源数据以及大专院校、科研院所在江西省开展的相关研究成果资料，采用费用支出法、市场价格法及条件价值等方法，对鄱

---

① 数据主要来源于2013年江西省水资源公报。

② 安昌锋，钟业喜：《鄱阳湖湿地生态系统退化的社会经济根源研究》，《环境科学与管理》2008年第7期，第136—140页。

③ 王兵，李少宁，郭浩：《江西省森林生态系统服务功能及其价值评估研究》，《江西科学》2007年第10期。

阳湖流域森林几大生态服务功能价值进行核算。

（一）水源涵养功能

水源涵养功能是指由于森林生态系统特有的水文生态效应而使森林具有蓄水、调节径流、缓洪补枯和净化水质等功能。根据国内相关研究成果，采用水量平衡法来核算鄱阳湖流域每年涵养水源总量，最后计算出经济价值。

1. 年调节水量价值。根据水库工程的蓄水成本（影子工程法）来确定，从而计算出森林生态系统调节水量的价值，公式为：森林调节水量价值 = 10 × 水库库容造价 × 林分面积 × （降水量—林分蒸散量），其中，水库库容造价是根据《中国水利年鉴》计算得出单位库容造价为8.25 元/吨。

2. 年净化水质价值。根据净化水质工程的成本（替代工程法）计算，公式为：森林年净化水质价值 = 10 × 居民用水平均价格 × 林分面积 × （降水量—林分蒸散量），其中居民用水价格采用网格法得到 2013 年江西省城市居民用水价格的平均值为 1.68 元/吨。

根据公式和相关标准值，鄱阳湖流域森林生态系统涵养水源价值为5599.82 亿元。

（二）保育土壤功能

保育土壤功能指森林植被的存在，减少了地表土壤侵蚀及肥力损失的功能。本研究主要选用森林固土和保肥作用两方面进行核算。

1. 森林年固土价值。根据国内外相关研究成果，采用森林林地土壤侵蚀模数与无林地土壤侵蚀模数的差值乘以修建水库的成本（替代工程法）计算森林固土价值。公式为：森林年固土价值 = 林分面积 × 水库工程费用 × （无林地土壤侵蚀模数 – 林地土壤侵蚀模数）/土壤评价容重，其中江西省无林地水土流失土壤年侵蚀模数取值为 17.66 吨/公顷/年。

2. 森林年保肥价值。参照国内外相关研究成果，森林保肥价值采用侵蚀土壤中的氮、磷、钾折合成磷酸二铵和氯化钾的价值来体现。公式为：森林年保肥价值 = 林分面积 × （无林地土壤侵蚀模数 – 林地土壤侵蚀模数） × （土壤平均含氮量×磷酸二铵平均价格/磷酸二铵含氮量 + 土壤平均含磷量×磷酸二铵平均价格/磷酸二铵含磷量 + 土壤平均含钾量×氯化钾价格/氯化钾含钾量 + 土壤平均有机质含量×有机质平均价格），其中，磷酸二铵含氮量为 14%，磷酸二铵含磷量为 15.01%，氯化钾含钾量为 50%；采用农业部 2013 年春季平均价格，磷酸二铵价格为 2600 元/吨，氯化钾价格为 2200 元/吨，草炭土价格为 280 元/吨（草炭土中含有机质 62.5%），折合为有机质价格为 448 元/吨。

根据公式和相关标准值，鄱阳湖流域森林生态系统保育土壤价值为 172.2 亿元。

（三）固碳制氧功能

1. 年固碳价值。根据国内外相关研究，采用光合作用和吸收方程式计算森林固碳价值。森林植被和土壤年固碳价值 = 林分面积 × 固碳价格（0.4448 × 林分净生产力 + 森林土壤年固碳速率），其中固碳价格采用瑞典的碳税率 150 美元/碳。

2. 制造氧气价值。森林年制造氧气总价值 = 1.19 × 氧气价格 × 林分面积 × 林分净生产力，其中氧气价格采用卫生部网站中 2013 年平均价格 1200 元/吨。

根据公式和标准，鄱阳湖流域森林固碳制氧功能价值为 2360.5 亿元。

（四）林木营养积累功能

根据国内外相关研究成果，将林木每年从土壤或空气中吸收大量营养物质（如氮、磷、钾量等）折合成磷酸二铵和氯化钾计算，即得到林木营养年积累价值，采用以下公式计算：森林氮、磷、钾年积累价值 = 林分面积 × 林分净生产力（林木含氮量 × 磷酸二铵平均价格/磷酸二铵中含氮量 + 林木含磷量 × 磷酸二铵平均价格/磷酸二铵中含磷量 + 林木含钾量 × 氯化钾平均价格/氯化钾中含钾量）。

根据公式，可以核算出鄱阳湖流域林木积累营养物质价值为 89.5 亿元。

（五）净化大气环境功能

根据国内外相关研究成果，选取吸收二氧化硫、吸收氟化物、吸收碳氧化物和滞尘 4 个指标反映森林净化大气环境能力。

1. 年吸收二氧化硫价值。采用面积—吸收能力法，通过测定不同树种对二氧化硫的年吸收量，乘以二氧化硫的治理价格即可得到森林植被年吸收二氧化硫的总价值。公式为：森林年吸收二氧化硫总价值 = 二氧化硫的治理费用 × 单位面积森林二氧化硫吸收量 × 林分面积。

2. 年吸收氟化物价值。森林年吸收氟化物总价值 = 氟化物治理费用 × 单位面积森林对氟化物的年吸收量 × 林分面积。

3. 年吸收氮氧化物价值。森林年吸收氮氧化物价值 = 氮氧化物治理费用 × 单位面积森林对氮氧化物年吸收量 × 林分面积。

4. 年阻滞降尘价值。森林年滞尘价值 = 降尘清理费用 × 单位面积森林年滞尘量 × 林分面积。

据文献资料，针叶树平均吸收二氧化硫、氟化氢、氮氧化物和滞尘能力分别为：215.60 千克/公顷，阔叶树平均吸收二氧化硫、氟化氢、氮氧化物和滞尘能力分别为：88.65 千克/公顷、4.65 千克/公顷、6.0 千克/公顷、10.11 千克/公顷。本文中采用国家发改委等四部委 2003 年第 31 号令《排污费征收标准及计算方法》中内容，二氧化硫排污费收费标准为 1.2 元/千克，氟化物排污费收费标准为 0.69 元/千克，氮氧化物排污费收费标准为 0.63 元/千克，一般性粉尘排污收费标准为 0.15 元/千克。

根据公式和标准，可以得出鄱阳湖流域净化大气环境价值为 383.0 亿元。

（六）保护生物多样性功能

根据国内外相关研究成果，选用生物多样性保育指标反映其功能。森林生态系统生物多样性年保护价值 = 单位面积森林年生物多样性价值 × 林分面积。

本文根据 Shannon – Wiener 指数计算生物多样性价值，共划分为 6 级[①]：

当指数 < 1 时，单位面积森林年生物多样性价值为 3000 元/公顷/年；

当 1 ≤ 指数 < 2 时，单位面积森林年生物多样性价值为 5000 元/公顷/年；

当 2 ≤ 指数 < 3 时，单位面积森林年生物多样性价值为 10000 元/公顷/年；

当 3 ≤ 指数 < 4 时，单位面积森林年生物多样性价值为 20000 元/公顷/年；

当 4 ≤ 指数 < 5 时，单位面积森林年生物多样性价值为 30000 元/公顷/年；

当指数 ≥ 5 时，单位面积森林年生物多样性价值为 40000 元/公顷/年；

---

① 王兵，郑秋红，郭浩：《基于 Shannon – Wiener 指数的中国多样性保育价值评估方法》，《林业科学研究》2008 年第 21 期第 268—274 页。

根据上述公式和指数，鄱阳湖流域森林生态系统生物多样性年保护价值为 710.9 亿元。

（七）森林休憩与生态文化功能

根据国内外相关研究成果，选取森林休憩与生态文化指标反映其功能。采用年度江西省林业系统管辖的自然保护区和森林公园全年旅游直接收入计算，根据国家林业局统计数据，2013 年江西省这两项收入为 3.76 亿元，因此鄱阳湖流域森林游憩价值为 3.76 亿元。

（八）鄱阳湖流域森林生态系统服务功能总价值

本文通过对鄱阳湖流域森林的几种主导服务功能的价值核算可以看出，2013 年鄱阳湖流域森林生态系统产生的价值：涵养水源价值为 5599.82 亿元；固碳制氧价值为 2360.5 亿元；保护生物多样性价值为 710.9 亿元；净化大气环境价值为 383.0 亿元；保育土壤价值为 172.2 亿元；积累营养物质价值为 89.5 亿元；森林游憩价值为 3.76 亿元。综上所述，鄱阳湖流域森林生态服务功能的总价值为 9319.68 亿元。由此可知，涵养水源、固碳制氧和保护生物多样性是鄱阳湖流域森林生态系统的主要生态功能。

二　鄱阳湖流域湿地生态系统服务功能价值核算

鄱阳湖流域湿地在国内和国际上都有着重大的影响，主要原因是鄱阳湖是中国面积最大的淡水湿地。本文就以鄱阳湖湿地为例，对鄱阳湖流域湿地生态服务功能价值进行核算。

（一）涵养水源功能

鄱阳湖湿地全流域多年平均地表径流深为 898 毫米，流域面积 162225 平方公里，其中受鄱阳湖直接影响较大的区域面积为 19761.5 平方公里，据此，可用影子工程法算出涵养水源；再采用单位库容法，算出鄱阳湖的涵养水源功能价值[①]。计算公式为：涵养水源功能价值＝涵养水源量×单位库容成本。

根据公式，鄱阳湖湿地涵养水源价值为 1.593 亿元。

---

① 《鄱阳湖研究》编委会：《鄱阳湖研究》，上海科学技术出版社 1988 年。

（二）调蓄洪水功能

鄱阳湖在大水年对入湖的"五河"最大一次的洪水过程的调蓄平均量为 1.431×10^{10} 立方米；而对汉口至八里江段总入流量的平均调蓄为 9.5×10^{9} 立方米[①]。计算公式为：调蓄洪水功能价值＝调蓄洪水总量×建设单位库容的造价。

根据公式可得出，鄱阳湖湿地调蓄洪水功能价值为 215.36 亿元。

（三）控制侵蚀、保护土壤功能

1. 保护土壤功能价值的核算方法。湿地保护土壤，减少土壤侵蚀的价值可以用替代法来计算。首先要计算因土壤侵蚀而每年减少的土地面积，然后计算湿地保护土壤的价值。这一价值可以用湿地减少土壤肥力流失的价值来替代。本文中湿地减少土壤养分流失中的养分是指易溶解在水中或容易在外力作用下与土壤分离的氮、磷、钾等养分。采用比较湿地的肥力与因土壤侵蚀而废弃的土地的肥力之差，再折算成化肥价格的方法来计算[②]。

2. 鄱阳湖湿地控制侵蚀、保护土壤价值核算

（1）减少土壤侵蚀功能价值核算

鄱阳湖湿地减少土壤侵蚀总量的估算：不同类型土壤下的有植被和无植被的土壤侵蚀量大不相同，根据中国土壤侵蚀的研究成果，无植被的土壤中等程度的侵蚀深度为15—35毫米/年。对于湿地减少土壤侵蚀的总量估算，采用草地的中等侵蚀深度的平均值来代替[③]。公式为：减少侵蚀总量＝有植被与无植被的草地的侵蚀差异量×湿地总面积，根据公式可以得出鄱阳湖湿地每年减少侵蚀土壤总量为98750毫米。

鄱阳湖湿地减少土壤侵蚀功能价值核算：湿地保护土壤、减少土壤侵蚀的价值用土地废弃的机会价值来代替。用土壤的侵蚀量和一般的土壤耕作层的厚度来推算相当的土地面积减少量。用湿地减少废弃土地的土层厚度乘以减少土壤侵蚀的总量即可得出相当的废弃土地面积，公式为：年废弃土地面积＝减少土壤侵蚀总量/年÷土壤表土的平均厚度，根据公式可

① 徐德龙，熊明等：《鄱阳湖水文特性分析》，《人民长江》2001年第32（2）期，第21—21页。

② 薛达元：《生物多样性经济价值评估》，中国环境科学出版社，1997.

③ 《中国生物多样性国情报告》编写组：《中国生物多样性国情报告》，中国环境科学出版社1998年。

以得出，每年废弃土地面积为1161700平方米。年减少土地侵蚀功能价值公式为：年减少土地侵蚀功能价值＝相当的土地废弃面积×湿地生产的平均效益。

根据公式，得出鄱阳湖湿地年减少土地侵蚀功能价值为2.852亿元。

（2）减少土壤肥力流失核算

土壤流失会带走大量的土壤营养物质，主要有氮、磷、钾等养分。鄱阳湖的土壤养分含量见表10.1。

表10.1　　　　　　　　　**鄱阳湖土壤养分含量表**　　　　　（单位:%）

土壤类型	全氮含量	全磷含量	全钾含量	总量
黄泥田	0.0928	0.0262	1.5510	1.6700
水稻田	0.1650	0.0750	1.7550	2.0150
潮土	0.1148	0.2521	1.8580	2.2249
草甸土	0.1712	0.0645	2.5933	2.8290
红壤	0.0625	0.0395	1.8866	1.9887
黄壤	0.1265	0.0765	4.3350	4.5380
平均	0.1047	0.0763	1.9998	2.1808

注：表中数据来自《鄱阳湖区土壤资源调查》，江西省人民政府鄱阳湖综合考察领导小组办公室，1987。

计算公式为：减少土壤肥力流失功能价值＝每年废弃的土地面积×土壤厚度×土壤层容重×单位质量土壤中氮、磷、钾养分总量×氮、磷、钾化肥平均价格，根据公式和相关标准可以得出，鄱阳湖湿地减少土壤肥力流失功能价值为3.0204亿元。

综上所述，湿地保护土壤功能的总价值为湿地减少土壤肥力流失功能价值和湿地减少土壤侵蚀功能价值之和，为5.872亿元。

（四）固定二氧化碳和释放氧气功能

1.固定二氧化碳和释放氧气功能价值核算方法。计算湿地植被固定二氧化碳的价值可以根据光合作用方程式，求出生产1克干物质所需吸收的二氧化碳量。根据湿地单位面积植物每年净生长量，可以算出湿地每单位面积所固定的二氧化碳量，再与碳税率（美元/吨碳）的替代标准相乘，得到固定二氧化碳的总经济价值，它取决于二氧化碳固定量和单位二氧化碳固定量的价格。

2. 固定二氧化碳功能价值。鄱阳湖中植物种类丰富，各种植物生态带的面积大小不一，但是鄱阳湖湿地植物的生物量巨大。表 10.2 是鄱阳湖中各种植被类型的分布面积。

表 10.2　　　　　　　　　不同植被类型的分布面积

植物带名称	高程（米）	面积（平方公里）	单位面积生物量（千克）	群体生物量（吨）
湿生植物带	13—15	519	1716.7	890967
挺水植物带	12—15	225	2025.0	455625
沉水植物带	9—12	1366	2155.0	2943730
合计	—	2110	2054.0	4290322

注：资料引自刘信中，叶居心灯．江西湿地［M］北京：中国林业出版社，2000。

鄱阳湖湿地植被固定 CO_2 功能价值为 23.61 亿元（见表 10.3）。

表 10.3　　　　　　　　鄱阳湖湿地植被固定 CO_2 价值

生物量（千克）	固定 CO_2 量（千克/年）	折合纯碳（千克/年）	碳税法（元×/kg）	固定 CO_2 价值（万元/年）
4290322	6950321	1896742.61	1245	236144.475

3. 释放氧气功能价值。植物每生产 1 克干物质，释放 1.2 克氧气，中国目前工业氧的现价为 0.6 元/千克。计算公式为：年释放氧气的价值＝总生物量×1.2×单位氧气的价值。根据公式计算得出鄱阳湖湿地年释放氧气的价值为 30.89 亿元。

（五）营养循环功能

在核算鄱阳湖湿地的营养循环价值时，平水期被淹没的范围内的面积，按《中国生物多样性国情研究报告》中的湿地类型来核算，即湿地 2，平水期和丰水期之间的区域按其中的草地类型来核算，即湿地 1。计算公式为：营养循环功能价值＝固定氮、磷、钾的总量×平均化肥价格。

表 10.4　　　　鄱阳湖湿地生态系统营养物质的固定量　　　　单位：千克/平方公里

生态系统类型	氮年固定量（单位面积）	氮固定量（千克）	磷年固定量（单位面积）	磷固定量（千克）	钾年固定量（单位面积）	钾固定量（千克）
湿地1	128.775	14847.75	0.875	100.887	86.325	9953.272
湿地2	132.727	37123.74	1.818	508.49	155.455	43480.76
合计	—	51971.49	—	609.37	—	53434.03

根据公式可以得出鄱阳湖湿地的营养循环功能价值为 5.702 亿元。

（六）生物栖息地功能

鄱阳湖的生物栖息地功能的估算，采用美国经济生态学家 Robert Costanza 的研究成果，即湿地的避难所价值为 304 \$·hm-2·年-1[1]。计算公式为：年生物栖息地功能的价值 = 304 \$·hm-2×湿地面积×8.3，根据公式可以得出鄱阳湖湿地每年提供的生物栖息地功能的价值为 9.967 亿元。

（七）降解污染功能

鄱阳湖湿地的降解污染功能也采用 Robert Costanza 的研究成果，即湿地生态系统的降解污染功能的单位面积价值为 4177 美元/公顷/年[2]。计算公式为：降解污染功能的价值 = 4177 美元/公顷/年×湿地面积×8.3。

根据公式可以得出鄱阳湖湿地每年提供的降解污染功能价值达到了 139.6 亿元。

本文通过对鄱阳湖湿地的几种主导服务功能的价值核算，得到鄱阳湖湿地每年可产生的价值：

涵养水源的价值 1.593 亿元；调蓄洪水的价值 215.36 亿元；保护土壤的价值 5.872 亿元；固定二氧化碳的价值 23.61 亿元；释放氧气的价值 30.89 亿元；营养循环价值 5.702 亿元；生物栖息地功能价值 9.967 亿元；鄱阳湖降解污染功能的价值 139.6 亿元；综上所述，鄱阳湖湿地生态服务功能的总价值为 431.091 亿元。由此可以看出，降解污染功能、调蓄洪水

---

[1]　Costanza R. The value of the world's ecosystem and natural capital Nature, 1997 (387): 253 - 260.

[2]　Costanza R. The value of the world's ecosystem and natural capital Nature, 1997 (387): 253 - 260.

功能、保护土壤功能、作为生物栖息地功能是鄱阳湖湿地生态系统的主要生态功能。

第四节　保护和利用固碳资源的对策建议

在鄱阳湖流域，森林覆盖率达到了 63.1%，湿地占国土面积的 21.87%。森林和湿地是其主要的固碳资源，本节针对森林和湿地两类固碳资源，提出保护和利用的对策建议。

一　鄱阳湖流域森林资源保护与利用的措施

（一）要强化森林生态体系保护立法

根据党的十七大关于生态文明建设的总体要求和十八大"五位一体"总体方略，按照"实行最严格的源头保护制度、损害赔偿制度、责任追究制度，完善环境治理和生态修复制度"的原则，加快推进生态文明立法并写入宪法，在根本大法上保证生态文明建设的健康发展；同时对现有的林业、生态体系相关法律、法规进行进一步修订完善，强化森林保护、生态效益补偿征收等一系列保护性措施的立法、执法力度，尤其要真正体现工业反哺农业、反哺生态的主导思想，抓紧制定和完善针对煤炭开发等矿山企业建设的生态效益补偿费征收管理使用办法，确保森林资源保护工作有比较完善、有力的法律、法规后盾。

（二）强化森林经营，进一步提高森林质量

一是扎实推进"森林城乡，绿色通道"建设。加强顶层设计，编制出台《江西省"森林城乡，绿色通道""十三五"规划》，各市县要因地制宜地编制出台相应的规划和实施计划，加大政府投入，加快实施"森林城乡，绿色通道"六大工程建设奖补制度，引进民间资本，保障城乡绿化投入多元化，创新"森林城乡，绿色通道"工程，推进科技、监督、考核等机制，打造中国最绿的省份。二是先行先试森林经营试点。创新森林经营机制，对于森林资源较为丰富、林业经营基础较好的林区可先行开展森林经营试点，不断总结经验，形成若干可复制、可推广的森林经营试点模式。

（三）完善生态公益林生态补偿机制

一是提高现行中央财政补偿基金标准，实行分类补偿。根据生态的重要性和脆弱性，对不同功能区内重点公益林进行分类补偿，并根据财力逐年提高其补偿标准。"五河"源头、东江源头、鄱阳湖湿地、国家自然保护区和自然遗产等重要生态区内公益林，建议每亩提高20—25元补助标准；一般生态功能区内公益林，建议每亩提高10—15元补助标准；其他一些生态功能区内公益林，维持现行补偿标准。二是建立多元化市场化森林生态补偿机制。通过市场化运作机制，加快建立生态公益林受益者补偿机制，完善并落实流域上下游之间生态补偿政策，同时鼓励社会资本以捐助、认养等方式保护生态公益林。三是探索以森林生态效益入股、参与经营性收入分成机制。四是探索完善重点公益林的经营管理政策体系。在不影响整个区域生态环境的情况下，可适当开展公益林抚育、更新性质的采伐，适当鼓励公益林所有者或经营者利用生态公益林开展森林旅游、林业产品开发等林下经济，一方面可提高公益林林分质量；另一方面也可提高公益林所有者或经营者的经济收入。

（四）深化林业体制机制改革

一是改革现有计划规划管理体系。根据林业发展总体规划，将一个时期内的造林绿化目标分解为若干个重点建设工程，科学论证，纳入本地区国民经济发展规划，设定科学合理的建设目标及符合现行实际的补助标准，所需资金作为社会基本建设投资纳入财政预算，全额予以保障。二是改革重点生态工程实施主体。面对农村劳动力外出务工和城镇化步伐不断加快的实际，应该出台相关税费优惠扶持政策，大力倡导各地成立社会化绿化工程公司，加快国有林场机制体制转换，在继续大力开展全民义务植树的同时，将大型生态工程建设和造林绿化工作任务通过严格的招投标程序交由专业化绿化公司或者国有林场实施，政府做好相关监督服务工作，全力提升林业生态建设成效。三是改革森林资源管护机制。在积极推行森林资源保险机制的同时，以林权所有者为主、各级财政适当补贴，设立森林资源保护基金，鼓励和倡导社会团体和个人承包森林资源管护任务，按照合同法相关规定明确国家、林权所有者和管护承包者的责、权、利，在法律约束下，将资源管护工作逐步推向社会，逐步形成"生态资源大家管、大家享"的利益格局和森林资源社会化管护的良好格局。四是积极开展碳排放权交易试点。建立江西省碳排放权交易平台，探索设立中国南方（江西）林业碳汇基金，推进碳汇造林和碳减排指标有偿使用交易，支持将南方林业产权交易所建设成为辐射南方的区域性林权交易市场，在南昌、新余、赣州等地积极探索碳排放权交易试点。

（五）进一步完善基础支撑体系建设

加强和完善良种繁育基地建设、引导林木种苗行业向产业化与多元化方向发展、加强林业工作站建设，推动全省林业自然保护区满足绿色生态江西的有关要求。所有国家级和省级自然保护区按照国家基本建设要求要完全达标，所有市、县级自然保护区的保护管理、宣教、科研监测及基础设施建设等要基本达标，从整体上提高全省林业保护区管理能力建设。

（六）大力发展林业产业

不断壮大江西省木材加工，木浆造纸，林产化工，森林旅游，油茶，竹藤，野生动植物繁育利用，林业生物质能源等林业支柱产业。一是加快制定江西省林业产业振兴计划。根据全国林业产业振兴规划，立足实际，制定适合本省的林业产业振兴计划。二是优化调整林业产业结构。加快林业资源培育，提高林地生产力，扩大经济林面积，不断壮大林业第一产业；改造提升林业第二产业，重点推进林业产品深加工，延长林业产业链，打造林业产业品牌，提高林业产品质量和附加值；依托森林资源，大力发展森林旅游、观光、休闲、科研等附加值高的林服务业，提高林业生态服务价值。三是转变林业发展方式。淘汰林业产业落后产能，加快林业科技自主创新，推进林业产学研，加快林业企业并购重组，建立大型林业企业集团和产业集群。四是强化市场引导。加强林产品市场信息的搜集与分析，准确掌握市场发展变化趋势，及时发布林产品价格信息。

二　鄱阳湖流域湿地保护与利用的措施

（一）尽快制定出台《鄱阳湖湿地保护与利用总体规划》

目前，鄱阳湖湿地的保护与利用明显呈多头管理特征，要改变这一现状，就需要一个科学、全面、系统的规划规范鄱阳湖湿地的保护与利用行为。建议由江西省林业厅统一管理鄱阳湖湿地，尽快制定出台《鄱阳湖湿地保护与利用总体规划》，明确鄱阳湖湿地的范围、边界及其合理开发利用的目标、任务和举措。

（二）建立健全湿地法律法规

目前，涉及鄱阳湖湿地的法律法规已有一定基础，2003 年 3 月，江西省专门出台了《江西省鄱阳湖湿地保护条例》，已实施 12 年之久，还有其他一些涉及鄱阳湖湿地的法律、法规，但总体来看，这些法律法规文件仍然比较碎片化，重叠化。因此，有必要对鄱阳湖湿地的法律、法规进行进一步的完善与修改，建议江西省人大组织开展《江西省鄱阳湖湿地保护条例》实施情况调研，及时发现和反映《江西省鄱阳湖湿地保护条例》实施中存在的问题，根据实际情况进一步修缮，同时要解决《江西省鄱阳湖湿地保护条例》与《江西省湿地保护条例》之间相互衔接的问题，以此规范《江西省鄱阳湖湿地保护条例》对鄱阳湖湿地的保护与利用。

（三）构建鄱阳湖流域湿地生态补偿机制

1. 合理确定湿地补偿主体。鄱阳湖流域湿地是典型的公共产品，这就决定了鄱阳湖流域湿地补偿的主体就应该要以政府为主、湿地利用者为辅。另外，湿地资源的破坏者与污染者也理应对湿地进行补偿，可采取罚款、税收等形式。

2. 合理确定受偿主体。从生态补偿的范围来看，湿地资源生态补偿受偿主体应该包括：一是"对生态环境的补偿"，受偿主体应是湿地资源所有者代表——湿地资源综合管理机构；二是"对人的补偿"，即对湿地生态环境治理、生态服务的生产与供给做出贡献与牺牲的群体，对其所投入的直接成本和丧失的机会成本所给予的补偿和奖励。

3. 合理确定补偿标准。由于鄱阳湖流域湿地生态补偿机制运作的初期资金主要来源于财政补贴，补偿标准不应定得过高，但也不能太低，应该按照湿地补偿的直接成本与机会成本进行补贴。

4. 合理确定补偿方式。鄱阳湖流域湿地生态补偿应以政府补偿为主，辅以市场补偿。一方面，湿地生态服务功能的公共产品属性，致使其配置的市场失灵，这就决定了鄱阳湖流域湿地生态补偿理应以政府补偿为主；另一方面，政府补偿也是生态补偿本身的特殊性决定的。鄱阳湖流域湿地生态补偿涉及面大、主体广、政策性强，政府补偿是必然的选择。

5. 筹集补偿资金。根据"谁受益、谁补偿"的原则，湿地生态补偿资金主要来源于：一是中央财政拨款；二是向从事湿地资源开发利用者征收资源税和一定比例的湿地生态安全保险金；三是向受益人征收湿地资源生态补偿费，如在从事湿地旅游、养殖等活动的收益中提取一定比例的生态补偿费；四是从排污者征收的污染税（费）中提取一定比例作为补偿资金；五是鄱阳湖流域湿地以外的生态服务功能受益区地方政府的横向转移支付的经费；六是接受社会各界和国际捐赠等；七是发行生态彩票；八是通过建立水权交易和排污权交易等市场化方式筹集补偿资金。

（四）提高民众对鄱阳湖流域湿地保护意识和生态素质

一是增加中小学义务教育阶段"生态安全"内容，增强公民生态忧患意识；二是综合运用电视、广播、报纸、网站等网络、媒体等传播手段，加大鄱阳湖流域湿地资源的宣传力度，将鄱阳湖流域湿地保护与利用面临的严峻形势、突出问题等植入公民意识中去，让公民意识到保护不好鄱阳湖流域湿地的后果是非常严重的，从而激发公民自主地参与鄱阳湖流域湿地保护工作并采取实际形势措施；三是有重点地选择有基础、有能力、有培养前途的"骨干农民"带动和影响其他农民学习和提高保护意识；四是启动"生态科技示范入户工程"将生态科技知识送入千家万户的各项工作。

（五）加强水污染防治

"五河"流域水土流失严重，鄱阳湖湿地的泥沙主要来源于"五河"流域的水土流失，导致鄱阳湖流域水土流失严重，同时鄱阳湖流域污染形势也非常严峻，因此要加强"五河"流域的水土保持和污染防治工作，改变易造成水土流失的土地利用方式，尽量减免开矿、修路等大型建设工程给水土保持带来的副作用，对"五河"尾闾各河入湖口及湖盆区淤积严重的河、湖地区进行清淤疏浚，增加河湖的输沙泄洪能力。要解决鄱阳湖流域的污染问题，最关键的措施是要标本兼治，从污染源头起堵截，一是大力发展生态工业，严格控制环境污染型、资源消耗型企业向湖区转移；二是大力发展生态农业，改变传统耕作方式，控制农业面源污染；三是加大城镇污水治理力度，沿湖所有县（市）都建成污水处理设施并投入运营。

（六）积极争取国际社会对鄱阳湖流域湿地保护管理的支持

一是争取有关国际组织从项目、脱贫、人才培训、环境教育等方面给予鄱阳湖流域湿地更多的关心和支持。二是积极争取全球自然基金会、世界自然基金会、湿地国际等国际机构对鄱阳湖流域湿地和鸟类保护的援助。例如，可以设立全球迁徙鸟类保护基金。

第十一章 鄱阳湖生态经济区
建设与消费低碳化

低碳消费模式是低碳经济的核心内容之一，从某种意义上讲，有什么样的消费方式就有什么样的经济发展方式，人们的衣食住行都与"碳"紧密相关。消费，从其本质上说是人为了实现人的再生产和社会再生产而进行的对消费对象的消耗活动。无论是节俭主义还是消费主义都是对消费本质的异化，消费主义更是给自然及人的精神带来重重危机。低碳消费就是能够体现消费及人的本质和价值的一种新型具有可持续性的新式消费方式，能够极大地促进人与自然、人与人的和谐共处。

第一节 低碳消费内涵、特征及意义

一 低碳消费的定义及内涵

低碳消费是随着低碳经济发展，在消费领域对低碳经济发展的一种扩展和具体实施。低碳消费是一种以科学、文明、环保、健康理念为基础的生态化消费方式，这种消费模式就是要求在生产生活消费过程中，能够实现对温室气体排放量达到最低、对资源和能源的消耗量达到最少、对人类的可持续发展危害性降到最小，实现对后代子孙负责，对我们生存环境负责。[1] 低碳消费是一种新型可持续的消费模式。低碳消费观与传统消费观不同，其倡导的消费行为不仅与社会生产力和生产关系密切相联，而且包涵生态、适度、健康和可持续等重要理念。

---

① 韩雪：《河北省城镇居民低碳消费行为及对策研究》，燕山大学，2011。

二　低碳消费的特征

（一）生态消费

生态性消费观要求一切消费行为既符合物质生产的发展水平，又符合生态生产的发展水平；既能满足人的消费需求，又不对生态环境造成危害。目前，我国能源使用与二氧化碳排放量已超出生态系统的承受范围，必须推广低碳消费行为，普及生态消费、安全消费，有效倒逼企业提升生产技术，生产更多的低碳产品满足大众的低碳消费需求，真正起到保护环境、节约资源的作用。

（二）适度消费

适度性消费观强调消费者的自我节制和理性消费，适度消费是人们理性地选择与一定的物质生产和生态生产相适应的消费规模与消费水平。地球资源不能满足人类无休止的消费欲望，如果消费轨道偏离了人的需要，必然造成消费主义泛滥，不可避免地出现资源困境。低碳消费观提倡消费回归人的真实需要，限制非必要消费，把消费控制在适度的范围之中。低碳消费的建立关键是可持续的观念问题，竭泽而渔的消费做法类似饮鸩止渴，可暂时满足人类需求而将失去未来，固此必须形成科学的消费方式。

（三）环保、健康消费

低碳消费就是要体现环境保护意识，极大进行资源的节约以及减少对环境的污染与排放的新型环保型消费。这就要求我们在日常消费过程中，减少人类活动对大自然环境的污染和破坏。低碳消费要求人们形成健康的消费模式和状态，即形成一种健康向上的消费习惯，尽量减少破坏自然环境的印记，建立一种更高层次的简朴生活结构，减少无意义的奢华消费和浪费，在消费商品或者服务过程中，不仅感受到身心的愉悦，而且有效地改善周边环境，最终形成符合社会发展的需求。

（四）公平、可持续消费

低碳消费对社会的每个人或企业来说，都具有相同的权利，这就是公平性，每个人都应该实行低碳消费，同时享受到低碳所带来的益处。要倒逼企业提升生产技术，生产更多的低碳产品满足大众的低碳消费的需求，起到保护环境，节约资源的作用。低碳消费就是消费过程中的低碳行为，阻止人类无限制无休止的掠夺自然，确保代内与代际经济社会可持续的发展。

三 发展低碳消费的意义

（一）低碳消费体现人与自然和谐相处

低碳消费要求人们遵循社会经济发展和环境保护的双重目标，以尊重自然规律为基础，是道德自律的结果和人类建设生态文明的必然要求。在我国低碳消费观不断深入人心的背景下，人们已经意识到节约资源和维护生态环境，是现代社会条件下提高生产、消费水平及生活质量的重要组成部分。发展低碳消费，就是要求在生产和消费中融入保护环境、崇尚自然、促进人类经济社会可持续发展的理念。目前，生产生活消费促进环境保护也渐成趋势，生产者、消费者日益认识到，保护自然资源和生态环境是责无旁贷的事情，开始将生产、消费与环境及社会经济发展联系起来，自觉地把生产方式、个人消费需求和消费行为纳入环境保护的规范之中。

（二）低碳消费有利于倒逼产业转型升级

低碳消费使大众选择消费无污染、质量好、有利于健康的产品。发展低碳消费，优化消费结构，有利于消费的健康，而且能倒逼产业转型升级，带动低碳产业的发展，促进产业结构的升级优化，形成生产与消费的良性循环。而生产与消费的良性循环，又能够提高企业和消费者的低碳消费意识，改变消费观念，生产更多的低碳产品，获得更多的企业效益，使企业在生产过程中、消费者在消费过程中自觉减少对自然环境的污染和破坏，保持生态平衡，从而实现低碳"消费—生产—消费"良性循环发展。

（三）低碳消费有利于实现区域经济绿色崛起

低碳消费与经济发展的低碳化相契合，强调经济实惠、重复使用、可再生利用，改变大批量生产、高数量抛弃的消费行为，提倡在生产过程中以最小的能源消耗来满足人们的消费需要，生产耐用、可循环产品，实践循环经济。提倡低碳消费观，有利于提高人们的生活质量和个人素质。低碳消费产品的选择促进企业开展低碳生产和营销，低碳消费需求在消费市场上的有效实现进一步推动低碳生产的长久发展，形成低碳资源、低碳产业的集聚集约，推动低碳经济整体的良性循环。发展区域特色的低碳循环经济，能有效推进区域经济转型，提升经济发展的质量，培育形成经济发展新的增长点，促进地区经济的绿色崛起。

（四）低碳消费是生态文明建设的重要内容

低碳消费与生态文明的意蕴是内在统一的，低碳消费不仅倡导人们选择未被污染或有利于消费健康的低碳产品，而且在消费过程中注重垃圾处理，降低环境污染，培育优美的生态环境，协调人与自然的关系，是尊重自然、保护生态环境的一种环境良知的体现，担当了代内代际消费公正的道德责任。江西省已明确提出要"进一步普及低碳政绩观、低碳生产观、低碳消费观，引导人民群众崇尚节约、低碳生活，形成尊重自然环境、建设生态文明的浓厚氛围"。树立低碳消费观，践行低碳消费，形成良好的社会风尚，是建设"美丽江西"的重要内容，是实现江西绿色崛起的重要路径。

第二节　国内外低碳消费的实践与发展

国外低碳经济的发展早于国内，西方典型国家有关环境保护和发展低碳消费的做法值得借鉴，近年来我国制定了一系列的政策措施努力推进低碳消费发展，鄱阳湖流域也开展了低碳消费的具体实践。

一　国外发达国家低碳消费实践与启示

（一）发达国家低碳消费实践

1. 英国促进低碳消费的主要做法

英国是全球低碳经济的积极倡导者和先行者。英国在促进低碳消费方面采取了多种手段引导人们向低碳节能的生活方式转变。

低碳建筑推广成效明显。为实现 2015 年低碳建筑的零排放目标，英国政府要求所有新盖房屋在 20 年内达到零碳排放。自 2002 年以来，英国将新建筑的能效提高了 40%。英国在低碳建筑的实践方面是呈多样性的，涵盖了低碳住宅、低碳社区、低碳办公建筑、低碳商业建筑、低碳校园建筑等。其中霍克顿住房项目、格林威治新千年村、贝丁顿零碳社区、多克斯福德国际商务城、诺丁汉大学欢乐新校园等都是低碳建筑的典型。

低碳交通、生活用能落到实处。英国政府着力改善交通，促进公共交通系统使用节能的技术。呼吁政府官员购买和使用环保汽车，并规定购置低污染车可享受车辆购置税的减免，优先并延长减税车辆汽车税的减免年限，鼓励本国居民购买节能汽车。还通过立法，对伦敦的交通拥堵征收费用，把拥堵收费的收入投资于伦敦的公共交通设施，以增加人们对公共交通的使用并取得良好的效果。鼓励居民改善生活用能，通过税收减免以及财政补贴等措施鼓励居民使用节能家用电器，采用太阳能、生物能等清洁能源。英国的绿色组织也通过多种方式提供和传播低碳信息与知识，并提出针对性的意见，指引人们低碳消费，循序渐进地改变英国人的生活用能方式。

2. 日本促进低碳消费的做法与经验

日本是一个资源稀缺、人口众多的国家，面临全球气候变暖所带来的负面影响，相比其他发达国家显得更为敏感。日本政府以及社会各界都在积极发展低碳经济，主导建设低碳社会。在 2004 年，日本环境省开展了面向 2050 年的日本低碳社会情景研究计划，对建筑、工业、交通、居民生活、能源转换、交叉部门等都提出了预期减排目标，并提出相应的技术与制度支撑。2008 年，日本政府通过了低碳社会行动计划，提出了将家用太阳能发电系统的成本减少一半等多项减排措施。2009年，日本政府又公布了绿色经济与社会变革的政策草案，以强化日本的低碳经济，进一步推动建设低碳社会的进程。日本环境省也提出低碳规划，倡导物尽其用的节俭精神。日本先后开展了阳光计划、月光计划以及新阳光计划，规定以居民屋顶并网发电为主要目标，对光伏系统初始的政府补贴达到了光伏系统造价的 70%，极大地促进了日本太阳能产业的发展和太阳能使用的普及。日本政策投资银行推行绿色投融资政策，将环境友好型产业作为投资融资项目，实施采用环保手段的低利息融资政策。

日本政府积极开展远程办公计划，以政府行为推广远程办公，推广绿色采购，建立绿色采购事例数据库。大力开展绿色物流，推广生态铁路标志认证制度。加强对低碳消费的监督管理，在政府引导和社会各界的监督下，日本企业都将节能减碳作为企业的核心竞争力。日本节能中心半年公布一次节能产品排行榜，既是对日本企业的鼓励与警示，同时也为消费者低碳消费提供了指导。通过改革税制，对日本环保企业给予财税政策支持，鼓励企业低碳生产，大力开发和使用低碳新产品，使民用产品达到低碳标准。日本政府和其他社会组织通过电视、网络、发行刊物、举办讲座等多种形式向消费者普及节能知识，进行低碳消费宣传教育，使低碳消费、低碳生活的观念深入人心。

3. 美国促进低碳消费的成功经验

美国一直在寻求发展低碳经济，抢占低碳经济的制高点。美国约85%的能源供给都来源于传统化石能源。迫于本国资源以及环境的巨大压力，美国总统奥巴马在竞选之初就明确表示，将在美国实行温室气体减排、促进清洁能源及能效领域发展。奥巴马推出史上最严格的汽车燃油效率标准，使汽车制造业向新能源动力系统转型。从 2012 年开始，美国汽车制造商逐年改善汽车的燃油效率，要求到 2016 年，美国小型汽车和轻型卡车每 100 公里所耗费的汽油量不得超过 6.6 升，比当前汽车每 100 公里耗油量减少 40%。美国对购买纯电动汽车的消费者实行税收优惠政策，根据不同车型分别给予免税 10%—30%，免税额可达到 1000—40000 美元。美国的一些州政府还对使用清洁环保汽车实行直接补贴或给予高额的税收返还。发展节能建筑，为鼓励消费者使用节能设备和购买节能建筑，对新建节能建筑实施减税政策，凡在 IECC 标准基础上再节能 30% 以上和 50% 以上的新建建筑，每套房可以分别减免税 1000 美元和 2000 美元。另外，对在住宅中使用节能玻璃和节能电器的居民减免税收等优惠政策。

4. 丹麦促进低碳消费的成功经验

丹麦是世界低碳发展国家、可再生能源开发利用的领跑者。在过去的近 30 年中，丹麦经济增长了 65%，能源消耗基本保持不变，而二氧化碳的排放减少了 13%，开创了"经济增长与减少二氧化碳排放量不相抵触"的"丹麦经济发展模式"。

丹麦是一个高效率利用能源的国家。丹麦政府对可再生能源产业采取不收税，甚至以补贴的方式来发展可再生能源利用，而对传统的一些行业，排污严重的行为课以重税，比如说汽车，课以购置税、二氧化碳税、燃油税等一系列的税收。因此，在丹麦买一辆车，可以在欧洲买三四辆同样的车。

丹麦素有"自行车王国"之称。其人口 551 万左右，而自行车却超过了 420 万辆。首都哥本哈根是世界上唯一被世界自行车联盟授予"自行车之城"的城市，首都人口 67 万左右，而自行车则是 100 万辆，一人拥有超过一辆自行车。据统计，在哥本哈根有 34% 的人上班骑自行车，而 58% 的人在一天固定的时间点会骑自行车。在丹麦开车上班的人，车上基本都载有自行车。如今哥本哈根市民每人每年的二氧化碳的排放量只相当于德国市民的一半。在丹麦，上到政府要员，下到平民百姓，对自行车都情有独钟。政府在城市交通工具规划过程中，自行车道的规划是同其他交通工具一样，占有同样的比例。哥本哈根拥有长达510 千米的自行车专用道，而且这个数字还在不断增加。丹麦政府还出台了一些自行车与其他交通工具结合运用的政策，譬如在地铁和火车站都设有安全存放自行车的地方，坐交通工具时，大都可以携带自己的自行车，都为骑自行车创造了一个良好的环境。居民生活中的点滴都走在低碳的路上：妇女买菜时，基本上都挎一个篮子，而不是拿塑料袋。还有在养猪时，采用低碳化方式养殖，让绿色的猪肉进入餐桌。还有就是家具的绿色化，家具通常都采用天然材料，木材、藤条等原料，并一般不加油漆。

（二）发达国家低碳消费的启示

法律法规完善与政策引导。政府在低碳消费中起到了主要的引导和推动作用，政府由对环境的治理到从根本上解决环境污染问题。英国、德国、日本、美国非常重视完善相关法律法规，推进本国低碳经济的发展，政府重视通过各种宣传手段来提高民众的低碳节能意识，把国民带到一个低碳消费的环境中来，增强民众的节能意识和减排节能的自觉性，进而建设低碳社会。

市场机制完善与发展。低碳经济发展需要一个健全而又完善的市场经济机制，丹麦风能的良好发展，德国新能源的发展，得益于政府规范完善了价格机制与竞争机制等市场机制，为发展创造了一个完好的市场环境，为企业提供完备支持，使相关企业掌握着全世界最领先的核心技术。

加大投入和出台激励政策。西方发达国家低碳消费环境的形成离不开政府的投入力度。目前西方各国普遍采用的激励性财税政策主要包括税收、信贷以及各式各样的补贴政策等，如英国政府示范基金、法国购买清洁汽车免税政策、美国对购买纯电动汽车的税收优惠政策和财政补贴、日本节能建筑实施减税等。这些激励措施的采用推动各国在节能减排方面取得显著成效。

二　我国低碳消费的政策支持与发展趋势

(一) 低碳消费的政策支持

培育绿色生活方式新理念。《中共中央国务院关于加快推进生态文明建设的意见》提出要实现生活方式的绿色化，要求提高全民生态文明意识，培育绿色生活方式，推动全民在衣、食、住、行、游等方面加快向勤俭节约、绿色低碳、文明健康的方式转变，坚决抵制和反对各种形式的奢侈浪费、不合理消费。

推动能源生产与消费革命。国家发展改革委、国家能源局提出将推动"大数据"、"云计算"等互联网技术在电力系统中的应用；推动储能、电动汽车、分布式发电的发展；带动上下游产业转型升级，实现我国能源科技和装备水平的全面提升；构建安全、高效、清洁的未来新型电力系统，从而推动能源结构调整、能源产业升级，促进能源生产和消费革命。

规范企业绿色采购的流程。2014年，商务部、环保部、工信部发布关于《企业绿色采购指南（试行）》明确了绿色采购理念和主要指导原则，引导、规范企业绿色采购全流程，有效发挥了政府部门和行业组织的指导、规范作用。对推动建立绿色采购和供应链的管理体系、宣传机制、信息平台和数据等，为企业绿色采购提供保障和支撑。各级政府开始重视绿色采购在引导消费者绿色消费中的作用，政府绿色采购促进绿色企业和绿色技术的发展，引导消费者提升绿色品牌认知度，形成持续的绿色购买力。

加快交通能源转型。2014年7月发布的《国务院常务会议决定免征新能源汽车车辆购置税》对获得许可在中国境内销售（包括进口）的纯电动以及符合条件的插电式（含增程式）混合动力、燃料电池三类新能源汽车，免征车辆购置税，购置成本将降低8.5%左右，有利于刺激市场实现绿色交通先行。

消费者权益受到保护。2014 年新修改的《中华人民共和国消费者权益保护法》（以下简称《消法》）开始实施。新《消法》修改内容涉及面广，对网络购物、公益诉讼、惩罚性赔偿等有关消费者权益保护的热点问题作了明确规定，营造了绿色消费监管环境，明确行政部门的监管职责，积极发挥消费者协会的作用，对消费者权益保护工作提出了更高要求。还公布了《党政机关厉行节约反对浪费条例》要求党政机关要做好节约工作、防止浪费行为。

（二）低碳消费的发展趋势

生产生活消费与环保融为一体。居民家庭消费的生态环境问题已引起广泛关注，人们自觉地把生产方式、个人消费需求和消费行为纳入环境保护规范，已涉及食品、住房、能源、购物、空气、交通、水等生活的各个方面；消费心理和社会导向不断成熟，消费方式不断得到优化，消费心理也从从众心理、求异心理、攀比心理转变的更为理性和适度。居民对于绿色品牌产品的环境生态安全要求也越来较高，对采用绿色创新技术、选取低碳材料等生产的绿色产品越来越受到居民的喜爱。

消费伦理和企业责任社会化。企业成为推动绿色消费的中坚力量。很多绿色生产企业为了自身利益和促进绿色消费而联合起来，保证产品原材料的绿色环保，积极参与到供应商的绿色改造活动中，同时对于废弃的工业产品重复利用，增加产品的再利用率。企业不仅追求资本增值和利润最大化，而且提倡与消费者之间的和谐。企业社会责任对消费者的购买决策影响日益加大。

消费激励与法规约束协同推进。利用法规行政等综合手段，形成以最低的经济成本实现最有效的绿色消费方式。推动绿色消费实践在社会中取得实效，使低碳消费真正成为消费者生活和生产的自觉。

绿色消费与普通消费并行。绿色消费将成为消费者的主要模式，并成为整个经济社会低碳转型发展，走资源节约、环境友好型发展道路的动力。

第三节　低碳消费思路及评价指标的构建

低碳消费既是一种行为选择，也是一种消费理念，更是未来的消费模式。低碳消费可以通过对消费品的选择、对资源的节约再利用、对环境的保护等途径来实现。低碳消费具体表现在消费者的衣、食、住、行、用、娱乐等各方面的消费低碳化，这就要求我们在生产生活中不断提高低碳消费品数量，不断完善低碳消费设施，实现消费方式更健康、更科学。

一　低碳消费发展思路

以保障安全消费、倡导低碳消费、鼓励健康环保消费和促进经济可持续发展为目标，通过政府推动、企业主动、市场驱动、公众互动，依靠制度创新和科技创新，以发展低碳生活消费和促进低碳生产为重点，通过完善低碳消费政策、创新激励机制，促进全社会购买、流通、使用、回收等环节的低碳化，形成低碳消费的理念、行为，推动低碳产业发展，最终形成一个具有区域特色的低碳消费社会发展新模式。在消费理念上，使低碳消费环保理念占据道德的制高点，成为社会新的风尚。在产品评价体系上，制定低碳消费认证体系。在法律上，完善低碳消费法律法规。全面兼顾个人、企业、政府消费等低碳消费主体，既重视生活消费，又重视再生产消费。采取伦理机制、技术机制、市场机制、行政机制、法律机制等多种手段发展低碳消费，实现区域人口、资源、环境与经济社会协调发展。

二　促进消费低碳化的重点

消费低碳化是低碳消费的关键。具体表现在低碳消费观念、消费水平、消费习惯和消费结构等方面。

消费理念低碳化。通过人们对低碳生活的意义的认识和相关知识的了解，把节约消费变成一种自觉的行为方式；

饮食低碳化。限制碳水化合物的消耗量，增加蛋白质、维生素的摄入量，加大膳食平衡。培养合理科学饮食习惯，按人点餐、剩菜打包、减少一次性餐具用具的使用等。采用低碳烹饪方法和使用节能减排的产品，降低饮食消费的能源消耗和碳排放量。

建筑低碳化。在建筑物的规划、设计、施工、装修、使用等的过程中，落实低碳经济理念，通过创新的施工组织方式，节能型技术、设备、材料的运用和产业转型等途径，做到低能耗、低污染，实现建筑的低碳化。

交通低碳化。倡导环保节能的绿色交通，鼓励步行、自行车出行；大力发展公共交通系统、城市轨道交通和城际高速铁路形成立体化的城市交通体系；控制私人汽车无节制增长和使用；大力发展混合燃料汽车、电动汽车等低碳排放的交通工具。

日用低碳化。在日常生活中，选择节能产品，合理使用，适时断电；戒除面子消费、超奢侈消费，提倡适度消费，健康消费；充分利用太阳能、风能等新能源；对垃圾进行合理的分类、回收利用。

三 低碳消费评价指标体系的构建

生活方式低碳化的前提是居民具有低碳消费理念，核心是居民消费水平、消费习惯、消费结构低碳化，保障则是政府的消费低碳化的相关政策。遵循科学性、整体性、有效性、差异性、可比性、导向性等原则，构建低碳消费评价指标体系，如表 11.1 所示。本文将从以下几个层面来分别描述低碳消费指标体系。

一是低碳消费观。选取居民低碳消费观赞同度、对低碳生活了解度和低碳生活知识普及度；

二是低碳消费水平。选取包括反映居民在居住、用水、用气和用电等方面的低碳消费水平；

三是低碳消费习惯。选取节能住宅购买率、低碳出行方式使用率、清洁能源使用比例、一次性物品使用率等消费习惯状况；

四是低碳消费结构。选取体现居民的生活质量高低的教育支出比重和文化娱乐服务支出等；

五是低碳消费政策。包括政策宣传力度和低碳消费激励与限制措施强度。

表 11.1   低碳消费评价指标体系

目标层	准则层	指 标 层
生活低碳化水平（U）	低碳消费认知……（U1）	低碳生活了解度 U11
		节约消费赞同度 U12
		低碳生活知识普及度 U13
	低碳消费水平（U2）	人均城市建设用地 U21
		人均家庭生活用水 U22
		人均生活燃气用量 U23
		人均生活用电量 U24
	低碳消费习惯（U3）	节能住宅购买率 U31
		低碳出行方式使用率 U32
		清洁能源使用比例 U33
		节能家用电器、产品普及率 U34
		一次性物品使用率 U35
		初级食品消费比重 U36
	低碳消费结构（U4）	教育支出比重 U41
		文化娱乐服务支出比重 U42
	低碳消费引导政策（U5）	低碳消费政策的宣传力度 U51
		低碳消费激励限制措施 U52

四 低碳消费指标体系评价方法

选取某地区的样本，调查受访者生活中低碳消费具体情况，在构建低碳消费水平指标时，具体评价方法如下：

（一）定量指标的处理方法

考虑到本文建立的低碳消费的评价指标体系的指标较多，各指标的数量级和量纲上的都各不相同，因此，为消除变量间在数量级和量纲上的不同，评价指标的指标数据要根据自身的不同特点和分析评价的要求，首先要对评价指标的所采集的原始数据进行标准化处理。

设变数 X_i（$i = 1, 2, \cdots, n$）是评价系统体系的第 i 指标，X_{ii} 是第 j 个样本的第 i 个指标，其值为 X_{ii}（$j = 1, 2, \cdots, m$）。对原始数据进行标

准化处理，其中 u_{ii} 为标准化后的数据，x_{ij}，β_{ii} 是第 i 个指标的上、下限。

对于正向指标，即指标值越大，它对系统的正贡献越大，有：

$$u_{ij} = \begin{cases} 1 & \chi_{ij} \geq \alpha_{ij} \\ (\chi_{ij} - \beta_{ij}) / (\alpha_{ij} - \beta_{ij}) & \alpha_{ij} < \chi_{ij} < \beta_{ij} \\ 0 & < \chi_{ij} \leq \beta_{ij} \end{cases}$$

对于逆向指标，即指标值越大，它对系统的负贡献越小，有：

$$u_{ij} = \begin{cases} 1 & \chi_{ij} \geq \alpha_{ij} \\ (\alpha_{ij} - \beta_{ij}) / (\alpha_{ij} - \beta_{ij}) & \alpha_{ij} < \chi_{ij} < \beta_{ij} \\ 0 & < \chi_{ij} \leq \alpha_{ij} \end{cases}$$

（二）评价指标体系权重的确定

目前，确定指标权重的方法主要有两类，一类是主观赋权法；另一类是客观赋权法。前者是指根据评价者主观上对各指标的重要程度来决定权重的方法，如层次分析法（AHP）、德尔菲（Delphi）法等。后者是根据客观原始数据信息的联系强度或各指标所提供的信息来决定指标权重大小的方法。

（三）低碳消费水平综合指数的计算

低碳消费水平综合指数可以采用线性加权法得到：

$$U_i = \sum_{j=1}^{m} \omega_{ij} u_{ij}, \quad \sum_{j=1}^{j=m} W_{ij} = 1$$

式中：为低碳消费评价指标体系各类别的分数，为各个类别的权重。评价之后的综合指数值分数越大，则说明水平越高，否则越低。

第四节　鄱阳湖生态经济区低碳消费现状及对策措施

江西省作为全国生态文明先行示范区，已把发展以低碳为特征的产业体系和消费模式作为重要经济增长极。要实现全社会低碳的消费方式的形成，就是要把人们的消费行为与区域的社会经济可持续发展结合起来，需要多方面的配合和共同努力。

一　鄱阳湖生态经济区低碳消费状况

鄱阳湖生态经济区绿色消费基础良好。"绿色、生态、安全、健康"构成区域建设全国生态文明先行区的最大特色和亮点。江西省政府支持低碳消费：一是制定地方法规促进低碳消费。相继出台了《江西省环境保护条例》《江西省节约能源条例》《江西省发展绿色建筑实施意见》等相关地方法规，推进了江西构建低碳消费模式的步伐。二是一些激励低碳消费的政策、行业标准陆续出台，加速了江西低碳经济发展。如开展绿色产品质量安全追溯管理，大力发展无公害农产品、绿色食品、有机产品、农产品地理标志；创新节能环保服务模式，大力推行合同能源管理、特许经营、环境污染第三方治理等节能环保服务新机制，推动节能环保设施建设和运营社会化、市场化、专业化服务体系建设；促进工业产业园实施循环改造和产业转型升级，以培育江西环保产业基地，提高产业聚集度。推动环保关键技术、新材料、新产品及环境友好产品的研发生产；带动绿色回收体系建设，开展绿色回收工程，突出支持公益性回收活动，全省废弃物回收网络和处置基地项目建设。

江西省在2006年就启动了政府机构节约资源试点，同时实行政府绿色采购，通过清洁生产审计或通过环境管理体系标准认证的企业产品将列入优先采购计划。2014年全省淘汰黄标车和老旧机动车共15.8万辆，淘汰燃煤锅炉835台，实现综合节能约150万吨标煤。相关政策措施促进绿色转型和消费水平稳步增长。

二　低碳消费存在的问题

（一）法规政策体系不完善

低碳消费尚属新领域，在低碳消费中需要法律制度和管理性法规的支持。目前，我国在低碳生产经营与消费的众多领域还缺乏必要的法律制度和管理性法规文件，更加缺乏配套的实施细则，如没有一套完整的环境税法，也没有有关消费者生态环保责任的立法，而发达国家已具备并实施了生态税、绿色税、消费税等税收方面的法律，以及约束消费者行为的垃圾分类、回收之类的法律。我们虽然有一些罚款、警示、禁止等行政措施，但缺乏法律约束力，使得地方在推行低碳消费的具体工作无法可依，低碳消费政策难以得到落实，执行力度不够。低碳产品的相关质量检查标准建设不完善，配套措施不健全。虽然现阶段"低碳"消费已经受到政府的重视，但是该如何进行低碳消费、从哪着手、怎么做等问题政府还没有指定明确的方向，以至于"低碳"消费始仅停留在"说"上，而难以落到

"做"的实践上。

(二) 政策支持力度不够

低碳消费相关政策的支持和引导滞后。一是财政投入政策不完善。财政补贴扶持范围狭窄，结构不合理，力度小，效果微弱。政府对低碳产品生产企业的税收优惠、信贷优惠等方面都没有出台具体的规定与标准，使得这些企业由于成本不占优势而在与同类企业竞争中没有取得很好的竞争优势。二是促进低碳产品生产的激励机制没有建立起来。由于低碳产品在设计、造价、生产方面均高于普通产品，而政策对厂商生产一些节能环保产品的激励不足。目前只有消费者在购买低碳产品能获得一些不多的补贴，消费者购买低碳产品存在动力不足的现象。政府相关的政府低碳采购相关政策也有缺失，在推行低碳消费过程中的主导作用不足，没能很好地引导市场发展，从而有效拉动低碳消费需求。

(三) 低碳消费理念不足

消费观作为一种观念形态，是人们消费行为的先导，如消费什么、怎样消费等，消费者心理因素对低碳消费的推广和普及至关重要。当前，消费者环境消费意识不足，受物质消费至上消费观的影响，出现人们过分追求奢侈消费和享受消费，致使资源环境严重消耗与污染。特别是社会上攀比、从众等消费心理的出现，消费时一味追求时髦，将环保、低碳抛之脑后，消费观念不合理，扭曲了人们的消费观念，误导人们的消费行为。从消费者角度看，低碳消费已成为体现环保意识、践行环保行为的最佳途径之一。环保意识越强，消费行为则越"绿"。但目前，本地区消费者的环保意识仍然滞后，成为制约了区域低碳消费发展的重要原因。

(四) 低碳产品开发生产不足

消费可以倒逼生产，但生产决定消费，低碳产品的生产与开发决定着低碳消费市场的水平和低碳消费的内容。目前我国及区域低碳产品种类不全、数量不多，不能很好地满足消费者的需求，低碳产品市场短缺，影响了低碳消费的普及。究其原因：一是清洁生产落实不到位。由于企业生产设备落后、更新缓慢，生产技术不够成熟，管理理念不够先进，加之企业资金的短缺，实现清洁生产存在很大的困难，而通过高污染高消耗所得到的产出是与低碳产品相悖的。二是低碳产品开发能力不足。低碳产品开发难度大、成本高、风险大、获利不稳定，低碳产品生产商由于缺乏成本优势，往往放弃生产和开发前景好，但眼前利益低、能长期增加社会收益的低碳产品。三是低碳产品的研发缺乏针对性。消费者低碳消费需求水平不高，造成低碳产品因价格偏高或者与消费者的需求错位而无法顺利销售，致使企业在开发低碳产品方面积极性严重不足。四是低碳技术创新能力不够。目前我国对低碳技术创新的投入力度不够，缺乏对低碳技术研究开发的中长期规划。研究开发与产业发展相脱离，转化能力比较弱。另外，与发达国家的技术合作不够，尚未建立低碳技术研究开发的长期国际合作机制，核心低碳技术无法引进，低碳技术的不成熟直接影响到低碳消费的推广与普及。

三 发展低碳消费的对策建议

（一）加强政府在低碳消费中的引领作用

1. 制定低碳消费战略规划

政府作为社会主体之一，既是行政决策者，又是社会消费引导者，在建立低碳消费模式的过程中有着不可替代的作用。要加强政府对低碳消费的引导与规范，应认真制定全省低碳消费中长期规划，把低碳消费发展战略纳入生态文明建设总体战略部署，以低碳消费促进产业转型升级和低碳发展。在制定规划时，应将低碳消费理念贯穿其中，明确低碳消费的方向和具体路径，从总体上指导鄱阳湖生态经济区低碳消费的形成和发展。

2. 以财税金融杠杆引导低碳消费

实行低碳税制。通过税制改革为调整低碳生产供求提供激励：一是通过减免低碳生产企业的税费，以降低生产成本，促进低碳技术开发和应用，引导企业调整生产结构；二是对现有消费税进行调整，将更多目前尚未纳入消费税征收范围的如电池、含磷洗涤剂、含 VOC 建材、农药等资源性、高能耗、高污染的非低碳消费品，纳入消费税征收范围。

运用财政补贴。政府对低碳产品的生产和消费制定各种优惠政策，使生产者和消费者多付出的成本得到补偿。政府通过财政贴息、税前还贷、减免税收、贷款担保、技术改造专项资金等手段，实施积极的低碳财政政策，激励企业进行低碳生产。通过低碳产品价格补贴、低碳消费专项资金等方式鼓励低碳消费。

利用金融手段。开发多层次低碳消费信贷品种，提出低碳消费信贷指导目录，引导金融机构有效发挥信贷调节作用。对资源浪费和污染严重的企业采用高息贷款手段，迫使其改进生产工艺，引进低碳生产流程。对低碳产业则实行贴息贷款、优惠贷款，扩大生产规模，加速低碳技术创新，改进环保生产流程和实行低碳生产。对消费者选择大宗低碳消费品、小户型及节能环保型住房等给予折扣或较低的借款利率，提供便捷的融资服务优惠支持。

从消费的角度增加高碳能源及其产品的购买成本和降低低碳消费的成本。创造条件对电、燃气等家庭能源实现累进式的阶梯收费政策，引导家庭合理、节约利用能源；对家庭选择低碳能源和无碳能源给予价格上的补贴。对家庭耐用消费品实行能源效率标识制度，鼓励和引导消费者选择能源效率高的产品。

3. 政府低碳行政率先垂范

低碳消费的核心是节约。政府的消费理念和消费行为对企业和社会其他公众有着相当大的榜样作用，各级政府引导形成利于全社会发展的示范效应。政府进行低碳采购，主动选择有利于促进节能减排、低碳经济建设、具有国家低碳认证标志的产品和服务。树立"低碳化"运作意识，降低行政消费的"高碳化"。实施政府内部日常管理的节能细则，建设低碳政府。另外，政府要加强全社会的低碳消费宣传，营造良好的社会氛围，激发市民对于低碳消费的公民意识和社会责任感。

（二）加强企业对低碳消费的推动作用

1. 以低碳产业体系生产低碳产品

着力构建生态有机的低碳农业体系、低碳循环的低碳工业体系、集约高效的低碳服务业体系。在农业方面，深入推进农业标准化、清洁化生产，加快无公害、低碳、有机农产品基地和现代农业园区建设，深化农产品精细加工，提升品牌形象。在工业方面，着重发展节能环保、新能源、新材料、电子信息、生物医药等战略性新兴产业。加快发展生态工业园区等节能环保新型工业化产业示范基地。在低碳服务业方面，大力发展低碳旅游、电子商务、商贸物流、现代金融、文化创意、健康养生、养老等产业。

2. 形成产业链的低碳流程体系

建立产业链的低碳体系，实现包括低碳设计、低碳材料、低碳工艺、低碳生产、低碳包装、低碳回收在内的低碳产业。开发和探索可替代、可回收的材料，在生产过程中，加大生态环保的原材料采购力度，提升低碳消费生产工艺研究能力，运用实施国际环保标准，有效降低企业生产对环境的影响，提高资源利用效率，减少能源消耗尤其是化石能源的消耗，实现生产领域的低碳消费化、生态化。

3. 加大低碳技术研发和生产

建立涵盖技术研发、原料采购、生产制造、产品营销和废物回收等全产业链的低碳体系，在节能降耗、提供低碳产品的同时，提升产品赢利能力，实现集低碳设计、低碳材料、低碳工艺、低碳生产、低碳包装、低碳回收于一体的低碳产业。积极开发和探索可替代、可回收的材料，在生产过程中加大生态环保原材料的采购力度，提升低碳生产工艺研究技能。推进新型工业化和信息化深度融合，改变企业传统的线性生产模式，注重对废物资源化节约处理，提高生产中的废弃物利用率，完成企业低碳消费转型。

4. 促进产业低碳供应链管理

畅通低碳产品营销渠道。建设高效快捷的低碳产品物流体系，合理设置、简化供应配送系统，努力使销售渠道扁平化和低碳化。建立现代网络营销体系，引入低碳电商分销模式和低碳产品流通网络。探索低碳供应链管理，推进政府制定完善江西低碳供应链政策与标准体系，运用政府低碳产品信息发布和查询平台，方便消费者查询，提高产品质量信息披露的公信度。

（三）增强居民形成低碳消费方式的自觉性

1. 日常生活低碳化

倡导公众从我做起，从现在做起，将生活方式和消费模式向勤俭节约、生态环保、安全健康的方向转变。在日常"衣食住行游"上，引导公众养成低碳消费的行为习惯，注重节电、节水、节油、节气，使主动选择低碳消费、追求低碳消费成为时尚，将低碳消费贯穿日常生活的方方面面，形成资源节约、环境友好的生活理念和消费模式。

2. 选择低碳建筑和社区

建造的建筑物（住宅、办公楼等）的规划、设计、建造、改造和使用等一系列过程中，实施比如一些节能型的技术、设备、材料及管理等措施，来有效提高建筑中的能源效率，降低能耗。大力开展建设节能技术研发和推广。采用新能源和低碳能源，如通过科学合理的室内设计，利用自然采光以节约电能；采用节能的智能照明系统和其他家用电器；采用太阳能热水系统；采用隔热保温新型墙体材料；优化设计采暖和中央空调系统；等等。配合国家有关部门进一步做好住宅节能的技术、材料、产品、设备推广、限制淘汰制度的落实。

打造低碳社区。社区建筑物按照节能原则设计，社区能耗来源于内部的可再生能源，建筑通过各种措施减少热损失，并尽可能使用太阳能获得能量，各建筑物紧凑相邻，以减少建筑的总散热面积；减少建筑物的表面热损失，建筑物楼顶、外墙和楼板都采用隔热层等。

3. 交通节能和公交出行

选择公共交通出行，这是交通出行中最为节能的方式之一。政府要为居民创建良好的出行环境，加大公共交通基础设施建设、优化公共交通站点布局、强化各种交通运输方式的便捷换乘、推行城乡交通一体化进程，从多方面提高公交交通出行比率。发展公共交通服务，提高轨道交通和公共汽车交通的运行能力和服务质量。南昌要争创国家"公交都市"试点城市，发展公共交通捷运系统，通过专用车道等措施提升公共交通运行能力。慢行交通系统建设配套跟进，大力推进自行车道、人行道等慢行交通设施建设。利用智能信息系统指导市民公交出行，减少公交出行时间选择成本。

4. 垃圾分类资源回收

建立"三位一体"的回收体系。构建以回收站点、分拣中心和集散市场为核心的"三位一体"回收体系。出台鼓励政策，完善生活垃圾分类回收、密闭运输、集中处理系统。支持回收经营者在市民日常活动频繁的商场、超市、办公楼、小区等场所设置示范回收点，并通过奖励积分、以旧换新等方式促进低碳消费和资源回收。发挥低碳示范社区效应，在低碳示范社区建设"环卫之家"环保教育基地，作为环保新理念推广和环卫先进技术模式展示的窗口，对市民进行垃圾分类的引导和教育，提倡垃圾分类投放。

四 完善相关配套措施

1. 完善低碳产品使用标准

从健康、节能、环境友好、社会影响等领域提出低碳消费参考标准。

针对具体的消费内容逐步完成低碳产品使用标准等标准体系的建设，加大对低碳产品在能耗指标上的监管力度。制定政府管理制度，推进政府节能采购制度创新，让"低碳"、"简约"、"节俭"成为时尚。

2. 完善出台低碳消费评价机制

构建符合江西经济发展、具有科学指导性和便于操作性的低碳消费指数和评价体系：一是加强对低碳消费环境状况的评价，其指标体系包括低碳经济发展水平、低碳产业结构调整和优化、低碳经济在经济总量中的比重等；二是加强对低碳产品经营状况和效率质量状况的评价，其指标体系包括低碳产品数量、结构与资产收益、低碳生产效益、资源能源消耗等；三是加强对低碳流通渠道状况评价，其指标体系包括低碳产品流通的种类、数量、规模以及低碳流通网络体系、废弃物排放、废物回收利用等。

3. 完善低碳消费信息机制

制定全省低碳消费型产品目录，提供低碳消费标识、节能标志，包括环境标志产品技术标准、低碳宾馆饭店认证标准、低碳采购标准、低碳建筑节能设计标准等。确保标志的真实性、可靠性和权威性，这将有利于引导企业为消费市场提供丰富和可靠的低碳产品及服务，增强消费者对低碳产品的信任和购买意愿，更好地推动江西低碳消费发展。

第十二章　鄱阳湖生态经济区建设与趋势展望

自 2009 年 12 月国务院正式批复《鄱阳湖生态经济区规划》近 5 年来，江西大力推进鄱阳湖生态经济区建设，其特色是生态、核心是发展、关键是转变发展方式，坚持在发展中保护生态，在保护生态中加快发展，在全省"发展升级、小康提速、绿色崛起、实干兴赣"中起着龙头带动作用。鄱阳湖生态经济区已初步走出了一条生态与经济协调发展的路子，在生态文明建设中先行示范作用将进一步增强。

第一节　鄱阳湖生态经济区发展现状

一　经济实力显著增强，绿色产业体系加快构建

经过 5 年的建设，鄱阳湖生态经济区综合实力显著增强。2013 年，鄱阳湖生态经济区生产总值跃上新台阶，突破 8000 亿元，达到 8452.6 亿元，是 2009 年的 1.88 倍，高于全省平均增速 0.1 个百分点，占全省比重达到 59%；财政总收入、固定资产投资和实际利用外资分别达到 1236.6 亿元、6954.5 亿元和 42.4 亿美元，分别是 2009 年 2.52 倍、1.85 倍和 1.6 倍，占全省比重分别为 52.5%、55.9% 和 56.2%（详见表 12.1）。

表 12.1　　　　2009—2013 年鄱阳湖生态经济区主要经济指标

年份	GDP		财政总收入		固定资产投资		实际利用外资	
	绝对值（亿元）	占全省比重（%）	绝对值（亿元）	占全省比重（%）	绝对值（亿元）	占全省比重（%）	绝对值（亿美元）	占全省比重（%）
2009	4491.39	58.67	490.73	52.83	3529.57	55.22	26.49	65.8
2010	5544.76	58.67	649.99	53	4666.04	55.11	31.58	61.9

续表

年份	GDP		财政总收入		固定资产投资		实际利用外资	
	绝对值（亿元）	占全省比重（%）	绝对值（亿元）	占全省比重（%）	绝对值（亿元）	占全省比重（%）	绝对值（亿美元）	占全省比重（%）
2011	6878.53	58.78	849.62	51.65	4745.57	56.47	35.76	59
2012	7626.65	58.9	1055.5	51.58	5769.79	55.59	40.2	58.9
2013	8452.55	58.95	1236.61	52.43	6941.55	55.82	42.41	56.7

数据来源：2010—2014 年鄱阳湖生态经济区统计年鉴。

鄱阳湖生态经济区着力促进经济结构优化升级，努力构建以绿色工业、生态农业和现代服务业为主要内容的环境友好型产业体系。重点发展新能源、新材料、电子信息、生物医药等战略性新兴产业，加快传统产业转型升级；深入推进农业标准化，加快无公害、绿色、有机农产品基地和现代农业园区建设，深化农产品精深加工；大力发展生态旅游、电子商务、商贸物流、现代金融、文化创意等产业。区内 3 大产业结构由 2009 年的 10.2∶54.6∶35.2 优化调整至 2013 年的 8.2∶56.2∶35.6。

二　昌九一体化快速推进，先导区样本示范效应初步显现

加快推进昌九一体化，实现"做强南昌，做大九江，昌九一体，龙头昂起"。一是昌九一体化规划体系基本形成，交通一体化顺利推进，公共服务同城化迈出大步，产业对接互补扎实推进。目前，昌九财政总收入、规模以上工业增加值、固定资产投资、出口总额、实际利用外资占全省比重分别为 33.6%、34%、35.8%、41.6% 和 44%。二是共青先导区城市建设和产业发展取得突破性进展。南湖新区"四横四纵"路网基本形成，珍珠湖综合整治初见成效，大学城建设有序推进，江西师大等 5 所大学的独立学院已签订入驻协议，成立了南湖新区投资公司和鄱阳湖生态投资有限公司。新增规模以上工业企业 15 家，规模以上工业企业主营业务收入达 288 亿元，增长 41.5%；新建产学研合作联盟 6 个，新增高新技术企业 2 家，高新技术企业主营业务收入占比达到 58.3%；私募基金创新园区吸引 143 支私募基金落户，募集资金近 40 亿元。三是南昌临空经济区建设开局良好。南昌临空经济区核心区环形路网基本建成，龙头港

码头一期工程加快建设，第一期 10 万平方米标准厂房即将投入运营，引进了一批如欧菲光、酷派、莱宝高科、中国北车等高端产业项目，已签约落户亿元以上项目总投资 260 亿元。

三 着力壮大区域板块，经济实力不断增强

一是南昌快速打造核心增长极。南昌市着力推进大投入、大建设、大发展，主要经济指标呈现位次前移、占比提升的好势头。2013 年地区生产总值完成 3336 亿元，同比增长 10.7%。围绕做强产业，快速推进 100 个重大重点项目，累计完成投资 478.5 亿元；围绕做大城市，重点推进万寿宫、青山湖西岸等 10 个旧城改造项目，九龙湖新城、朝阳新城建设取得新进展。二是九江沿江开放开发跃上新台阶。九江市大力推进"两区互动、强工兴城"，经济保持平稳较快增长。2013 年地区生产总值完成 1602 亿元，增长 10.4%。三是其他区域中心城市加快发展。景德镇市围绕打造世界瓷都，加快旅游、航空产业发展。新余市坚持创新驱动，钢铁、光伏等支柱产业帮扶工作取得实效，成功争取国家智慧城市试点、全国水生态文明城市建设试点，被国家发改委确定为新能源示范城市。鹰潭市着力推动"1+6"产业快速发展，铜产业完成主营业务收入 2500 亿元，增长 16%，鹰潭（贵溪）铜产业循环经济基地获批国家"城市矿产"示范基地。四是县域经济板块活力增强。丰樟高及新干的新型建材、盐化工、医药、绿色食品加工等新型工业加快发展，鄱余万加快建设优质农产品种养加工基地，经济实力不断增强。

四 生态工程扎实推进，生态环境优势巩固提升

为保护鄱阳湖"一湖清水"，江西大力实施"五河一湖"生态综合治理工程、造林绿化工程、城镇生活污水和工业园区污水处理工程、农村清洁工程以及和谐秀美乡村建设工程等重大工程，持续开展"净水"、"净空"、"净土"行动，加快推进燃煤电厂脱硫脱硝除尘改造，加快发展光伏发电、风电、水电和生物质发电等新能源发电，为构建长江中下游水生态屏障作出了积极贡献。地级以上城市集中式饮用水水源地水质达标率均为 100%，鄱阳湖区通过实施一系列重大生态工程和重大举措，江西生态环境质量得到进一步巩固和提升。由表 12.2 可知，经济区内湿地公园由

2009 年的 3 个增加到 2013 年的 21 个、湿地面积由 2009 年 46937.5 公顷增加到 2013 年的 74862.1 公顷；经济区内森林公园由 2009 年的 37 个增加到 2013 年的 53 个；区内 38 个县（市、区）城镇生活污水处理设施实现全覆盖，城市生活垃圾无害化处理率达 90%；南昌、九江空气质量优良率分别为 80.5%、84.4%，其他设区市空气环境质量稳定在国家 Ⅱ 级，区域生态环境质量继续位居全国前列。

表 12.2　2009—2013 年鄱阳湖生态经济区湿地公园和森林公园建设情况

年份	湿地公园		森林公园	
	数量（个）	面积（公顷）	数量（个）	面积（公顷）
2009	3	46937.5	37	160038.94
2010	9	66616.9	53	170859.77
2011	15	70126.8	47	133316.12
2012	15	68482.8	49	136654.48
2013	21	74862.1	53	139820.37

　　数据来源：2010—2014 年鄱阳湖生态经济区统计年鉴及历年鄱阳湖生态经济区建设情况报告。

五　开放合作全面推进，战略品牌效应逐步放大

　　一是加快开放合作。随着鄱阳湖生态经济区战略的深入实施，我省与国家部委（央企）和兄弟省市的对接合作不断加强。5 年来，先后与国家部委、央企、金融机构和科研院所签署战略合作协议 60 余项，启动新一轮央企入赣工程，积极参与多区域合作，务实推进与泛珠三角、长三角和周边省市的经济合作，努力对接融入长江经济带和长江中游城市群建设，全面纳入长江经济带通关一体化改革。同时，正在抓紧研究制定对接融入长江经济带、长江中游城市群、"一带一路"等国家战略的具体实施意见，努力提升江西发展新优势。2014 年上半年，鄱阳湖生态经济区实际利用外资 25 亿美元，同比增长 10.9%，占全省实际利用外资总额 54.3%。二是不断放大开放平台效应。借助鄱阳湖生态经济区国家战略，积极打造世界低碳与生态经济大会、世界名湖大会、鄱阳湖国际生态文化节、环鄱阳湖国际自行车赛等重大国际交流平台，密集推介鄱阳湖生态经

济区重大生态工程和产业项目。以世界低碳大会为例，三届大会签约项目总投资达到 2905 亿元，已经成为我省生态文明建设成果的重要窗口和对外开放高端平台。

六 制度创新不断深化，生态文明建设迈上新台阶

一是建立健全生态文明法律法规体系。制定实施了《鄱阳湖生态经济区环境保护条例》、《江西省湿地保护条例》等一系列地方性环保法规，把生态环境保护和建设纳入法制化的轨道。2013 年在全国率先建立绿色考核体系，对重点开发区、农业主产区、重点生态区的发展定位，相应设置三类考核体系，并开展南昌、九江重点污染防治区域污染防治联防联控，建立健全跨界污染联合治理机制和污染事故应急处理机制。二是积极开展各类先行试点。推进资源要素价格改革试点，出台了全省城市污水处理费征收标准统一政策，合理制定和调整水资源费征收标准，实行了阶梯水价制度，对淘汰类、高耗能的企业生产用电严格执行差别电价政策。积极开展生态补偿试点，划定设立"五河一湖"源头保护区；开展林权交易试点；积极推进地方公益林补偿试点，并在南昌、九江、新余等地开展矿山环境治理和生态恢复补偿试点。同时，在南昌、新余、景德镇等城市开展了全国节能减排财政政策综合示范城市、资源枯竭型城市转型、低碳城市、水生态文明城市等国家级重大改革试点。三是加强生态文明创建步伐。广泛深入开展以生态城市、绿色乡村、生态文化为载体的生态文明社会创建工作。广泛开展绿色学校、绿色社区、绿色饭店、绿色企业等各种形式的基层创建活动，全社会生态文明意识普遍增强。

第二节 鄱阳湖生态经济区建设中存在的问题

一 经济总量较小，综合实力不强

与我国经济发达地区相比，鄱阳湖生态经济区的综合经济实力不强，区域竞争力较弱，优势产业和大型骨干企业不多。从省际经济圈看，虽然本区域经济发展水平居全省前列，但与省外的"武汉城市圈"、"长株潭城市群"等其他经济区相比，无论是经济总量还是人均水平都比较低，综合实力有明显差距（详见表12.3）。

表 12.3　　2013 年鄱阳湖生态经济区与湘鄂经济区经济实力的比较

	武汉城市圈	长株潭城市群	鄱阳湖生态经济区
GDP（亿元）	15630.00	19656.81	8452.55
人均 GDP（元）	50940	48388	42223.69
地方公共财政预算收入（亿元）	1379.07	1283.35	819.13
人均财政收入（元）	4486.50	3147.31	4091.87

注：表中长株潭城市群数据为"3+5"即 8 个城市的数据。

二　区域发展不平衡，湖区发展水平较低

总体来看，位于高效集约发展区的县市区经济实力较强，而滨湖地区经济发展水平明显滞后。2013 年，鄱阳湖生态经济区 38 个县（市、区）中，地区生产总值低于全省平均水平（128.65 亿元）的有 18 个，其中 14 个县（市、区）生产总值低于 100 亿元。星子县、都昌县、鄱阳县、余干县尤为突出，其人均 GDP 还不到全省的 1/3。2013 年，生产总值最多的渝水区（667.62 亿元）与最少的湾里区（40.11 亿元），差距达 16.64 倍；财政总收入最多的南昌县（72.61 亿元）与最少的珠山区（7.06 亿元），差距达 10.28 倍。

三　投资率偏高，经济发展动力失衡

近年来，鄱阳湖生态经济区投资率过高，2009—2013 年投资率在 68%—83% 之间（见图 12.1），经济增长的动力过于依赖投资，忽视了消费和创新在经济增长中的动力作用。另外，投资效率偏低，以 20%—30% 左右的投资增长率拉动经济 10%—14% 左右的增长率（见图 12.2），每万元投资创造的生产总值呈递减趋势。在经济新常态下，鄱阳湖生态经济区只有尽快实现从投资拉动型向"三驾马车"均衡拉动型发展方式转变，增强消费和创新的驱动力，同时不断提高投资效率，才能保持经济运行在合理区间，继续牵引全省经济社会发展。

四　服务业发展滞后，产业体系有待提升完善

服务业发展明显滞后。2013 年，鄱阳湖生态经济区三大产业比例为

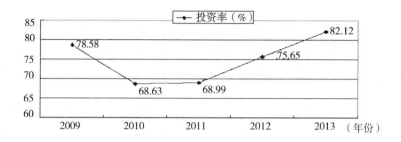

图 12.1　鄱阳湖生态经济区 2009—2013 年投资率

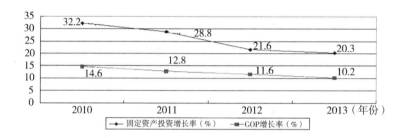

图 12.2　鄱阳湖生态经济区 2009—2013 年固定资产投资与地区生产保值增长率

8.2∶56.2∶35.6，与全国平均水平（10.0∶43.9∶46.1）相比，第二产业比例高 12.3 个百分点，第三产业比重低 10.5 个百分点，服务业成为制约经济发展的短板。

生态产业体系尚待形成。目前，鄱阳湖生态经济区传统农业比重偏大，向现代农业转化的步伐缓慢。区内虽然拥有众多特色和绿色农产品，但是农业产业化水平不高，又缺少有较大影响力的品牌，产业竞争力不强。工业虽然在经济中占主导地位，但大而不强的特征十分明显，传统产业比重偏高，且主要处在产业链的低端，转型升级的任务十分艰巨；新一代电子信息技术、节能环保、高端装备制造业、新材料等高新技术产业和战略性新兴产业规模尚小。2013 年，鄱阳湖生态经济区高新技术产业工业产值增加占 GDP 的比重只有 10.33%，难以取代传统产业支撑经济快速增长。服务业结构也不够合理，交通运输、住宿和餐饮、批发和零售等传统服务业占据主要地位，而金融业、现代物流业、文化创意产业相对弱小，采用现代化的新技术和新服务方式并向社会提供高附加值的新兴服务业如电子商务、互联网金融等发展较慢，未形成一定规模。

五　开放型经济发展不足，"引进来"和"走出去"能力较弱

实际使用外资增速低于全省，在全省的占比逐步降低。据统计，2013年鄱阳湖生态经济区外商直接投资实际使用外资金额同比增长5.5%，比全省（10.7%）低5.2个百分点，实际使用外资金额占全省的比重呈现逐年递减的趋势，由2009年的65.84%下降到2013年的56.17%（见图12.3）。从区内38个县（市、区）来看，2013年外商投资实际使用外资金额增速低于全省平均水平的县（市、区）有14个，其中东乡、湾里、樟树等7个县（市、区）甚至出现负增长。

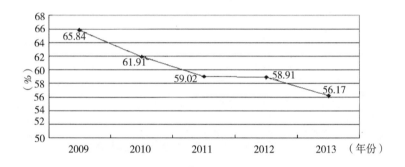

图12.3　2009—2013年鄱阳湖生态经济区外商直接
投资实际使用外资占全省比重

出口增速慢于全省，出口总值在全省的占比逐步降低。由于国际金融危机后外需普遍低迷，也由于鄱阳湖生态经济区出口商品结构不优，拓展海外市场力度不够，导致可持续出口能力逐步衰退。据统计，2013年鄱阳湖生态经济区出口总值增幅比全省低4.5个百分点，出口总值占全省的比重从2009的62.07%下降到54.4%（见图12.4），区内出口总值增速低于全省平均水平的县（市、区）有12个，其中渝水区、新建县等7个县（市、区）甚至出现负增长。

投资区域狭窄，"走出去"的能力较弱。从国别（地区）来看，目前鄱阳湖生态经济区的主要投资市场在中东、东南亚，欧美、南美洲等市场开拓不力。从投资产业层次看，主要集中在矿产、建筑和劳务承包等领域，产业层次偏低，带动作用不大，抗风险能力较弱，容易受到国际市场的冲击。

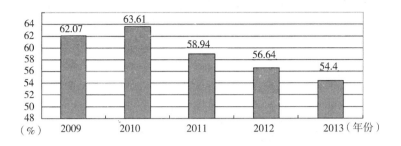

图 12.4　2009—2013 年鄱阳湖生态经济区出口总值占全省比重（%）

六　资源能源消耗大，环境承载力面临较大压力

近年来，鄱阳湖生态经济区的能耗水平虽然不断降低，但随着工业化进程的快速推进，工业生产规模的持续扩大，区内能源消费量大幅增加。以工业能耗为例，2013 年，鄱阳湖生态经济区规模以上工业能源消耗达到 3334.84 万吨标准煤（见图 12.5），比 2009 年增加了 34.7%。区内有 18 个县（市、区）规模以上工业企业综合能源消费量同比增速高于全省平均水平（6.4%），最高增幅达到 37.2%。

图 12.5　2009—2013 年鄱阳湖生态经济区规模以上工业能源消费量变动

由于工业结构重型化特征明显，鄱阳湖生态经济区单位工业产值能耗高于全省平均水平。2013 年，鄱阳湖生态经济区万元规模以上工业增加值能耗 1.01 吨标准煤，比全省高 0.17 吨标准煤。

废水排放总量也呈现持续上升的态势。2013 年，鄱阳湖生态经济区废水排放总量 116524 万吨（见图 12.6），比 2009 年增加 38.3%，占全省废水排放总量的 56.25%。其中，工业废水排放量 40795 万吨，比 2009 年增加 18.3%，占全省废水排放增量的 59.79%。

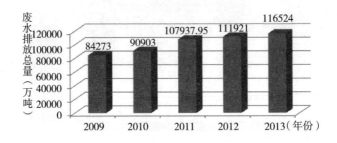

12.6　2009—2013 年鄱阳湖生态经济区废水排放总量变动

同时，由于区域外生态环境的持续变化和全球气候变暖，鄱阳湖水位变化异常，水体污染有日益加重的趋势，直接威胁着鄱阳湖生态功能的提升。资源、环境和发展的矛盾，成为制约经济社会可持续发展的主要瓶颈。

第三节　鄱阳湖生态经济区建设的对策建议

一　加快转变经济发展方式，促进"三驾马车"更均衡地拉动增长

发挥投资对经济增长的关键作用。充分利用中央积极的财政政策加力增效的有利时机，在基础设施和生态环保领域，推出一批重大项目，争取国家更多的资金支持；在关系战略全局的智能制造、战略性新兴产业、新型业态和服务业领域，加大投资力度，提高投资效率；创新重点领域投融资机制，发挥政府投资的引导带动作用，有效释放社会投资的潜力；积极推广政府与社会资本合作（PPP）模式，鼓励和引导民间资本进入公路、铁路、通用航空及金融服务、市政公用、社会事业等领域。

发挥消费对经济发展的基础作用。逐步提高居民收入在国民收入分配中的比重，提高居民的消费能力；加快形成扩大消费需求的长效机制，推动消费升级换代，引导区内城市居民由住房、汽车、耐用品等的消费需求向健康保健、文化、教育、旅游、养老服务消费等服务性消费需求转变；进一步释放农村消费潜能，扩大农村市场消费。

发挥出口对经济发展的支撑作用。全面提升对外贸易质量，优化出口

商品结构，积极扩大机电产品和高新技术产品的出口；优化贸易方式结构，促进加工贸易转型升级，逐步提高服务贸易在出口中的比重；推进出口市场多元化，加快实施"走出去"战略，鼓励有条件的企业积极走出去拓展海外市场。

二　加快经济结构转型升级，打造经济发展新动力

紧跟国家战略性产业发展政策动向，坚持"有所为，有所不力"，集中优势资源重点打造航空、新材料、电子信息、生物医药等战略性新兴产业，大力发展智能装备制造、节能汽车等先进制造业，使其迅速做大做强、成为产业的引爆点。同时，对于钢铁、有色、石化、纺织等传统优势产业，按照工业和信息化深度融合的要求，充分利用高新技术和先进适用技术进行改造提升，推动传统产业向中高端迈进，增强综合竞争能力。

加快发展服务业，把现代服务业放在更加突出的位置，坚持生产性服务业与生活性服务业并重，现代服务业与传统服务业并举，推动服务业比重提高，结构优化，竞争力提升。要加快推进旅游强区建设，及早谋划推动发展休闲度假旅游和智慧旅游等高级业态，突破制约旅游业发展的体制机制障碍，真正让旅游产业强起来。大力发展电子商务，积极引进国内知名电子商务企业，打造一批区域性电子商务平台，促进特色产业与电子商务融合发展。着力发展现代物流业，建设一批重点示范物流园区和物流港，鼓励制造业企业与第三方物流深度合作，联动发展。加快发展文化产业，培育一批文化龙头企业。

三　深化重点领域和关键环节改革，激发经济增长新动力

加大改革攻坚力度，协调推进重点领域改革，最大限度激发市场主体活力，使改革新红利转化为发展新动能。通过最大限度降低市场门槛，激发市场活力；通过放宽民间资本准入，推进投资主体多元化；通过改革资源价格形成机制，发挥市场在资源配置中的决定性作用；通过深化国资国企改革、发展混合所有制经济，拓宽非公经济的投资领域；通过深化金融体制改革，防范可能产生的金融风险；通过推进以土地制度为核心的农村各项改革，加快传统农业向现代农业转变。

四 策应 "一带一路" 和长江经济带战略，推动区域开放升级

积极策应、主动融入 "一带一路" 和长江经济带战略，推动区域开放升级，是新时期鄱阳湖生态经济区加快发展的必由之路。加快建设一批开放平台，全面扩大与长江经济带其他省市的对接合作；积极申报昌九国家级新区，加快推进昌九一体化进程，进一步提升昌九增长极的地位和作用，努力将其打造成为中部地区乃至长江经济带的增长极；深化鄱阳湖城市群与武汉城市圈、长株潭城市群的融合互动，加快建设长江中游城市群；推动赣湘鄂经济合作区、赣湘鄂皖自由贸易区建设，构建具有核心竞争力的国家战略平台；积极参与长江大通关体制建设，提高通关效率。

五 大力实行创新驱动战略，打造经济发展新引擎

大力实施创新驱动战略，让创新成为驱动发展的新引擎。着力增强企业的创新主体地位，推动创新资源向企业集聚、创新政策向企业叠加、创新要素向企业流动，激发企业的创新热情；着力加强协同创新平台建设，支持企业与科研院所、高等学校按照市场机制建立长期稳定合作关系，通过组建产业技术创新战略联盟等形式合作研发产业重大共性关键技术；着力打造产业、金融与科技三链融合的 "创新生态链"，加速创新成果产业化；着力完善科技投融资机制，引导战略性新兴产业研发引导资金、科技担保资金、风险投资等参与科技创新创业；积极搭建面向全国科技资源的常设技术交易市场，开展网上在线成果对接活动，促进科技成果项目转化；着力塑造 "创新文化精神"，激发全民、全域创新潜能。

六 完善绿色发展政策体系，建立科学的考核评价机制

要永葆鄱阳湖 "一湖清水"，一要完善生态产业政策，大力支持生态农业、生态工业和现代服务业发展，加快构建绿色低碳循环生态产业体系。二要完善生态补偿政策，探索鄱阳湖湿地、抚河源等生态补偿试点，完善矿山环境治理和生态恢复保证金制度，建立和完善区内森林生态补偿机制，增加公益林面积，提高公益林补偿标准。三要实行资源有偿使用制度，加快推进土地、水、森林、矿产等资源型产品及要素价格改革，通过价格调节，引导各类相关利益主体的法人强化节约资源，严格保护城乡生

态环境的理念。四要完善发展成果考核评价体系，纠正单纯以经济增长速度评定政绩的偏向，按照"两区一带"的功能定位，建立各有侧重的绩效评价和政绩考核评估体系。五要建立健全监测预警机制，加大对鄱阳湖生态经济区内的"五河"水质、湖泊环境、水土保持、节能降耗、污水排放、空气质量等内容的动态监测力度，一旦达到一定的污染程度，立即预警，及时采取控制措施。六要完善鄱阳湖流域综合管理机制，创新流域环境保护决策机制，健全生态环境保护全民参与机制，变单纯的开发利用管理为开发与保护并重管理，促进区域可持续发展。

第四节　鄱阳湖生态经济区的发展趋势

一　生态文明建设先行示范作用将进一步增强

鄱阳湖生态经济区是江西生态资源最为富集的地区，妩媚青山，浩淼鄱阳，不仅属于江西，也属于全国，同属于世界。江西作为我国首批全境列入生态文明先行示范区，鄱阳湖生态经济区作为全省先行区应发挥先行示范作用，而且责任重大。要坚持绿色崛起的发展战略，发挥生态资源核心竞争力的优势，创新区域发展形势，在生态文明观统领下，像保护眼睛一样保护生态环境，像对待生命一样对待生态环境，为建设美丽中国作出新的更大贡献。鄱阳湖生态经济区又是江西经济发展集聚地区，以江西省30%的国土面积，承载了全省近50%的人口，创造了60%以上的经济总量。环境承载能力、经济转型升级、提质增效压力极大，要按照尊重自然、顺应自然、保护自然的理念，将生态文明建设融入经济、政治、文化、社会建设各方面和全过程，实现工业化、信息化、城镇化、农业现代化、绿色化"五化"同步，把生态环境保护好，走出一条经济发展和生态文明相辅相成、相得益彰的路子。

二　融入并共同推进长江经济带及中游城市群的协调发展

随着长江中游城市群发展规划的实施，长江经济带重大国家战略的不断推进，鄱阳湖生态城市群成为国家批复的第一个跨区域城市群规划中的铁三角之一。南昌将与长江中游城市群的武汉、长沙，依托沿江、沪昆和京广、京九、二广等重点轴线，形成多中心、网络化发展格局，推动城乡发展一体化[①];统筹推进城市群综合交通运输网络和水利、能源、信息等重大基础设施建设,实现基础设施互联互通,提高综合保障和支撑能力,提升互联互通和现代化水平。建立城市群产业协调发展机制,联手打造优势产业集群,建设现代服务业集聚区,发展壮大现代农业基地,有序推进跨产业转移与承接,加快产业转型升级,构建具有区域特色的现代产业体系,实现产业协调发展;以推进基本公共服务均等化为重点,全面加强教育科技、医疗卫生等交流合作,共同推动文化繁荣,联合开发人力资源,创新社会治理体制,提升公共服务共建共享水平;深化对外开放。通过共建开放通道和平台,推进国内外区域合作,提高开放型经济水平,为加快发展提供强大动力。对于加快中部地区全面崛起、探索新型城镇化道路、促进区域一体化发展具有重大意义。这一区域将成为中国经济发展新增长极、中西部新型城镇化先行区、内陆开放合作示范区、“两型”社会建设引领区。[②]

三 生态经济发展能力更强,湖区综合开发和治理发挥示范作用

鄱阳湖生态经济区将按照国家对江西生态文明先行示范区建设的总体要求,着力构建节约资源和保护环境的空间格局、产业结构、生产方式、生活方式,大力发展绿色、循环、低碳经济。通过打造优质生态产品供给区,资源集约节约利用示范区,生态与经济融合发展试验区、秀美人居环境先行区、生态文明制度建设创新区,多措并举、多管齐下,巩固提升生态优势,使青山常在、清水长流、空气常新,让人民群众在良好生态环境中生产生活,推动江西打造全国生态文明建设的江西样板。与长江中游城市群协同共建生态文明,着眼推动生态文明建设和提升可持续发展能力,建立健全跨区域生态环境保护联动机制,共同构筑生态屏障,促进城市群绿色发展,形成人与自然和谐发展格局。充分发挥鄱阳湖保障长江中下游水生态安全的重要作用,大力加强生态建设和环境保护,切实维护生态功能和生物多样性,着力提高调洪蓄水能力,构筑区域生态安全体系。正确处理经济建设、人口增长与资源利用、环境保护的关系,鼓励率先探索生

① 《长江中游城市群发展规划》,http://blog.sina.com。
② 《为中部地区全面崛起提速》,《人民日报》2015-04-06。

态、经济、社会协调发展的新模式，走出一条生态良好、生产发展、生活富裕的文明发展之路，为全国其他湖区综合开发和治理发挥示范作用。

四　经济结构更加优化升级，产业集聚能力增强

着力构建安全可靠的生态环境保护体系、清洁安全的能源供应体系；重点建设区域性优质农产品生产基地，生态旅游基地，光电、新能源、生物及航空产业基地，改造提升铜、钢铁、化工、汽车等传统产业基地。培育一批具有较强竞争力的核心企业和知名品牌，建成全国粮食安全战略核心区和生态高效农业示范区，建成区域性的先进制造业、商贸和物流中心，培育若干在全国有重要影响的重大产业集聚基地，建设国际知名的生态旅游区和休闲度假区，争当中部地区崛起的排头兵。

五　国际合作能力上水平，合作空间不断扩大

切实保护鄱阳湖"一湖清水"，将从全球视野加快推进生态文明建设，进一步构建国际生态经济合作重要平台。全方位、立体式展示中国坚持生态与经济、人与自然和谐发展的生态文明建设成就，拓展合作的领域和空间，充分发挥鄱阳湖生态经济区的自身特色，探索建立国际生态经济合作新机制。推进鄱阳湖生态经济生态文明建设，把绿色发展转化为提高综合实力和竞争力的新优势。加强国际交流合作，充分利用国（境）外在生态文明建设方面的成果和成功经验，推动我省生态文明建设迈上新台阶。通过世界低碳大会、世界湖泊大会、国际生态论坛等交流平台，传递"江西声音""中国声音"。与相关国家及国际组织在生态建设、环境保护、产业升级等领域开展合作，加大人才、科技和资本引进力度，拓展合作，提升合作水平，扩大国际影响力。把江西生态文明建设成为具有国际影响力的示范区，为推动世界绿色发展、维护全球生态安全作出积极贡献。

参 考 文 献

1. Farrar C. D. Forest killing diffuse CO_2 emission at Mammoth mountain as a sign of magmatic unrest [J]. *Nature*, 1995, (376): 675 – 678.

2. Quay P. D, Tilbrook B, Wong C. S. Oceanic uptake of fossil fuel CO_2: carbon – 13 evidence [J]. *Science*, 1992, (256): 74 – 78.

3. Caise P, Tans P. P, Trolier M. A large northern hemisphere terrestrial CO_2 sink indicated by the 13C/12C ratioof atmospheric CO_2 [J]. *Science*, 1995, (269): 1098 – 1101.

4. Houghton R. A, E. A. Davidson and G. M. Wood well. Missing sinks, feedbacks, and understanding the role of terrestrial ecosystems in theglobal carbon balance [J]. *Global Biogeochem.* Cycles, 1998, (12): 25 – 34.

5. V. itousek P. M, Mooney H. A, Jane Lubchenco, Mellillo J. M. Human Domination of Earth's Eco systems [J]. *Science*, 1997, 277 (25): 494 – 499.

6. OECD/IEA. Emissions from Fuel Combustion, 2009.

7. Jos G. J. Olivier, Greet Janssens Maenhout, Jeroen A. H. W. Peters. 全球二氧化碳排放趋势报告 2012.

8. Grossman G, Krueger A. Economic Growth and the Environment [J]. *Quarterly Journal of Economics*, 1995, (2).

9. The World Bank. State and Trends of the carbon Market [R]. 2008.

10. Costanza R. The value of the world's ecosystem and natural capital [J]. *Nature*, 1997, (387): 253 – 260.

11. 王明星:《大气化学》,气象出版社 1999 年版,第 5—30 页。

12. 莱斯特·R. 布朗: 《生态经济》,东方出版社 2002 年版,第

28 页。

　　13. 陈诗一等：《资本深化、生产率提高与中国二氧化碳排放变化》，《财贸经济》，2010（12）：111—112。

　　14. 杜立民：《我国二氧化碳排放的影响因素：基于省级面板数据研究》，《南方经济》，2010（11）：33。

　　15. 邝生鲁：《全球变暖与二氧化碳减排》，《现代化工》，2007（8）。

　　16. 国家发展和改革委员会：《中国应对气候变化国家方案》，2007 - 06 - 04。

　　17. 殷剑敏等：《鄱阳湖流域气候变化评估报告》，气象出版社 2011 年版。

　　18. 何建坤等：《气候变化国家评估报告（Ⅲ）：中国应对气候变化对策的综合评价》，《气候变化研究进展》，2006（4）。

　　19. 张国宝：《用好水能资源为人类提供可持续利用的清洁能源》，《水力发电》，2004，30（12）。

　　20. 国家林业局课题组：《中国森林生态系统服务功能及其价值评估》，《林业科技》，2011，47（2）。

　　21. 杨志诚：《碳循环与经济发展》，《科技广场》，2012（6）。

　　22. 英国能源白皮书：《我们能源的未来：创建低碳经济》，2003 年版。

　　23. 刘军红：《奥巴马绿色新政的全球战略含义》，《绿叶》，2009（3）。

　　24. 环境保护部环境与经济政策研究中心：《发展低碳经济是必然选择——日本建设低碳社会的启示》，http：//www. 022net. com/2009/10 - 14/465668243184002 - 2. html，2009。

　　25. 王伟光，郑国光：《应对气候变化报告 2009》，社会科学文献出版社 2010 年版。

　　26. 王芳等：《气候变化谈判的共识与分歧初析》，《地球科学进展》，2008（2）。

　　27. 邓线平：《低碳技术及其创新研究》，《自然辩证法研究》，2010（6）。

　　28. 赖小东，施筹：《低碳技术创新管理研究回顾及展望》，《科技进步与对策》，2012（9）。

29. 蔡林海：《低碳经济大格局》，经济科学出版社 2009 年版，第 91—98 页。

30. 国际能源署：《2010 年能源技术展望（执行摘要）》，hpp：//www. iea. org，2001 - 04 - 14。

31. 徐大丰：《低碳技术选择的国际经验对我国低碳技术路线的启示》，《科技与经济》，2010（2）。

32. 穆献中：《中国低碳经济与产业化发展》，石油工业出版社 2011 年版，第 56—57 页。

33. 邢继俊，黄栋，赵刚：《低碳经济报告》，电子工业出版社 2010 年版，第 96—98 页。

34. 朱有志，罗波阳：《低碳崛起——湖南科学跨越的新路径》，湖南人民出版社 2010 年版，第 146 页。

35. 范英，朱磊，张晓兵：《碳捕获和封存技术认知、政策现状与减排潜力分析》，《气候变化研究进展》，2010，6（5）。

36. 甘志霞等：《我国发展二氧化碳捕集与封存技术的挑战及对策建议》，《中国科技论坛》，2012（4）。

37. 闵剑，加璐：《我国碳捕集与封存技术应用前景分析》，《石油石化节能与减排》2011，1（2）。

38. 科学技术部社会发展科技司等：《中国碳捕集、利用与封存（CCUS）技术进展报告》，2011 年版。

39. 黄栋：《低碳技术创新与政策支持》，《中国科技论坛》2010，（2）。

40. 刘燕娜，余建辉等：《福建低碳技术创新机制研究》，中国环境科学出版社 2010 年版。

41. 李书辉，向娟：《产学研结合中的利益分配机制》，《现代经济信息》2009（4）。

42. 孙俊华，汪霞：《促进技术转移和应用的政产学研合作机制研究》，《大学研究与评论》，2009（9）。

43. 刘倩，王遥：《全球碳金融服务体系的发展与我国的对策》，《经济纵横》，2010（7）。

44. 胡鞍钢，管清友：《中国应对全球气候变化》，清华大学出版社2009年版，第116页。

45. 李俊峰，郑爽：《中国碳交易市场的构建（节选）》，华能集团，2013 – 09 – 11。

46. 孙晓霓：《论新型绿色贸易壁垒"碳关税"》，《商场现代化》，2009，（26）。

47. 马述忠，陈颖：《进出口贸易对中国隐含碳排放量的影响：2000—2009年——基于国内消费视角的单区域投入产出模型分析》，《财贸经济》，2010（12）。

48. 陈晓晨：《碳关税：中国应如何应对》，《第一财经日报》，2009 – 06 – 15。

49. 黄媛虹，沈可挺：《基于CGE模型的碳关税对中国工业品出口影响评估》，《2009中国可持续发展论坛暨中国可持续发展研究会学术年会论文集（上册）》，2009年版。

50. 于同申，张欣潮，马玉荣：《中国构建碳交易市场的必要性及发展战略》，《社会科学辑刊》，2010（2）。

51. 蔡建荣：《2013年我国碳金融发展现状与对策》，《金融经济》，2013（10）。

52. 张虎，梁鸿舜：《我国商业银行参与碳金融现状及策略研究》，《深圳金融》，2012（7）。

53. 张茉楠：《中国须积极构建碳金融体系》，《上海金融报》，2009 – 07 – 21。

54. 尹应凯，崔茂中：《国际碳金融体系构建中的"中国方案"研究》，《国际金融研究》，2010（12）。

55. 盖凯程：《西部生态环境与经济协调发展研究》，西南财经大学，2009。

56. 张子龙：《欠发达地区资源消耗、环境污染与经济发展耦合关系比较研究》，兰州大学博士论文，2011。

57. 张晓第：《环境库兹涅茨曲线在我国的非适用性及对策研究》，《当代经济》，2008（5）。

58. 李周，包晓斌：《中国环境库兹涅茨曲线的估计》，《科技导报》，

2002（4）。

59. 彭水军：《经济增长与环境污染—环境库兹涅茨曲线假说的中国检验》，《财经问题研究》，2006（8）。

60. 江西省人民政府发布：《绿色崛起之路——江西省低碳经济社会发展纲要白皮书》，2009 – 11 – 15。

61. 李志萌，张宜红：《鄱阳湖流域生态与低碳经济发展综合评价研究》，《鄱阳湖学刊》，2011（1）。

62. 何逎维，贾克平：《生态经济指标体系设计和计量方法介评》，《农村生态环境》，1986（4）。

63. 吴琼，王如松，李宏卿，徐晓波：《生态城市指标体系与评价方法》，《生态学报》，2005，25，（8）。

64. 潘家华，庄贵阳等：《低碳经济的概念辨识及衡量指标体系》，《环境科学》，2009（6）。

65. 李晓燕，邓玲：《城市低碳经济综合评价探索——以直辖市为例》，《现代经济探讨》，2010（2）。

66. 任福兵，吴青芳，郭强：《低碳社会的评价指标体系构建》，《科技与经济》，2010（2）。

67. 龙惟定等：《低碳城市的城市形态能源愿景》，《建筑科学》，2010（2）。

68. 庄贵阳：《中国发展低碳经济的困难与障碍分析》，《江西社会科学》，2009（7）。

69. 伍华佳：《中国产业低碳化转型与战略思路》，《社会科学》，2011（8）。

70. 江西省发改委：《江西新能源产业发展规划（2013—2017）》2012。

71. 国家发改委：《中国可再生能源中长期发展规划纲要》（2008—2020）。

72. 国家能源局：《中国能源发展报告》，2009、2012 年版。

73. 路甬祥：《清洁可再生能源利用的回顾与展望》，《新华文摘》，2015（2）。

74. 国家能源局：《中国可再生能源年度报告》2007—2008、2013—

2014 年版。

75. 杨荣俊：《赣南农民首创——"猪沼果"生态农业模式研究》，《江西经济蓝书》2004 年版。

76. 中国城市科学研究会：《中国低碳生态城市发展战略》，中国城市出版社 2009 年版，第 115 页。

77. 付允，汪云林，李丁：《低碳城市的发展路径研究》，《科学对社会的影响》，2008（2）。

78. 中国社科院可持续发展战略研究组：《2009 中国可持续发展战略报告：探索中国特色的低碳道路》，科学出版社 2009 年版。

79. 宋德勇，张纪录：《中国城市低碳发展的模式选择》，《中国人口资源与环境》，2012（1）。

80. 齐晔：《中国低碳发展报告（2013）》，社会科学文献出版社 2013 年版。

81. 贾治邦：《论森林在应对气候变化中的重大作用》，http：//www. forestry. gov. cn/main/90/content – 3679. html，2007 – 10 – 12。

82. 亦云：《生物固碳可为温室气体减排提供重要保障》，《科学时报》2006 – 08 – 15。

83. 中国江西新闻网：《江西省湿地资源概况》，http：//www. jxcn. cn/34/2008 – 08 – 18/30103@ 422565. htm，2008 – 08 – 18。

84. 吕永来：《2013 年全国各省（区、市）林业产业总产值及其结构分析》，http：//www. forestry. gov. cn/main/72/content – 694474. html。

85. 朱宏富，金锋，李荣日方：《鄱阳湖调蓄功能与防灾综合治理研究》，气象出版社 2002 年版。

86. 张本：《鄱阳湖研究》，江西人民出版社 1993 年版。

87. 刘影，彭薇：《鄱阳湖湿地生态系统退化的社会经济驱动力分析》，《江西社会科学》，2003（10）：231—233。

88. 龙振华，刘刚，彭浩，张文超：《鄱阳湖生态环境存在的问题与对策研究》，《湖北水利水电职业技术学院学报》，2009（11）：20—23。

89. 安昌锋，钟业喜：《鄱阳湖湿地生态系统退化的社会经济根源研究》，《环境科学与管理》，2008（7）：136—140。

90. 中国 21 世纪议程管理中心可持续发展战略研究组：《生态补偿：

国际经验与中国实践》，社会科学文献出版社 2007 年版，第 27 页。

91. 王兵，李少宁，郭浩：《江西省森林生态系统服务功能及其价值评估研究》，《江西科学》，2007（10）。

92. 王兵，郑秋红，郭浩：《基于 Shannon – Wiener 指数的中国多样性保育价值评估方法》，《林业科学研究》，2008，21（2）：268—274。

93. 《鄱阳湖研究》编委会：《鄱阳湖研究》，上海科学技术出版社 1988 年版。

94. 徐德龙，熊明等：《鄱阳湖水文特性分析》，《人民长江》，2001，32（2）：21—21。

95. 薛达元：《生物多样性经济价值评估》，中国环境科学出版社 1997 年版。

96. 《中国生物多样性国情报告》编写组：《中国生物多样性国情报告》中国环境科学出版社 1998 年版。

97. 刘信中，叶居心灯：《江西湿地》中国林业出版社 2000 年版。

98. 韩雪：《河北省城镇居民低碳消费行为及对策研究》，燕山大学，2011 年版。

99. 刘妙桃，苏小明：《低碳消费：构建生态文明的必然选择》，《消费经济》，2011（2）。

100. 曹阳，朱丽娜，茅宁莹：《基于多层次灰色评价模型的生物医药产业集群创新能力实证研究》，《企业经济》2012（5）。

101. 匡跃辉：《论低碳消费模式的实现》，《消费经济》2010（10）。

后 记

本书为江西省社科院重点课题的最终成果。

发展低碳经济，建设生态文明，是时代的主题，是中国当前和今后一段时期发展的重要课题。低碳经济是生态文明时代的聚焦点、着力点和经济增长点。低碳经济发展的目标是通过提高能源效率，改善能源结构，优化经济结构，推动社会转型。各地区先试先行的区域实践，因地制宜，已探索了各具地方特色的创新发展模式，积极探索有利于节能减排和低碳产业发展的体制机制，加快建立以低碳排放为特征的产业体系，积极倡导低碳绿色生活方式和消费模式，为全国低碳工作的开展奠定了良好的基础。鄱阳湖生态经济区作为国家区域性发展战略地区，正努力把生态优势转化为持续发展的优势，最终实现经济发展与生态保护双赢。发展低碳经济已成为鄱阳湖生态经济区转变发展方式，实现绿色崛起的战略选择，并进行了许多有益的探索实践。本书围绕低碳经济与区域发展，以鄱阳湖生态经济区为例，探讨低碳转变发展路径，为新时期进一步推进低碳经济发展提供了理论指导和现实借鉴。

本书分理论篇、区域实践篇两个部分共十二章，由江西省社会科学院和江西气候中心科研人员撰写，具体如下：导言，李志萌；第一章，殷剑敏；第二章，吴锋刚；第三章，杨锦琦；第四章，王文乐；第五章，吴锋刚、何雄伟；第六章，李志萌、张宜红；第七章，高玫、王果；第八章，杨志诚；第九章，李志萌、张宜红、胡文俊；第十章，张宜红；第十一章，李志萌、何雄伟；第十二章，李志萌、高玫、张宜红。全书由李志萌、张宜红统稿。

在本书呈献给广大读者之际，我们真诚地感谢对本书的写作给予支持和帮助的专家学者和相关部门。本书撰写过程中，除已列举的主要参考文献外，作者还吸收了专家、媒体、网站的一些观点和数据资料，因限于篇幅，不能一一列举，在此表示诚挚的谢意。由于学识有限，不妥之处在所难免，希望学界同人给予诚恳的批评指正。

李志萌

2015 年 12 月